Jan Ebert
Ankerplätze in Dänemark

Edition Maritim

Diese Küste – wie hier im Mariager-Fjord – lädt geradezu zum Ankern ein, vorausgesetzt, der Ankergrund ist in Ordnung.

Inhalt

Vorwort

Von alters her war das Ankern ein Symbol für Sicherheit und Geborgenheit: Wenn der Anker fiel, waren die Gefahren und Strapazen des Segelns überstanden und das Schiff lag sicher im Hafen. Heutzutage ist der Hafen eine Anlage mit Molen und Anlegebrücken, früher verhieß er einen sicheren Ankerplatz. Das dänische Marinewörterbuch von 1839 beschreibt einen Hafen so: Ein Arm des Meeres, der in das Land hineinragt, so daß er guten Schutz für Schiffe vor Wind und See und zusätzlich noch einen guten Ankergrund bietet.

Vor ungefähr 100 Jahren begann man damit, Häfen aus Steinen und Zement zu bauen, und so war die Sicherheit nicht länger ein Meeresarm mit gutem Ankergrund, sondern ein Bassin mit Molen darum herum. Heute muß man sich nicht mehr mit einem Beiboot im Kielwasser und einem schwerem Ankergeschirr auf dem Vordeck abmühen, sondern kann in einem Hafen nahe einer Stadt eine richtige Bauernnacht verbringen. Nur die alte Garde der Segler erzählt gerne davon, wie man von Reede zu Reede und von Ankerplatz zu Ankerplatz segelte und die ganze Saison über keine feste Mole brauchte. Vereinzelt wird auch heute noch die Tradition des Ankerns fortgesetzt, doch der Großteil der Segler zieht einen richtigen Hafen vor. Dennoch wird es wieder populärer zu ankern, denn die Häfen sind in der Saison oft überfüllt.

Dieses Buch bietet keine Notlösungen an, sondern ist für Naturfreunde und Menschen mit Lust am kleinen Abenteuer gedacht. Denn nichts ist beschaulicher als ein ruhiger, lauer Sommerrabend in einer hübschen, waldumsäumten Bucht.

Nachstehend sind über 250 Ankerplätze beschrieben. Zwei Kriterien waren für die Auswahl maßgebend: Einmal ein guter Naturhafen, wo man auch bei schlechtem Wetter sicher liegen kann, und zum anderen die hübsche Umgebung und interessante Sehenswürdigkeiten an Land. An einigen Plätzen läßt sich beides verbinden.

Um den richtigen Ankerplatz zu finden, ist in jeder Kartenskizze die 2-Meter-Linie angegeben. Bei den meisten Plätzen ist damit zu rechnen, daß auch andere Yachten in der Umgebung dieser Linie ankern.

Motorboote oder Boote mit geringerem Tiefgang haben natürlich die Möglichkeit, näher unter Land zu fahren. Jeder muß sich also je nach Tiefgang einen Ankerplatz suchen.

Der Autor hat selbst viel Vergnügen – und manchmal auch Mißvergnügen, wenn das Wetter nicht mitspielte – beim Besuch dieser Ankerplätze gehabt. Einige sind ihm auch von den ortsansässigen Seglern empfohlen worden, denen hiermit Dank gesagt werden soll dafür, daß sie ihren Lieblingsplatz verraten haben.

Jan Ebert

Das Ankern

Gutes Ankergeschirr ist wie ein transportabler Hafen. Man kann überall haltmachen und den Anker ausbringen, wo man genügend Schutz vor Wind und See findet, und der ist in dänischen Fahrwassern nicht schwer zu finden. Selbstverständlich ankern wir am liebsten an einem schönen Tag in Lee eines Buchenwaldes, doch manchmal muß man auch bei hartem Wetter ankern, und hierfür braucht man geeignetes Ankergeschirr.

Sobald das Gewicht eines Bootes über ein paar Tonnen hinaus geht, braucht man verschiedene Anker. Der eine, der das Boot bei schlechtem Wetter halten soll, ist in jedem Fall groß und schwer, doch der Einfachheit halber empfiehlt sich zusätzlich ein kleinerer „Picknickanker". Außerdem bedingen verschiedene Grundverhältnisse verschiedene Ankertypen. Es gibt auch Situationen in denen man beide Anker zusammen braucht.

Die Größe des Ankers

Die Kombination von Gewicht und Form des Ankers und der Grundverhältnisse bestimmt, wie groß der Anker sein muß. Eine schmale Flunke wird sich nicht mit so hoher Haltekraft in Sandgrund eingraben wie zwei breite Platten, doch die Platten haben es wiederum schwer, in einem Grund aus Steinen Halt zu finden. Ist der Grund stark bewachsen, kann dieser die Platten auch daran hindern, sich einzugraben, und hier wäre ein Anker mit langen, dünnen Flunken der Richtige.

Es gibt viele Faustregeln dafür, wie groß der Hauptanker eines Bootes sein soll. Man kann ungefähr sagen, daß man 0,5 kg Anker pro Bootslänge haben sollte, also 15 kg für eine 30-Fuß-Yacht. Oder man rechnet 0,5% der Verdrängung der Yacht, also braucht ein drei Tonnen schweres Boot einen Anker von 15 kg.

Als Hauptanker kann man sowohl einen Stockanker als auch einen Pflugscharanker oder Faltanker benutzen.Faltanker gibt es zwar nur bis zu einem Gewicht von 15 kg, doch Stockanker erhält man in beliebigen Größen. Um das Problem des Hantierens mit einem großen Anker an Deck zu umgehen, kann man einen Pflugscharanker wählen, denn diesen kann man platzsparend in einem Bugbeschlag stauen, von wo aus man ihn nur wegzufieren braucht, eventuell mit Hilfe eines Ankerspills.

Ein Danforthanker eignet sich nicht als Hauptanker, weil sein Einsatz nur bei Sand, Schlick und anderen weichen Ankergründen angezeigt ist. Der Vorteil des Danforth ist, daß er – bei den eben genannten Gründen – in Relation zu seiner Größe und seinem Gewicht ungewöhnlich gut hält.

Ankerversuche

Eine Gruppe von Seglern hat zehn verschiedene Anker geprüft. Das geschah mit Hilfe eines Arbeitsbootes mit Dieselmotor und einer Ankertrosse, die einen Zug von 250 kg aushielt. Es wurde eine Reihe Versuche unternommen, teils auf festem Sandgrund, teils in schlickigen Häfen, und alle Anker wogen 10 kg. Letzteres war vielleicht nicht ganz korrekt, denn ein Stockanker soll nach dem „Yachting World Handbook" 1,5 mal schwerer sein als ein Danforthanker, um das Gleiche zu halten. Dieser Versuch sollte aber zeigen, was kleine Anker wert sind, die man ja häufig braucht.

Bei dem Sandgrund-Versuch wurde eine Trosse von sechs- bis siebenfacher Länge der Wassertiefe mit einem 3,5-Meter-Kettenvorläufer benutzt. In den schlickigen Häfen wurde die Länge der Trosse auf die vierfache Wassertiefe gekürzt. Es stellte sich schnell heraus, daß der originale Danforth aus der

Fabrik gleichen Namens in England am besten hielt. Im Sand grub er sich rasch ein und brach auch bei einem Zug von 250 kg nicht aus, selbst bei längerem Ziehen – solange, bis er tief im Sandgrund verschwand und nur sehr mühsam wieder freizubekommen war. Zwei Danforth-Nachahmungen hielten 150 bzw 200 kg, doch in beiden Fällen war es schwer, sie ein Stück durch den Sand zu ziehen, um so das Schlieren zu simulieren.

Der Pflugscharanker hielt 200 kg, doch sobald er ausbrach, grub er sich sofort wieder in den Sand. Ein Bruce-Anker, eine Abwandlung des Pflugschar-Typs, der drei Flunken anstatt der Pflugscharen hat, hielt 150 kg. Der Klappanker schleifte schon bei einem Zug von 20 kg hinter der Jolle her, der Draggen bei 25 kg und der Stockanker bei 30 kg. Diese drei müssen also sehr viel größer sein, um sie auf Sandgrund einzusetzen.

Schlickiger Grund

Im Hafen erwies sich der echte Danforthanker wieder als der überlegene, erst bei einem Zug von 230 kg schlierte er langsam durch den Mud. Der Pflugschar arbeitete sich auch gut in den Mud und hielt 200 kg, doch die Danforth-Kopien hielten nur zwischen 150 und 90 kg. Der Stockanker war nunmehr in seinem Element und hielt immerhin 130 kg. Der Draggen verbesserte sich auf 90 kg und der Klappanker auf 50 kg.

Dieser Versuch gab interessante Auskünfte über die Erfahrungen, die wir als Fahrtensegler schon gemacht hatten. Der Klappanker und der Stockanker müssen recht groß sein, um zuverlässig als Hauptanker zu wirken. Der Pflugschar ist besser, doch in jedem Fall in einer Kombination mit einem Danforth-Typ, so daß man auch auf Sandgrund sicher liegt (wo der Pflugschar auch gut hält und deshalb der beste Allround-Anker ist). Ein Danforth von 10 kg wird der richtige Anker selbst für recht große Yachten sein, denn bei richtigem Gebrauch eines Kettenvorläufers wird der Zug selten 200 kg überschreiten. Selbst bei einer 5- bis 6-Tonnen-Yacht kann man bei mittelmäßigem Wetter die Trosse mit einer Hand festhalten, also ist hier kein größerer Druck als 35 bis 40 kg vorhanden.

Trosse und Kette

Wenn der Anker perfekt halten soll, muß die Zugrichtung parallel zum Grund verlaufen.

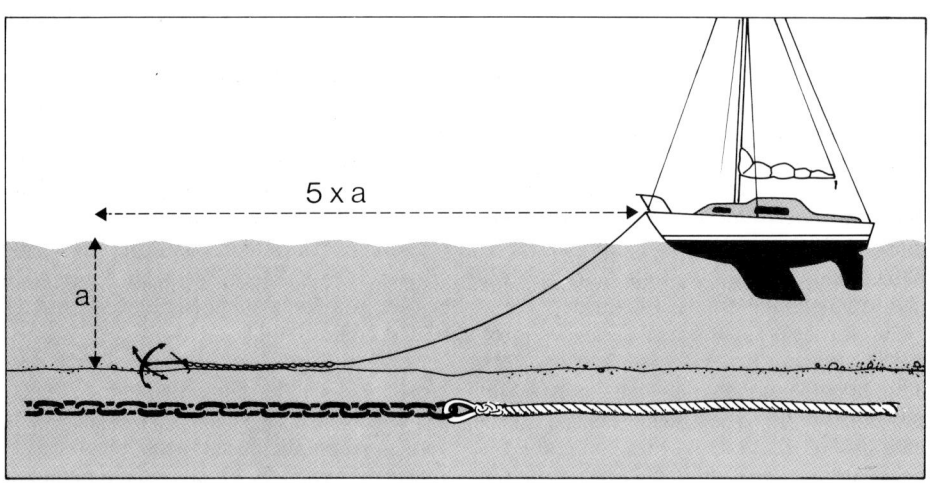

5 x a

a

Wird die Leine mit einem Kettenvorläufer versehen, benötigt man die fünffache Wassertiefe als Gesamtlänge für die Ankerleine.

Man kann eine sehr lange Trosse, etwa neun- bis zehnmal so lang wie die Wassertiefe, benutzen, doch es ist besser, einen Kettenvorläufer zwischen Trosse und Anker zu stecken. So braucht man bei der Trosse nur die vier- bis fünffache Länge der Wassertiefe, und das Boot hat dann keinen großen Schwojradius.

Doch mit seinem Gewicht sorgt der Kettenvorläufer nicht nur dafür, daß die Zugrichtung parallel zum Grund verläuft. Er wirkt zusätzlich wie eine Feder, denn es wird schon eine gewisse Zugkraft benötigt, um die Kette auszustrecken. Wenn also ein Windstoß oder eine Welle der Yacht einen „Schubs" gibt, federt der Kettenvorläufer den Ruck auf den Anker ab.

Die Kette verhindert außerdem, daß die Trosse an Steinen oder anderen Gegenständen auf dem Grund schamfilt. Ein Stück Kette von etwa halber Bootslänge oder dem halben Ankergewicht ist gerade richtig. Eventuell kann man ein zusätzliches, doppelt so langes Stück Kette für das Ankern bei unruhigen Windverhältnissen mit sich führen.

Die Kette

Große Yachten sind oft nur mit einer Ankerkette ausgerüstet. Das setzt jedoch einen Kettenkasten voraus, in den sie beim Hieven gleiten kann, und ein Ankerspill an Deck. Es ist fast unmöglich, die Kette mit der Hand einzuholen, und selbst mit einem Handspill kann das eine sehr schwere Arbeit werden.

Eine Umfrage bei Fahrtenseglern ergab, daß fast alle ihr Handspill gegen ein elektrisches ersetzt hatten, und zwar nicht nur aus Bequemlichkeitsgründen, sondern zur Sicherheit, denn so können sie ihren Anker schneller einholen, wenn es notwendig sein sollte.

Wird der Anker nur mit einer Kette gehalten, hat man den Vorteil, daß die dreifache Wassertiefe als Länge schon ausreicht. So hat das Boot keinen großen Schwojradius, und man kann auch auf großen Tiefen ankern. In tropischen Fahrwassern mit Korallenriffen ist die Kette außerdem notwendig, weil eine Trosse hier sehr schnell durchgescheuert wäre. Ein praktischer Tip, wenn man nur mit Kette ankert: Alle zwei Meter sollte man seine Kette mit einem Farbstrich markieren, so daß man genau verfolgen kann, wieviel man schon weggefiert hat.

Die Trosse

Als Trosse benötigt man ein geschlagenes Tauwerk aus Polyester oder Polyamid. Beide Materialien sind gut haltbar und schwerer als Wasser, so daß sie herabsinken. Polypropylen und Polyäthylen schwimmen dagegen auf und können sich um Kiel und Ruder oder in die Schraube wickeln, wenn sich das Boot im Wind oder Strom dreht.

Eine dreischäftige Trosse ist das beste, denn diese ist etwas dehnbar. Außerdem läßt sie sich leicht an einem Ende mit einer Kausch verspleißen, damit man sie mit einem Schäkel an einer Kette befestigen kann, ohne daß sie schamfilt. Am anderen Ende kann man ein größeres Auge hineinspleißen, um das Ende der Leine entweder an einer Klampe zu sichern oder um noch ein Ende Leine anzustecken, falls man auf größeren Wassertiefen ankert.

Wenn man auf zwei bis drei Meter Wassertiefe ankert und einen Kettenvorläufer benutzt, ist eine Trosse von zehn bis zwölf Meter ausreichend. Man sollte zusätzlich eine Trosse mit einem Auge bereithalten, um sie gegebenenfalls an die Ankertrosse anstecken zu können.

Für „Picknick-Gebrauch", wenn man den Kettenvorläufer sparen will, genügt eine Trosse, die mit einem sehr großen Auge versehen ist. Dieses Auge führt man durch den Schäkel am Anker und steckt den Anker dann durch das Auge hindurch. Mit dieser Methode vermeidet man das Risiko eines sich lösenden Ankers.

Am Ankerplatz

Die Techniken des Ankerns sollten weitgehend bekannt sein. Man segelt langsam auf die Küste zu, bis man durch Loten die richti-

8

ge Tiefe festgestellt hat, und stoppt dann das Boot. Ist man unter Segeln, hat man schon die Fock oder Genua geborgen und reguliert die Fahrtgeschwindigkeit mit dem Groß- segel. Wenn man den Anker fallen läßt, sollte das Boot zum Stehen gekommen sein und sich etwas rückwärts bewegen, damit der Anker hält. Mit dem Motor kann man diese Rückwärtsfahrt unterstützen und man sieht dann, ob der Anker hält. Oder man wartet, bis das Boot sich richtig eingependelt hat, nimmt dann eine Peilung und stellt fest, ob der Anker hält. Auch mit ein paar kräftigen Rucks an der Ankerleine merkt man, ob der Anker gefaßt hat – dieses Rucken hilft dem Anker auch, sich einzugraben.

Nun möchte man aber auch gern die eine oder andere Kontrolle darüber haben, ob die Yacht auch dort liegenbleibt, wo sie gerade liegt. Dazu muß eine Peilung genommen wer- den. Das können entweder ein Grundnetz- pfahl und ein Punkt an der Küste oder zwei Bäume an Land sein. Beginnt die nahegele- gene Peilmarke gegenüber der anderen aus- zuwandern, driftet man. In diesem Fall muß man den Anker bergen und einen neuen Ver- such unternehmen, wobei man dann ent- weder mehr Leine stecken, einen anderen Anker nehmen oder sich einen anderen Platz suchen sollte.

Erfinderische Ankerwachen

Man kann natürlich auch Ankerwache ge- hen. In alten Zeiten war dies die Pflicht des jüngsten Crew-Mitgliedes, doch heutzutage gibt es bequemere Arten. Einige Echolote sind mit einer Ankerwache versehen, die Alarm gibt, wenn die Tiefe sich ändert, was ja meist der Fall ist, wenn das Boot driftet. Man kann jedoch auch ein altes Handlot aus Blei benutzen, das man auf den Grund versenkt und ihm reichlich Leine gibt, wenn das Boot schwojt. Am Verlauf der Leine kann man se- hen, ob das Lot noch immer an der Stelle des Bootes steht, wo man es ins Wasser gelassen

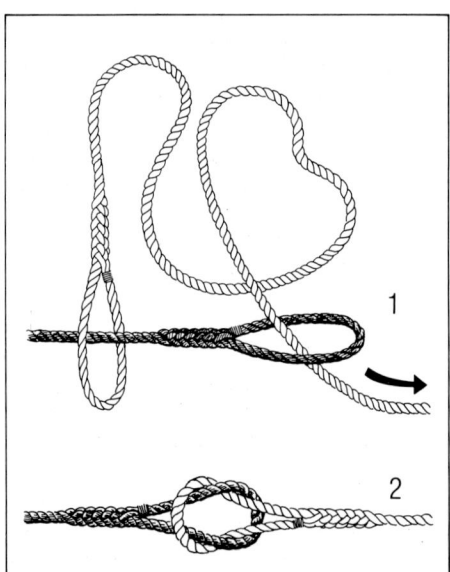

Zusammenstecken von zwei Leinen mit je einem festem Auge. Resultat: Ein Kreuzknoten.

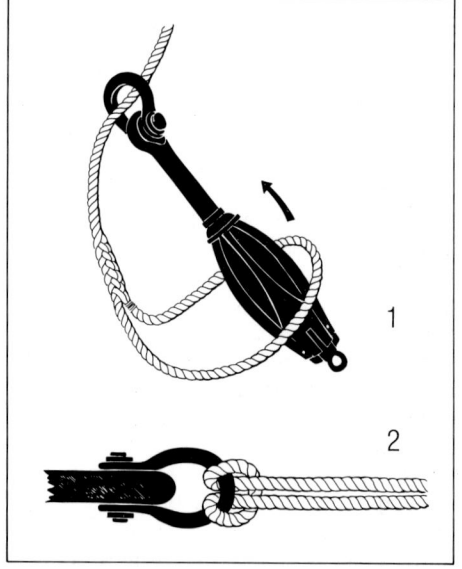

Mit einem großen Auge an der Leine kann man den Anker leicht und bequem anstecken.

hat, oder ob es nun weiter vorne liegt – ein Zeichen dafür, daß man achteraus getrieben ist.

Der Alarm des Echolots weckt die Besatzung, wenn man über Nacht in die Drift geht, doch das kann das Handlot genauso. Man muß nur am Ende der Leine einen Kochtopf befestigen und diesen auf das Kajütdach stellen. Wenn nun Zug auf die Leine kommt, weil das Boot driftet, wird der Topf auf das Deck fallen und ein solches Gepolter verursachen, daß alle sofort senkrecht in der Koje stehen.

Ein ähnliches Alarmzeichen gibt es auch für den Fall, daß der Wind auffrischt: Man befestigt eine dünne Leine mit einem Stopperstek an der Ankertrosse, ca. einen Meter außerhalb des Bootes. Am anderen Ende befestigt man irgendetwas, das auf Zug klingelt, poltert oder sonstigen Lärm macht. Kommt durch Auffrischen des Windes mehr Zug auf die Ankertrosse, wird auch die dünne Leine weiter hinausgezogen und so der Alarm ausgelöst.

Ankerball und Ankerlaterne

Nach der Seestraßenordnung muß ein Fahrzeug, das vor Anker liegt, einen Ankerball zeigen, und in der Nacht ein weithin sichtbares Ankerlicht führen. Der Ankerball wird in Dänemark nur von wenigen Sportbooten benutzt, denn in der Regel ist es klar zu erkennen, daß man vor Anker liegt (in deutschen Gewässern ein kostspieliger Hinweis! Anm. d. Übers.). Doch es kann Situationen geben, wo andere in Zweifel kommen, besonders in engen Fahrwassern mit großer Wassertiefe vor steil abfallenden Küsten. Es gibt Ankerbälle aus Festplatten zum Zusammenfalten, die beim Verstauen wenig Platz wegnehmen.

Das Ankerlicht ist wichtig, schon allein deswegen, weil viele Fischerboote in der Nacht die Küste entlangfahren. Will man Strom sparen, wird eine kleine petroleumbetriebene Sturmlampe genügen (die zusätzlich den Abend im Cockpit gemütlich macht).

Der Anker sitzt fest

Will man den Ankerplatz unter Segeln verlassen, sollte man einen Teil der Ankertrosse einholen, so daß das Boot nicht zu stark schwojen kann. Danach setzt man Groß- und Vorsegel.

Hat der Anker sich festgesetzt, gibt es verschiedene Auswege. Man kann die Trosse ganz dichtholen und die ganze Besatzung geht auf das Vorschiff. Wenn dann alle gleichzeitig nach achtern gehen, kommt der Steven hoch und bricht den Anker frei. Dies ist eine besonders gute Methode, wenn sich Danforth- oder Pflugscharanker tief in den weichen Mud gegraben haben.

Ist der Anker zwischen Steinen oder Klippen eingekeilt, muß man ihn rückwärts freiziehen. Man befestigt einen Tampen mit einem Palstek an der Ankertrosse und rudert nun mit dem Beiboot genau über den Anker. Der Tampen soll an der Trosse entlang bis hinunter zum Anker laufen, so daß man ihn nun vom Beiboot aus freibekommen kann.

Sind Klippen oder große Steine in der Umgebung, die diese Situation voraussehen lassen, versieht man den Anker mit einer Leine und einer Boje. Als Boje kann man gut einen Plastikfender benutzen, den man bei großer Wassertiefe auch noch mit einem Gegengewicht, zum Beispiel mit einem Stein mit Loch, versieht, damit die Boje nicht zu weit vom Anker wegtreibt. Das hat außerdem den Vorteil, daß andere Schiffe sehen können, wo der Anker liegt und ihren Anker in entsprechender Entfernung ausbringen können.

Strom und Wetter

In dänischen Gewässern kommt es nicht häufig vor, daß man im Strom ankert. Das ist sehr angenehm, denn es ist besonders unbehaglich, wenn der Wind gegen den Strom steht und so das Boot in keiner eindeutigen Richtung liegen kann. Meistens legt es sich dann quer, und das kann einen so großen Zug auf den Anker verursachen, daß er ausbricht.

Manchmal hilft es, wenn man nach einer Seite Ruder legt, so daß sich das Boot durch

Ein Stein als Gegengewicht hält die Ankerboje über dem Anker.

den Strom mit der Nase in den Wind legt. Oder man setzt ein kleines Segel am Achterstag, das wie eine Windfahne wirkt und das Boot in Windrichtung hält.

Eine andere Möglichkeit ist, vom Heck aus einen Anker nach achtern auszubringen, dieses kann man jedoch nur machen, wenn man ganz sicher ist, daß der Strom nicht kentert.

Ein Anker zu jeder Seite

Falls der Strom alle sechs Stunden kentert (in Tidengewässern oder zum Beispiel an einem Ankerplatz im engen Teil des Kleinen Beltes), sollte man zu jeder Seite einen Anker ausbringen. Den Hauptanker selbstverständlich in die Richtung, aus der der meiste Zug erwartet wird, in der Regel zur Windrichtung. Beide Trossen sind am Bug befestigt, und die Trosse, die nach achtern führt, muß so lose sein, daß sie gut von Kiel und Ruder frei bleibt (eventuell mit einem Gewicht beschweren). Kentert der Strom, wird das Boot sich einfach drehen und sofort auf dem anderen Anker liegen.

Dieselbe Methode kann man auch anwenden, wenn man vor einer Küste ankert und fürchtet, daß man bei einer Winddrehung auf Legerwall liegt. Der kleinere Anker (oder der für die Grundverhältnisse weniger geeignete) liegt näher zum Land, während der große zur Seeseite ausgebracht wird.

An einem unruhigen Ankerplatz mit Wellen und frischem Wind kann man auch ein Gewicht an der Ankertrosse entlang hinablas-

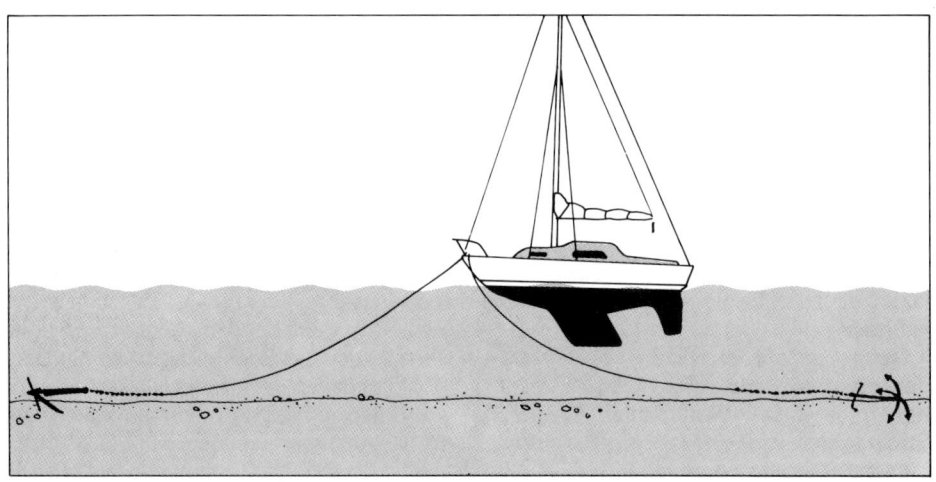

Wird der Strom kentern oder der Wind drehen, bringt man auf jeder Seite einen Anker aus.

sen, das verhindert, daß der Anker losbricht. Das kann zum Beispiel ein spezielles Bleilot mit dem halben Gewicht des Ankers sein, das mit einem Schäkel an der Trosse befestigt und mit einer dünnen Leine weggefiert wird. Wenn der große Anker ausgebracht ist, kann man hierfür natürlich auch die kleinen Anker benutzen.

Zwei Anker hintereinander

Bei sehr unruhigem Wetter oder an einem schwierigen Ankerplatz kann es erforderlich sein, zwei Anker zu benutzen. Die absolut beste Methode ist es, sie hintereinander zu plazieren und mit einer Kette zu verbinden: den kleineren Anker befestigt man mit seiner Kette am Kreuz des großen Ankers, am besten mit einem Schäkel. Daraufhin läßt man beide Anker ins Wasser, wenn das Boot schon rückwärts treibt, so daß man sicher ist, daß die Anker sich nicht in ihren Ketten verhaken.

Die Yacht schwojt

Wenn eine Yacht anfängt, bei viel Wind von einer Seite auf die andere zu „kreuzen", hilft es meist, die Trosse etwas zu kürzen (oder sie mit einem zusätzlichen Gewicht zu versehen, so daß der Anker nicht ausbricht). Ein Boot, das schwojt, kann man auch damit zur Ruhe bringen, daß man in einem Winkel von 50° bis 60° zum Wind einen zusätzlichen Anker auslegt. Das Gewicht soll natürlich auf dem Hauptanker liegen, der andere Anker soll nur stabilisieren.

Den Anker ausrudern

Muß man einen Anker mit dem Beiboot ausbringen, nimmt man die ganze Ankertrosse aufgeschossen mit und befestigt ihr Ende am Beiboot. Denn mit der schweren, sich abwickelnden Trosse ist es viel anstrengender zu rudern, als wenn man sie ganz an Bord hat. Wenn einem dann fast die Kräfte ausgehen, weil man mit dem Anker gegen den Wind gerudert ist, bringt man ihn aus und läßt sich dann beim Ausfieren der Trosse einfach zurücktreiben.

Eine Kette vom Beiboot auszubringen, ist nahezu unmöglich. In diesem Fall sollte man hinausrudern und das Beiboot verankern (eventuell mit einem anderen Anker oder an Land), und von hier aus zieht man die Kette mit einer Leine zu sich her. Wenn man nun das freie Ende der Kette hat, kann man es bequem an den Anker anschäkeln und den Anker ausbringen.

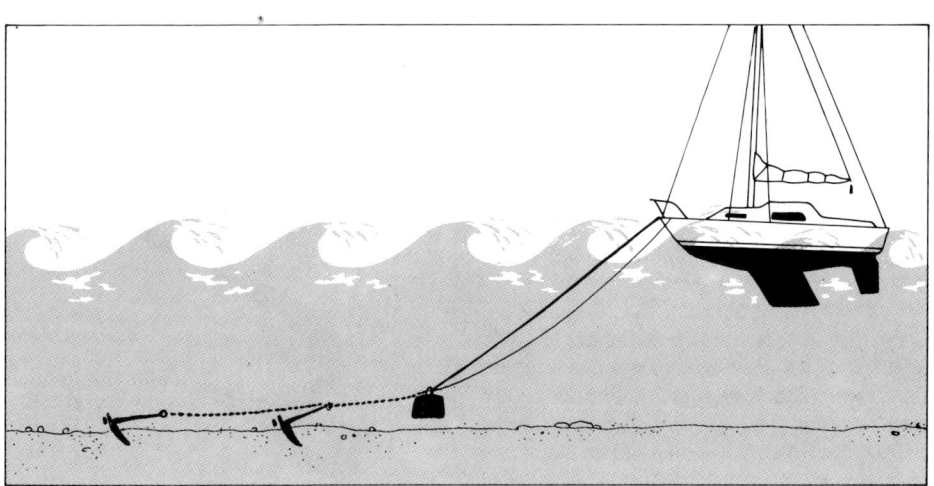

Werden zwei Anker miteinander verkattet und ein Gewicht verwendet, liegt man bei Sturm sicher.

Ankertypen

Der **Stockanker** ist der traditionelle Typ, der heutzutage meist auf älteren Segelschiffen benutzt wird. Damit er zuverlässig hält, muß er ziemlich groß und schwer sein, und damit ist seine Benutzung nicht einfach. Mittlerweile gibt es auch moderne Arten, bei denen man die Flunken einklappen kann.

Der **Draggen** war früher der meistbenutzte Anker auf Sportbooten, und die meisten wissen, daß man das obere Flunkenpaar durch Hochschieben am Schaft um 90° drehen kann. Mit seinen schmalen, spitzen Flunken hält der Draggen besonders gut auf Steingrund.

Der **Klappanker** hat seinen Namen, weil man die vier Flunken wie einen Schirm zusammenklappen kann. Er ist auf Steingrund der beste Anker, oder auch bei kräftiger Grundvegetation, da er sich nicht in den Grund graben kann. Bei vielen Modellen stehen die Flunken im 90°-Winkel zum Stock, doch man kann den Anker besser benutzen, wenn sie nur in einem Winkel von 50° abstehen.

Danforth ist ein englischer Firmenname, doch damit bezeichnet man alle Anker dieses Typs. Das Prinzip ist, daß sich die zwei Platten in den Grund graben, und im Verhältnis zu Größe und Gewicht findet man keinen anderen Ankertyp, der so gut hält. Ein richtig geformter Danforth-Anker ist ideal bei Sand oder Schlick. Es gibt allerdings recht große Unterschiede zwischen den einzelnen Fabrikaten.

Pflugscharanker heißt der bei den Engländern als CQR-Anker bezeichnete Typ, was der landläufige Ausdruck für „Secure" ist. Dies ist auch ein sehr sicherer Anker und der beste für den Allroundgebrauch. Der Pflug ist drehbar am Stock gelagert, so daß der Anker sich eingräbt, ganz gleich auf welcher Seite er liegt. Der Pflugscharanker ist an Deck unpraktisch zu stauen, man fährt ihn besser in einem passenden Bugbeschlag.

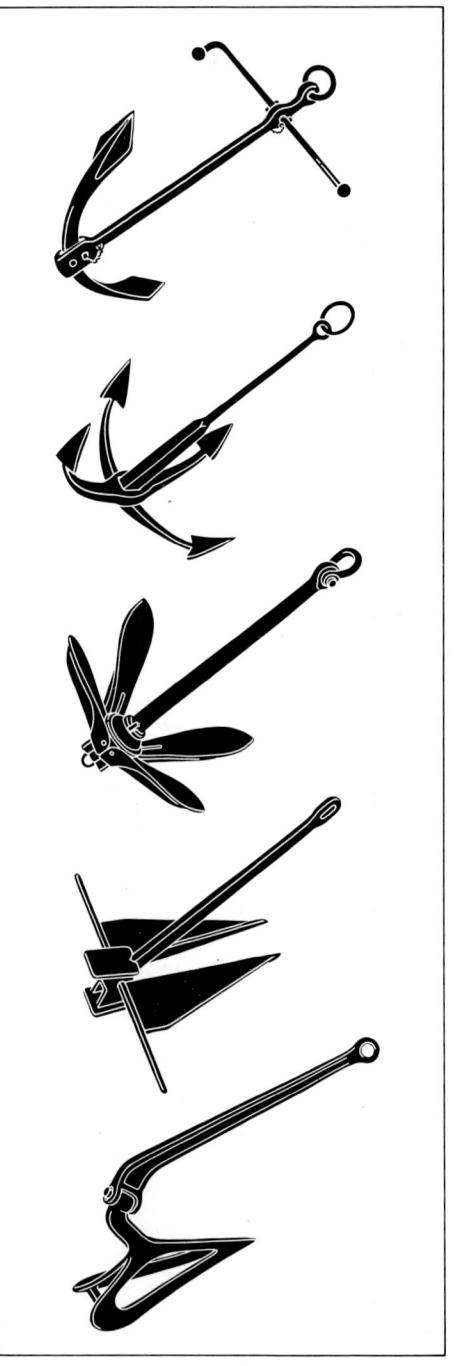

Ankerbojen

An manchen Ankerplätzen hat der dänische Seglerverband Bojen ausgelegt, die zur freien Benutzung gedacht sind. Die Bojen sind gelb und mit der Aufschrift „DS" versehen.
Folgende Regeln sind bei der Benutzung dieser Bojen zu beachten:

1. Benutzt man eine Boje, muß man sie spätestens nach 24 Stunden für andere Fahrzeuge freigeben.

2. Die maximale Belastung von 15 Tonnen sollte nicht überschritten werden. Eine Boje kann auch von mehreren Fahrzeugen benutzt werden, wenn deren Gesamtgewicht nicht über 15 Tonnen liegt.

3. Die Benutzung der Bojen geschieht auf eigene Gefahr, der dänische Seglerverband übernimmt keinerlei Haftung.

4. Unter der Voraussetzung, daß die maximale Belastung nicht überschritten wird, haben mehrere Yachten das Recht, die gleiche Boje zu benutzen.

Dabei ist zu beachten
– daß das zuerst angekommene Schiff bestimmt, ob man längsseits oder hintereinander liegt,
– daß das später angekommene Schiff für die nötigen Fender sorgt und sich nach den Festmacheanweisungen der ersten Yacht richtet.

Dänische Wörter in den Plänen

Bakke	Hügel
Bro	Anleger
Færgebro	Fähranleger
Fiskerleje	Fischerdorf
Fredet Vandareal	Naturschutzgebiet
Fyr	Leuchtfeuer
Gangbro	Steg
Gård	Gehöft, Gut
gl (gammel)	alt
Havn	Hafen
Idrætcenter	Sportzentrum
Kabelfelt	Unterwasserkabelgebiet
Kapel	Kapelle
Kirke	Kirche
Kro	Gastwirtschaft
Lille Bælt	Kleiner Belt
Lystbådehavn	Yachthafen
Ruin	Ruine
Skov	Wald
Sluse	Schleuse
Store Bælt	Großer Belt
Strandbadet	Strandbad
Tårn	Turm
Værft	Werft
Værk	Werk, Fabrik
Vandmølle	Wassermühle
Vig	Bucht
Vrag	Wrack

Farben der Seezeichen

B	=	schwarz
BRB	=	schwarz - rot - schwarz
BY	=	schwarz - gelb
BYB	=	schwarz - gelb - schwarz
G	=	grün
R	=	rot
Y	=	gelb
YB	=	gelb - schwarz
YBY	=	gelb - schwarz - gelb

Jolle oder Schlauchboot?

Wie schon erwähnt, sind viele Ankerplätze in diesem Buch beschrieben, weil sie in schöner Umgebung liegen oder weil viel an Land zu sehen ist. Ohne Jolle oder Schlauchboot muß man auf diese Erlebnisse verzichten, und das Ankern bleibt so ein sehr eingeschränktes Erlebnis. Die Möglichkeiten des Ankerns liegen ja darin, daß man kleine Inseln erforschen oder Stellen besichtigen kann, die sonst schwer zu erreichen sind.

Eine Jolle eignet sich am besten zum Rudern, und man führt sie meist im Schlepp mit sich, was natürlich in manchen Situationen beschwerlich wird und auch ein wenig bremst, besonders bei einer kleinen Yacht. Die meisten bevorzugen deshalb ein Schlauchboot, aber sollte man sich dennoch für eine hübsche kleine Jolle entscheiden, seien hier ein paar Dinge dazu gesagt.

Der Bug sollte spitz und hoch sein, damit er gut durch die Wellen geht. Der Festmacher sollte an einem Auge unterhalb der Bugspitze angebracht sein, damit der Bug beim Schleppen hochgezogen wird.

Ein kleiner Kiel wirkt sehr stabilisierend und schützt den Boden, wenn man an der Küste anlandet. Tendiert die Jolle dazu, im Schlepp zu schlingern, hilft es, sie mit einem Ruder zu versehen. Dafür genügt schon eine Platte mit Querarmen, die an einem Beschlag am Heck festgemacht wird.

Es ist erstaunlich, wieviel See eine Jolle im Schlepp vertragen kann, ohne vollzuschlagen. Ein paar Selbstlenzer können dafür sorgen, See- und Regenwasser aus der Jolle hinauszubefördern, doch in der Regel wird schon eine über die Jolle gespannte Persenning das meiste abhalten.

Die Jolle muß selbstverständlich mit genügend Auftrieb versehen sein, so daß sie ihre Besatzung auch nach einer Kenterung tragen kann, und die Ruder sollten mit einer Sorgleine gesichert sein. Es hat keinen Vorteil, eine besonders leichte Jolle zu wählen, doch bei einer kleineren Jolle hat man die Möglichkeit, sie an Deck zu fahren. Ein gewisses Gewicht gibt ihr eine Menge Stabilität im Schlepp, und man riskiert nicht, daß eine harte Bö sie zum Kentern bringt. Wenn man ein Beiboot schleppt, sollte man darauf achten, daß es sich genau auf der Vorderseite der eigenen Hecksee befindet. Denn so fährt das Boot die ganze Zeit „bergab" und bietet keinen sehr großen Widerstand.

Das Schlauchboot

Man kann natürlich eines dieser billigen Plastikboote nehmen, wie sie als Spielzeug am Strand benutzt werden, doch auf längere Sicht ist ein gutes Schlauchboot eine gute Investition. Bei einem Minimum an Pflege und Schutz vor prallem Sonnenlicht kann dies sogar eine Investition sein, die sich über Jahre hinweg auszahlt. Vor dem Kauf ein paar Tips, auf die man achten sollte:

1. Das Boot sollte Raum für die ganze Besatzung der Yacht bieten, denn es ist beschwerlich, mehrere Male zu rudern.
2. Das Schlauchboot sollte mit langen, robusten Riemen ausgerüstet sein. Ein Schlauchboot hat einen großen Windwiderstand, und es ist lebenswichtig, auch gegen starken Wind anzurudern. In der Regel ankert man bei ablandigem Wind, und wenn das Schlauchboot mit der ganzen Besatzung abtreibt, besteht große Gefahr. Ein kleiner Anker an Bord wird für Sicherheit sorgen, besonders, wenn Kinder damit rudern. Die Riemen sollten selbstverständlich mit einer Sorgleine gesichert sein.
3. Die Luftpumpe sollte einen großen Wirkungsgrad besitzen. Denn braucht man zu lange, um das Schlauchboot aufzupumpen, hat man in vielen Fällen gar keine Lust mehr. Ein gutes Schlauchboot sollte innerhalb fünf Minuten aufgepumpt sein.
4. Ein fester Boden oder einlegbare Bodenbretter machen die Benutzung sehr viel bequemer und lassen das Schlauchboot auch besser schleppen.
5. Selbst wenn man es gut an Bord nehmen kann, gibt es Situationen, wo man das Schlauchboot gerne in Schlepp nimmt, zum Beispiel von einem Ankerplatz zu einem nahegelegenen anderen. Neben dem festen Boden wird ein fester Spiegel (für einen Außenbordmotor) die Schleppeigenschaften wesentlich verbessern.
6. Ein kleiner Außenbordmotor mag nötig sein, braucht aber auch einige Pflege.

Ein Schlauchboot hat also viele Vor- und Nachteile, doch in erster Linie dient es als Mittel, um an Land zu kommen.

Wo darf
man sich bewegen?

Den Begriff des „freien Strandrechtes" kennen die meisten. Unter gewissen Bedingungen hat man mittlerweile auch das Recht, unbebaute Gebiete und Wälder zu betreten, selbst wenn diese Privateigentum sind. Es kann Konfrontationen geben, wenn ein wütender Inselbesitzer Fremde von seinem Grundstück jagen will, und daher ist es wichtig, zu wissen, was die Gesetze besagen.

In der Regel kommt man mit Freundlichkeit sehr weit, und besonders auf kleinen Inseln gehört es zum guten Ton, daß man bei eventuellen Besitzern vorspricht und um die Erlaubnis eines Inselrundganges bittet.

Bekommt man jedoch ein klares Nein zur Antwort, geben die Paragraphen 54, 55, 56 des Naturschutzgesetzes Hinweise darüber, worauf man ein Recht hat.

Am Strand

§ 54 des Naturschutzgesetzes handelt von „Stränden und anderen Küstenabschnitten, an denen es keine zusammenhängenden Grünstreifen oder andere Landvegetation gibt". Hier darf man sich zu Fuß bewegen und auch kurze Aufenthalte zum Beispiel zum Baden machen, und es ist auch erlaubt, ein Boot ohne Motor an den Strand zu legen. Letzteres steht deshalb im Gesetz, weil man ja sonst vom Boot aus das Land nicht erreichen könnte.

Auch auf privatem Grund und Boden darf man am Strand entlanggehen, doch darf man sich in einem Abstand von 50 Metern von den Häusern der Bewohner weder aufhalten noch baden. An allen Stränden ist es vom 1. April bis 1. September verboten, Hunde frei laufen zu lassen.

Es gibt jedoch eine Ausnahme vom freien Strandrecht: Gebiete, die vor 1916 entweder als Gärten angelegt waren oder sonst eine wirtschaftliche Bedeutung hatten, bestehende Verteidigungsanlagen und Hafenanlagen.

Im Wald

§ 55 des Naturschutzgesetzes behandelt den Wald. Zu öffentlichen Wäldern hat man freien Zutritt, doch für private Wälder gelten folgende Richtlinien:

1. Der Wald sollte 5 Hektar oder größer sein.
2. Das Betreten ist nur zu Fuß erlaubt und nur auf den existierenden Wegen und
3. Nur von 7.00 Uhr bis Sonnenuntergang.
4. Der Wald darf dort betreten werden, wo ein Zugang durch einen öffentlichen Weg vorhanden ist.
5. Hunde sind an der Leine zu führen.
6. Der Aufenthalt näher als 50 Meter zu den Häusern der Besitzer ist verboten.
7. Während der Jagdzeit (vom 16. Mai bis 15. Juli) können die Besitzer das Betreten verbieten.

Die Waldbesitzer oder ihre Vertreter haben das Recht, Namen und Adressen all jener aufzuschreiben, die Gesetze übertreten und sie bei der nächsten Polizeistelle anzuzeigen.

Vom Strand zum Wald

Man kann davon ausgehen, daß jeder das Recht der freien Bewegung am Strand kennt und respektiert. Eine Diskussion kann über das Recht in Wäldern und unbebauten Gebieten entstehen, besonders aufgrund der Formulierung „wo ein öffentlicher Weg oder Pfad führt, oder wo im übrigen ein Zugang im Sinne des Gesetzes besteht". Einige private Inselbesitzer weisen darauf hin, daß kein öffentlicher Weg oder Pfad auf ihren Hof führt und damit § 55 und § 56 nicht gelten.

Sie vergessen nur den letzten Teil des Satzes. „Zugang im Sinne des Gesetzes" kann zum Beispiel auch ein Strandabschnitt sein. Hierzu werden die Besitzer vielleicht einwenden, daß der Strand sich bis zum zusammenhängenden Grünzug und der Landvegetation erstreckt, und diese „grüne Linie" darf nicht überschritten werden. Das ist zwar im Sinne von § 54 richtig, doch gleichzeitig setzt hier § 54 über die unbebauten Gebiete ein.

Zur Unterscheidung der Gesetze gibt es einen wichtigen Hinweis: Am Strand darf man sich rund um die Uhr aufhalten, in dem unbebauten (grünen) Areal nur bis Sonnenuntergang.

Reservate

Rund um einige kleine Inseln und Sandbänke findet man eine Reihe von geschützten Gebieten für Seehunde und Küstenvögel. An den meisten Plätzen ist lediglich der Zutritt in der Brutzeit (bis zum 30. Juni, 15. Juli oder 31. August) verboten, doch in vereinzelten Gebieten gilt dieses Verbot das ganze Jahr über. Besonders bei Reservaten für Seehunde, die auf diese Weise total geschützt sind. Wo die in diesem Buch beschriebenen Ankerplätze mit einem derartigen Reservat in Berührung kommen, ist dies ausdrücklich erwähnt. Im übrigen sollte man grundsätzlich auf das Vogelleben an der Küste Rücksicht nehmen, auch außerhalb der Brutzeit.

Nur ein einziger herumstreifender Hund kann hier schon viel Schaden anrichten. Man sollte beachten, daß man

– außen um Vogelkolonien herumgeht,

– sich nicht in der Nähe von Nestern und Jungen aufhält,

– keine freilaufenden Hunde mitbringt (vom 1. April bis 1. September ist dies verboten),

– das Segeln in der Nähe von Inseln mit Vogelkolonien vermeidet,

– den Landgang auf unbebauten Inseln von April bis Juli vermeidet,

– Abstand zu den Inseln oder Sandbänken hält, auf denen sich Seehunde aufhalten,

– keine Möweneier einsammelt, denn das ist nur den Besitzern erlaubt und auch diesen nur in begrenzter Anzahl.

Ankerplätze

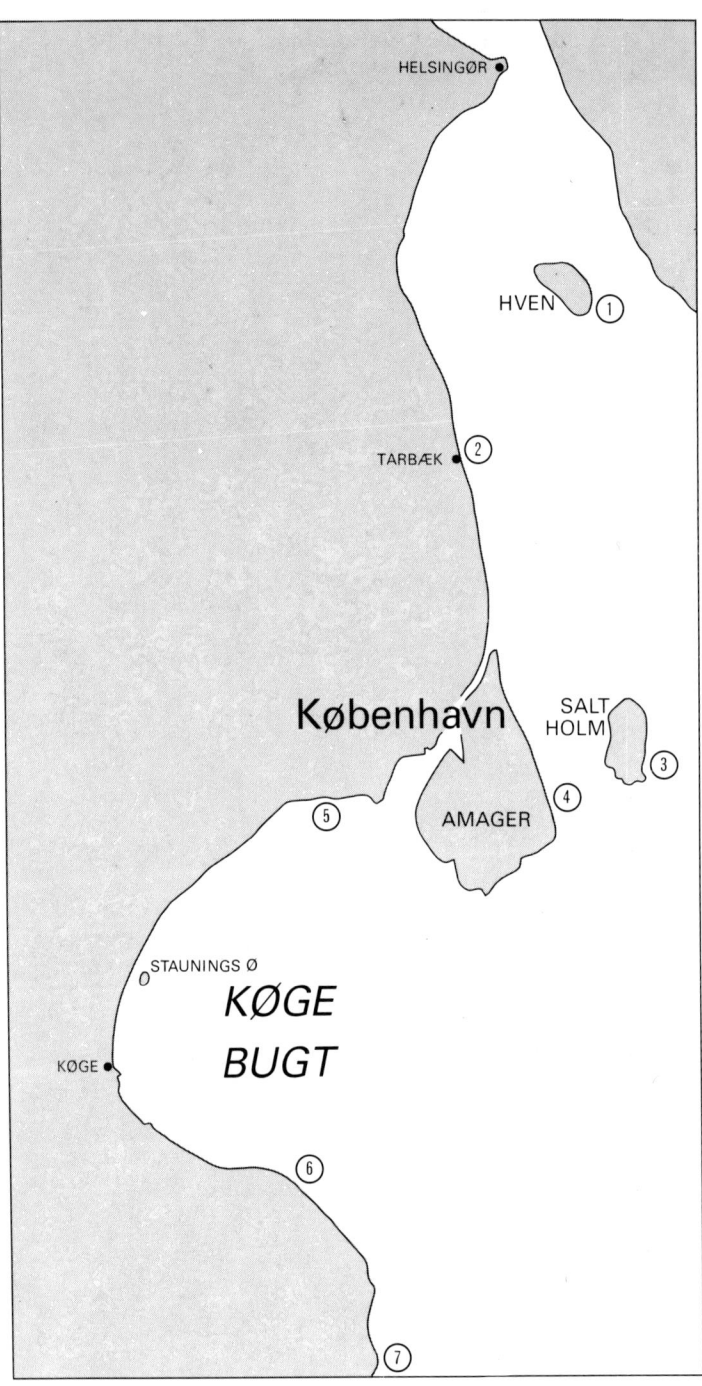

Sund und Køge-Bucht

Zwischen Kronborg und Stevns Klint gibt es keine wirklich guten Ankerplätze, und die vielen Segler aus dem Sund haben Grund genug, sich von der Natur ein wenig benachteiligt zu fühlen.

Die Landspitze von Kronborg hieß früher „Øret" (das Ohr), und Øresund nannte man – und nennt man auch heute noch – die schmale Wasserstraße zwischen Helsingør und Helsingborg. Der südlichere Teil des Gewässers zwischen Dänemark und Schweden heißt schlicht „der Sund", obwohl es in Dänemark noch eine Menge anderer Wasserstraßen dieser Art gibt.

Die Køge-Bucht hat nicht gerade den Ruf des besonders reizvollen Segelreviers, aber mit idyllischen Uferparks an der Nordseite ist doch ein schönes Erholungsgebiet vorhanden.

Zwei andere Möglichkeiten für einen Aufenthalt sind der Tryllewald (Trylleskoven) mit dem Kastruper Strand (etwa 1,5 sm südöstlich von Mosede Havn), wo man direkt vor einem sehr schönen Badestrand ankern kann (man muß jedoch auf die Steine mit nur 1,5 Meter Wassertiefe achten). Ferner befindet sich weitere 1,5 sm südlich das lange Sandriff Staunings Ø.

Hven

Karten:
D 328
DK 131

Als schwedische Insel gehört Hven eigentlich nicht in dieses Buch, aber die Segler vom Sund haben die Insel ja schon längst für sich in Besitz genommen. Mit seinen drei Häfen hat Hven wohl für jeden Bedarf etas anzubieten, aber viele Segler ziehen es doch vor zu ankern, wenn das Wetter es erlaubt.

Am beliebtesten zum Ankern ist der hohe südliche Teil der Insel und die Ostküste südlich von Bäckviken. Hier sind günstige Tiefen bis dicht unter das Ufer vorhanden, und will man an Land gehen, ist man schnell oben auf den Klippen, mindestens ebenso schnell, als wenn man über die Treppen von Westen kommt.

Aber auch die Ostküste oberhalb von Bäckviken ist sehr hoch, die Steilküstenstücke werden abgelöst von grünen Hängen. Eine hübsche Landschaft, die dazu einlädt, sie mit Streifzügen zu erkunden.

Will man mehr von der Insel sehen, ist es jedoch ratsam, in Bäckviken oder Kyrckbak-

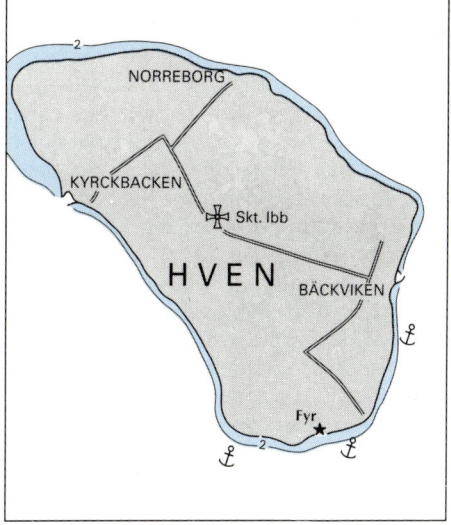

ken einzulaufen und dort Fahrräder auszuleihen, weil die Entfernungen auf der Insel zu Fuß doch recht weit sind.

Die hohen Klippen an der Südküste von Hven bieten guten Schutz, und man kann sehr dicht an sie heranfahren.

Tårbæk Strandmølle

Karten:
D 328
DK 131

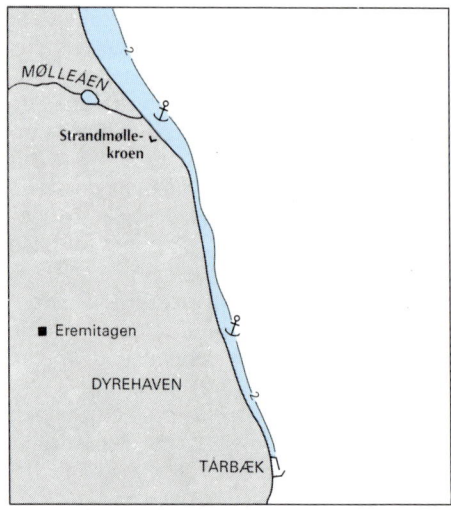

Zwischen Helsingør und Kopenhagen ist die Küste hauptsächlich hoch und bewaldet, also ein äußerst guter Wetterschutz. Außerdem stehen die Villen am Strandweg nicht direkt am Ufer, und draußen in Dyrehavn ist sogar ein unbebautes Gebiet, wo man liegen und den Blick auf das dortige Eremitage-Schloß genießen kann.

Der hohe Teil der Küste endet mit der Strandmühle am Mühlbach, der dort in einer kleinen Bucht mündet. Auf dem Abhang liegt der berühmte „Strandmøllekro" direkt am Wasser, so daß man, wenn man ein Beiboot mit hat, hier ausgesprochen gut essen kann.

Vor ungefähr 150 Jahren war der Mühlbach ein Zentrum der aufkeimenden Industrialisierung in Dänemark. Der Bach speiste mit seinem Wasser eine lange Reihe hintereinander stehender Wassermühlen; die heutige Strandmühle war die letzte in dieser Reihe. Hier gründete die Familie Drewsen eine Papiermühle, und in dem Haus blühte sowohl das politische als auch das kulturelle Leben.

Saltholm

Die flache Insel mit den dazugehörigen weit auslaufenden Flachs, von denen sie umgeben ist, bietet sich nicht sonderlich gut zum Ankern an, aber der südliche Teil des Sundes ist allgemein arm an Ankerplätzen, so daß man manchmal mit den wenigen Möglichkeiten, die sich bieten, vorlieb nehmen muß.

Auf der Ostseite der Insel, nördlich von dem sehr steinigen Gebiet „Svaneklapperne", was soviel wie Schwanenjagd bedeutet, bildet die 2-m-Linie eine Bucht, die „Sækken" (deutsch: Sack) genannt wird. Es ist das Sicherste, als Ansteuerungspunkt die vorgelagerte grüne Tonne zu benutzen, aber man muß auf den westlich davon gelegenen Stein mit nur 0,8 Meter Wassertiefe achten. Von der Tonne aus fährt man am besten genau nach Westen, bis man die 2-m-Linie erreicht. Je nach Tiefgang kann man sich nun einen Ankerplatz suchen. Will man in der Sækken-Bucht ankern, folgt man einfach der 2-m-Linie in südlicher Richtung, bis diese

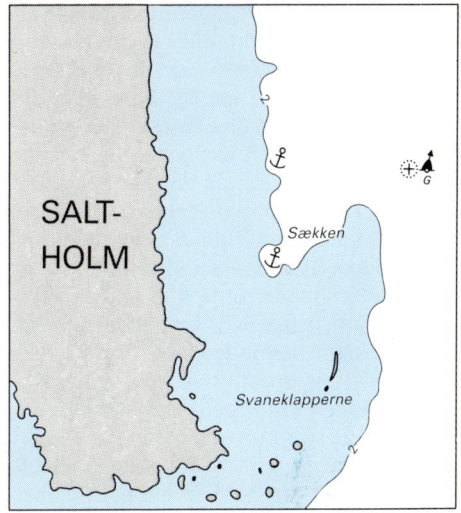

sich nach Osten zieht. Diese Annäherung sollte man mit langsamer Fahrt unter Motor und unter kleinen Segeln vornehmen.

Die Mündung des Mühlbaches bei der Strandmühle in den Sund.

Femør

Karten:
D 329
DK 132

In der Nähe des Yachthafens der Seglervereinigung Sundby und südlich von Kastrup
liegt das Sundby Strandbad. Die Umgebung
ist nicht so bekannt wie Bellevue, aber der
Strand ist groß und das Wasser klar (in der
Regel), weil der meist nordgehende Strom im
Sund immer für frisches Wasser sorgt. Der
Strand endet im Süden mit einer Grünanlage,
die landläufig Femør genannt wird, offiziell
aber Amager Strandpark heißt. Hier finden im
Sommer Freilichtkonzerte statt, und die Anla-
gen sind das ganze Jahr ein beliebtes Erho-
lungsziel der Kopenhagener.

Will man baden oder segelnderweise zu
einem Konzert kommen, empfiehlt es sich,
vor Femør zu ankern, wo die 2-m-Linie in ge-
ringem Abstand parallel zur Küste verläuft.
Man muß sich nur gut von ein paar großen
Steinen freihalten, die etwas weiter draußen
im Wasser liegen, und die die Seekarte mit 1,8
m Wassertiefe angibt. Will man ganz sicher
gehen, segelt man auf das nördliche Ende
des Strandbades zu und dann dicht unter
der Küste bis Femør, oder man benutzt das
Fahrwasser zum Yachthafen Kastrup und
fährt vom Molenkopf dort nach Norden.

Wenn man den Amager Strandweg direkt
hinter Femør überquert, führt ein Steg über
einen Wallgraben zum alten Kastruper Fort.
Zusammen mit dem Fort wurde auch Charlottenlund nördlich der Stadt 1888 als eine von
Kopenhagens Seebefestigungen gebaut.
Auf Grund der Schlacht auf der Reede von
Kopenhagen 1802, dem englischen Überfall
auf die Stadt und dem Diebstahl der Flotte
1807 fürchtete man neue Angriffe von der
Seeseite her, und so entstanden unter einer
Verteidigungskommission zahlreiche Befe-
stigungen.

Kastrup und Charlottenlund bildeten zusammen mit dem Middelgrundsfort die äußere Verteidigungslinie, während die innere Linie aus sechs Forts bestand, wovon jedoch
nur Trekroner bis heute erhalten ist. Die

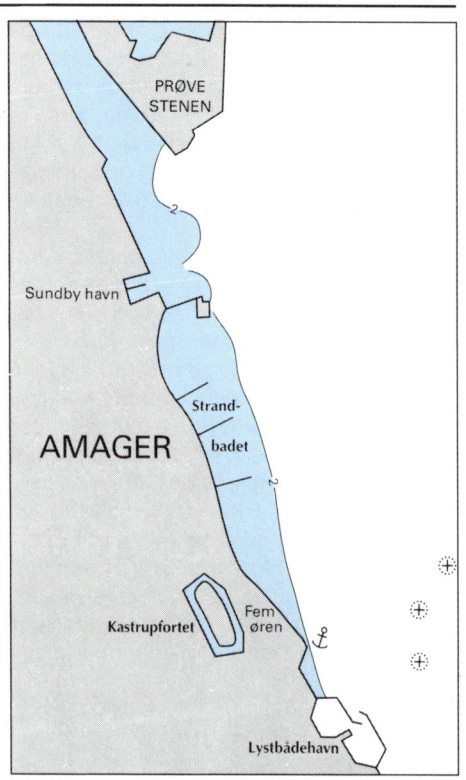

anderen mußten Neubauten und Aufschüt-
tungen weichen, z. B. Prøvestenen, wo heute
der Benzinhafen liegt.

Traurig genug für die energische Verteidigungskommission und ihre Nachfolger war,
daß die Befestigungsanlagen genauso
schnell veralteten wie sie gebaut wurden. So
ging es auch dem Kastruper Fort, aber als
Entschädigung schuf die Gemeinde Amager
dort eine schöne Parkanlage.

Es muß davon abgeraten werden, einen
Besuch von See her in Charlottenlund zu
machen, denn dort liegen mehrere große
Steine.

Køge-Bucht Strandpark

Ganz oben im Norden der Køge-Bucht liegt der Strandpark, inmitten natürlicher Umgebung, mit 6 km weißem Sandstrand, Dünen mit Strandhafer und wilden Rosen, großen Strandseen und vielfältigem Vogelleben. Wandert man am Strand entlang oder streift durch das ausgedehnte System von Pfaden, wirkt es unglaublich, daß die Natur nicht selbst in hunderten von Jahren dieses Gebiet geschaffen hat, sondern daß dies alles das Werk der Køge-Bucht-Strandpark-Initiative von 1975 ist. Der Zweck der Initiative war einerseits, diesen flachen Teil der Küste vor den häufig vorkommenden Überschwemmungen zu schützen, andererseits ein Erholungsgebiet zu schaffen, welches im Süden von Kopenhagen schon lange erforderlich war. Sandpumpen und Bagger begannen 1977 ihre Arbeit, und 1980 konnte die offizielle Einweihungsfeier des Strandparkes stattfinden.

Gut 1 km vor der alten Küstenlinie schüttete man einen Deich auf, schuf dahinter eine Dühnenreihe, und vor dem Deich bildeten sich sechs große Binnenseen, die von dem Wasser des großen und kleinen Vejlebaches sowie von zahlreichen kleineren Bächen gespeist werden. Mit dieser ganzen Anlage ist die Gefahr des Hochwassers in der Bucht gebannt. Die Seen werden häufig von Ruderern benutzt, und Surfer und Optimisten-Segler vergnügen sich in Eintracht mit den zahlreichen Wasservögeln.

Es blieb auch noch Platz für vier Yachthäfen, die, voll ausgebaut, Platz für 4000 Yachten bieten werden, falls eines Tages der Bedarf an Liegeplätzen so hoch sein wird.

In der Mitte liegt der große Doppelhafen Ishøj/Vallensbæk, auf der östlichen Seite liegt der Brøndby Havn, und mit dem Hundige Havn endet der Strandpark im Südwesten. Es besteht also eine Reihe von Möglichkeiten, an Stegen oder Pfählen festzumachen, aber an einem Sommertag ist es für viele bestimmt attraktiver, vor dem Strand zu ankern. Am besten eignet sich dafür die Strecke zwischen Ishøj und Hundige, und benutzt man als Ansteuerung die orangenen Pyramiden, die die Lebensrettungsstationen markieren, wird man eine kleine Brücke finden, wo aber nur Jollen liegen können.

Damit die vielen Badegäste sich entlang des Strandes orientieren können, sind in bestimmten Zwischenräumen an der Wasserkante große Steingruppen plaziert – es besteht jedoch keine Gefahr, Steine auch noch weiter außerhalb anzutreffen, dort ist reiner Sandgrund. Die Steingruppen sind nach Schiffen benannt, die 1677 an der berühmten Seeschlacht in der Kögebucht beteiligt waren. Zwischen Ishøj und Hundige ist es die „Schwedische Meerjungfrau" (ein einzelner Stein), der „Holländer", der „Elefant" und der „Norwegische Löwe". Der „Elefant" (drei Steine) war Admiral Niels Juels größtes Schiff, ausgerüstet mit 92 Kanonen.

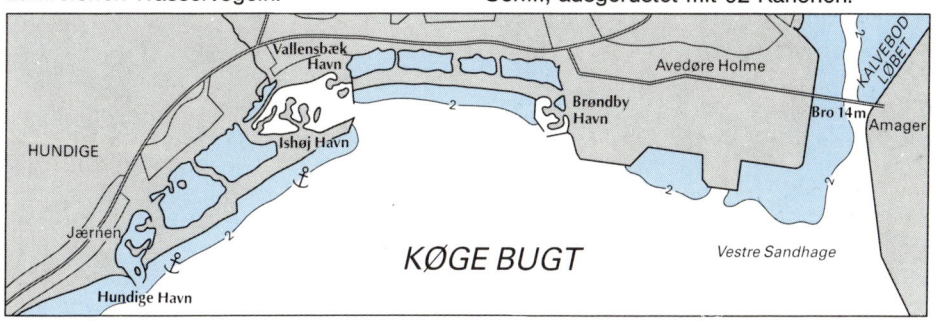

Køge Sønakke

Wenn die Windrichtung es zuläßt – d. h. bei SW-lichen Winden –, machen viele Segler von Køge eine Tour hinaus nach Sønakke. Unter den hohen Klippen mit dem Maglebyer Wald liegt man sehr geschützt, man kann sehr dicht unter Land ankern. Es empfiehlt sich jedoch nicht, in der kleinen Bucht westlich von Sønakke zu ankern, denn dort findet man nur flaches Wasser vor und unter Land auch mehrere Steine. Auf Sønakke liegt sehr einsam das Køge Seehaus, früher ein Ort ereignisreicher Begebenheiten: Das erste Mal 1710, als die dänische Flotte unter Ivar Huitfeldt unmittelbar westlich von Sønakke ankerte. Ganz unerwartet tauchte plötzlich die schwedische Flotte hinter der Landspitze auf, und die Dänen hatten Schwierigkeiten, ihre Anker rechtzeitig zu lichten, um zu flüchten. Dann standen beide Flotten in der Køgebucht, und von Sønakke aus konnte man genau sehen, wie sie langsam in Rauch eingehüllt wurden, als die Schießerei begann.

Der Kampf (nicht zu verwechseln mit der Schlacht in der Køgebucht 1677) endete damit, das Ivar Huitfeldts Schiff „Dannebrog" in

Die Kirche von Højrup auf Stevns ist ein beliebtes Ausflugsziel.

die Luft flog und etwa 550 bis 700 Mann den Tod fanden. Die Schlacht endete jedoch unentschieden, weil es aufbrieste und beide Flotten sich zu schützenden Ankergründen zurückziehen mußten.

Zwischen dem südlichen Teil des Maglebyer Waldes – er heißt Dyrehaven – und dem Gjorslever Buchenwald zwängt sich das enge Tal Sorte Rende bis zum Møllesee durchs Land. Dieser liegt sehr hübsch mitten im Buchenwald, und von der Südspitze des Sees führt ein Weg gut 1,5 Kilometer hinauf nach Gjorslev, Dänemarks einzig erhaltener Kreuzburg aus dem Mittelalter. Der Park ist zugänglich, die Burg selbst jedoch in Privatbesitz.

Stevns Klint

Karten:
D 329, 40
DK 132, 187

Selbst wenn Stevns Klint mit seinen 41 m nur etwa ein Drittel der Höhe von Møns Klint erreicht, ist es dennoch eine ganz ansehnliche Küstenpartie. Hier kann man bei Winden aus westlichen Richtungen gut ankern, sogar besser als vor Møn, weil dort die Klippen so hoch sind, daß am Fuß ein Sog nach innen entstehen kann. Unter Stevns Klint jedoch ist immer ablandiger Wind, und die Klippen bieten einen guten Schutz.

Viele haben im Laufe der Zeit entdeckt, wie rauh die Køgebucht bei starken oder stürmischen Winden aus Westen sein kann, und so ist die Strecke zwischen Mandehoved und dem Leuchtturm ein sicherer Ort, um Schutz zu suchen, bis das Wetter sich bessert. Den Leuchtturm kann man von hier durch die Bäume schimmern sehen,die alte Kirche von Højrup liegt hinter einem Felsvorsprung verborgen. Sie befindet sich hinter dem Leuchtturm, und bei Westwind kann es unter der Kirche sehr unruhig werden. Weht der Wind jedoch aus Nordwest, ist dort ein ausgezeichneter Ankerplatz,und man kann in der kleinen Bucht nördlich der Kirche bis unmittelbar unter Land fahren.

Die romanische Kirche, die aus dem lokalen Baumaterial, nämlich Kreidequadern, errichtet wurde, lag ursprünglich ein ganzes Stück im Landesinneren. Mit der Zeit jedoch nagte das Meer an den Klippen und nahm Felder und Wälder mit sich. 1928 hatte das Wasser die Klippen direkt unter der Kirche erreicht, und in einer Nacht stürzte der Chor in die Tiefe.

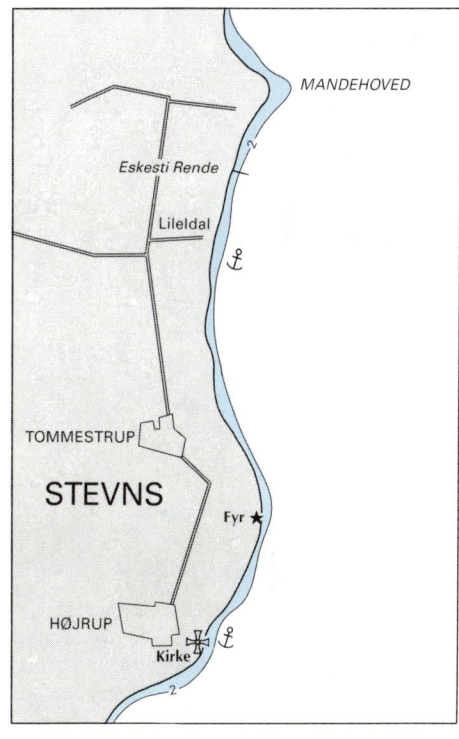

Entlang des ganzen Kliffs vom Buchenwald im Norden bis Rødvig Havn im Süden verläuft ein Pfad, der überwältigende Ausblicke über das Wasser oder an den Klippen entlang bietet. Von der Kirche führt eine Treppe zum Strand, und dort liegt noch ein gut erhaltenes altes Fischerhaus, dessen Räume original so eingerichtet sind wie im vorigen Jahrhundert.

Der Bøgestrøm

mit Præstøfjord und Møns Klint

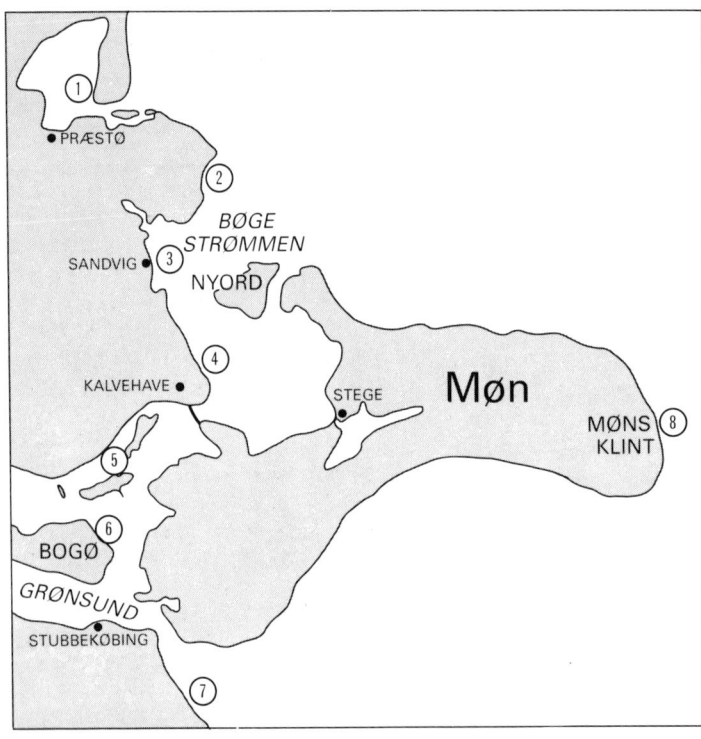

Heutzutage sind es fast nur Sportboote, die den Bøgestrøm entweder nur als Abkürzung benutzen, oder sich für länger in dem hübschen Fahrwasser mit seinen gemütlichen Häfen und vielen schönen Ankerplätzen aufhalten. Aber vor noch nicht allzu langer Zeit bestand der Verkehr hauptsächlich aus kleinen Lastenseglern mit Früchten von den Inseln im Smålands-Fahrwasser, und unter dem Beinamen „Pfirsichschuten" sammelten sie sich in dem Kanal vor der Börse in Kopenhagen und boten ihre Waren feil.

Außerdem kamen hier Galeassen aus Jütland vorbei, die mit Ziegeln aus den Ziege-leien vom Nybøl Nor beladen waren. Ihre Ladung wurde auf den großen Baustellen in Nørrebro und Vesterbro gebraucht, um große Mietshäuser zu errichten.

Die Lotsen, die auf Nyord wohnten, hatten viel zu tun, denn es herrschte im ganzen Fahrwasser zwischen dem Storstrøm und dem Bøgestrøm Lotsenzwang. Im Durchschnitt wurden zwischen 1835 und 1845 3200 Schiffe jährlich durch das Fahrwasser geleitet, das sind mehr als 10 pro Tag, wenn in den Wintermonaten trotz des Eisganges die Belte und der Sund befahrbar waren. Oft brauchten die Schiffe für die Durchfahrt mehrere Tage, weil entweder der Wind gegenan stand oder gerade kein Lotse frei war. Deshalb war es nötig, oft zu ankern, und einer der meist benutzten Plätze dafür war Masnedø Flak östlich der gleichnamigen Insel. Doch für Sportboote ist es hier zu ungeschützt und außerdem ist es durch die Storstrømbrücke sehr laut. Andere Plätze, die die Lastensegler sonst noch benutzten, waren das Fahrwasser bei der Petersværft, die Reede hinter Viemose Skov nördlich von Kalvehave sowie Dyndekrogen als nördlichster Platz im Bøgestrøm.

Zu den alten Ankerplätzen kamen auch viele neue, so zum Beispiel im Kalvestrøm zwischen Bogø und Tærø, wo man in der Hochsaison weit ab vom Bootsverkehr in Ruhe liegen kann.

Præstø Fjord

Karten:
D 478
DK 190

Die Einfahrt nach Præstø ist sicher einer von Dänemarks hübschesten Anblicken. An Steuerbord liegt die liebliche Halbinsel Feddet mit Obstplantagen zwischen Heideflächen, während sich an Backbord auf Roneklint Strandwiesen vor dem höheren Land dahinter erstrecken. Zunächst wird Præstø noch von Næbskoven verdeckt, aber plötzlich tauchen die roten Dächer und der Kirchturm in seiner geschützten Ecke im Süden auf, und gleichzeitig öffnet sich unvermittelt die Ansicht nach Norden über den Fjord.

Ein Wald säumt das natürliche Fahrwasser Vrangstrømmen innen im Fjord, wo man überall längs der Küste gut ankern kann. Weiter westlich ist es jedoch recht flach und offen.

Bei Südwind kann man weitaus besser nördlich des Holländerskov ankern und hat von hier einen schönen Blick auf Feddet. Die Halbinsel Feddet besteht, im Gegensatz zum fruchtbaren Seeland, aus unfruchtbarem Sand und Kies. An der Faksebucht gibt es feinen Sandstrand, und die Fjordseite besteht aus weiten, grasbewachsenen Strandwiesen. Im Süden ist Feddet von Heide bedeckt, es wachsen dort Erika, Glockenheide und Preiselbeeren. Außerdem leben hier noch die seltenen schwarzen Kreuzottern.

Früher wuchsen auch Eiben und Buchenwälder auf Feddet, aber wie so viele andere Dinge, wurden auch diese von den Schweden während der Belagerung von Kopenhagen 1685 – 1660 vernichtet. Die Schweden

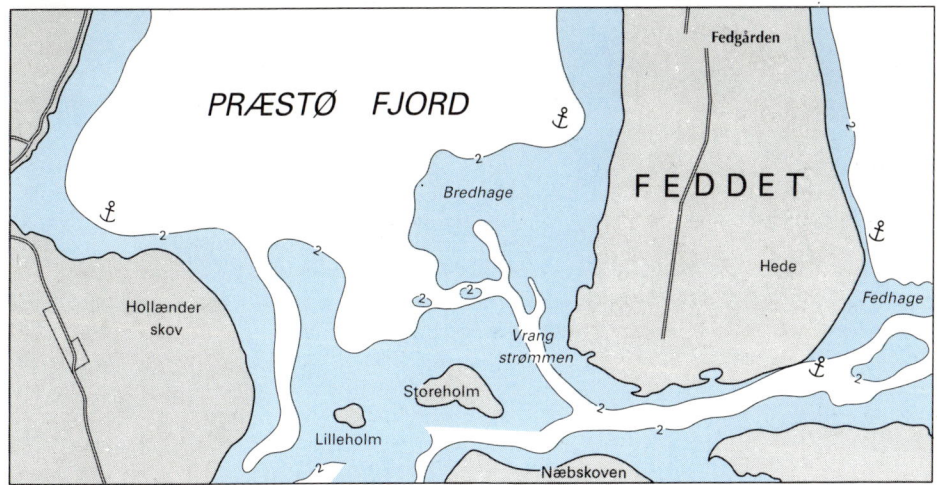

benutzten das Holz als Feuerung für die kalten Winter, und aus den kräftigeren Stämmen bauten sie Palisaden.

Mit dem Verschwinden des Waldes begann sich der Sand zu verlagern, doch seit ca. 1850 ist er durch verschiedene Pflanzungen wieder befestigt worden.

In der Mitte der Halbinsel liegt Fedgården, dort ist ein unbebautes und für den Autoverkehr nicht zugängliches Gebiet. Segler haben die besonders gute Möglichkeit, die unberührte Natur zu erleben.

Der beste Ankerplatz ist auf der Außenseite von Feddet, nördlich von dem flachen Grund Fedhagen. Bei nicht allzu starkem Ostwind kann man jedoch auch an Feddets Südseite an der Kante des Fahrwassers liegen, wo Fedhagen und der Hesteskogrund dem Schiff Abdeckung geben. Oder man ankert im Fjord an der 2,00-m-Linie nördlich von Bredhage. Von hier sind es ca. 1,5 km quer über Feddet hinweg bis zum Strand, und auf diesem Spaziergang kann man die eindrucksvolle Natur genießen.

Præstø liegt sehr hübsch direkt am Fjord gegenüber des Hollænderskov. Hinter diesem Wald im Inneren des breiten Fjordes gibt es einen ausgezeichneten Ankerplatz.

Dyndekrogen

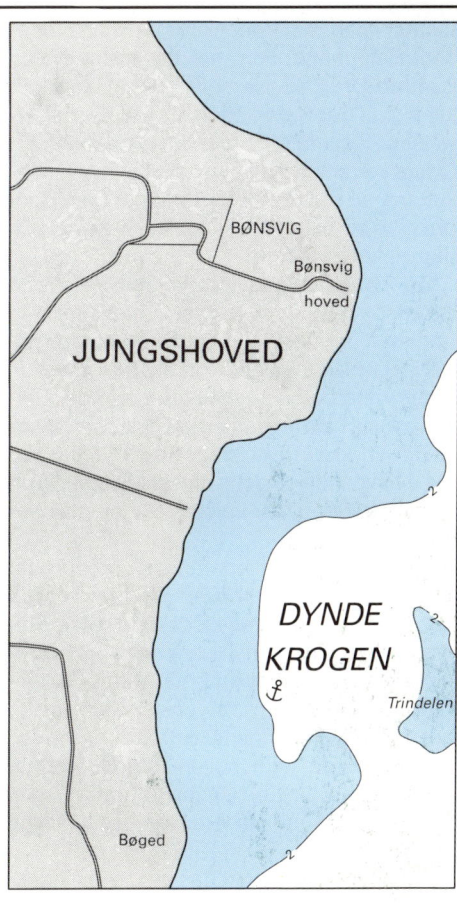

Wenn man von der Faksebucht in das ausgebaggerte Fahrwasser des Bøgestrøms hineinkommt und die zwei Leuchttürme auf ihren Steinsockeln passiert hat, befindet man sich direkt vor Dyndekrogen. Dyndekrogen ist eine seichte Bucht, die sich mit einer so weichen Biegung in Jungshoved hineindrückt, daß man gar nicht bemerkt, daß hier kein Fahrwasser mehr ist. Wenn man auf die Küste zu segelt, sieht man als erstes im Norden Bønsvighoved Skov und im Süden Bøged Skov Dyndekrogen einrahmen. Dort liegt eine große Sommerhaussiedlung direkt vor dem recht flachen Wasser, und diese Stelle wäre sicher nicht sehr attraktiv, wenn der Kro nicht vorzüglich wäre. Das Land bietet Schutz gegen alle westlichen Winde, und durch die umliegenden Flachs hat man hier auch immer ruhiges Wasser. Diese Stelle ist auch in dem Fall günstig, falls man abends spät im Bøgestrøm ankommt und nicht noch im Dunkeln durch das weitere Fahrwasser will.

Hier ist außerdem ein ausgezeichneter Platz zur Rast nach einem Segeltörn oder auch zum Kräftesammeln, wenn man bei viel Wind nach Norden will.

Möchte man sich die Beine an Land vertreten, gibt es einen hübschen Weg in den Bønsvighoved Skov. Setzt man seinen Weg fort in Richtung Store Hestehave, kommt man in einen alten, naturbelassenen Wald, und vom Waldrand aus kann man die Einfahrt zum Præstø Fjord mit Feddet auf der anderen Seite überblicken. Die Rücktour kann man über das kleine Dorf Bønsvig machen.

Sandvig

Richtet man sich nach der Seekarte oder dem Hafenhandbuch, hat der kleine Hafen Sandvig 1,7 m Wassertiefe, aber in Wahrheit kann sich der Hafen noch als viel flacher erweisen. Viel Platz ist hier sowieso nicht auf Grund von Buntgarnjollen und kleinen Fischkuttern, so daß es besser ist, mit dem Boot draußen zu bleiben und mit dem Beiboot in den Hafen zu fahren.

Ca. 2 Kabellängen nördlich des Hafens ist ein schöner Ankerplatz direkt unter dem 17 m hohen Hügel, der Schutz vor Westwinden gewährt. Die Dansk Sejlunion hat hier eine von ihren Ankerbojen ausgelegt, die in der Saison oft von Fahrtenseglern benutzt wird. Sollte der Wind auf Ost umschlagen, schützen die umliegenden Flachs diesen Platz vor Wellen, so daß man hier bei jedem Wetter sicher ist.

Weiter im Norden erstreckt sich ein Flach bis hinauf zur Jungshoved Kirche, die dort sehr einsam und romantisch liegt. Als sie jedoch ursprünglich in Zusammenhang mit einem königlichen Schloß im Mittelalter gebaut wurde, lag sie strategisch sehr günstig auf der kleinen Landspitze. Das Jungshoved Schloß wurde jedoch von den Schweden 1658 zerstört, als Carl Gustav X. Kopenhagen belagerte und mit seinem Heer auf Seeland hauste.

Jungshoved Nor und das ganze umliegende Gebiet stehen unter Naturschutz, um diese typische Fjordpartie mit ihren Schilffeldern und Wiesenflächen zu bewahren. Einer von diesen kleinen Plätzen befindet sich an der Spitze von Kragevig, ein bißchen nördlich von Sandvig. Von hier sind es etwa 0,8 sm über die Bucht zur Jungshoved Kirche. Auch wenn dies eine schöne Tour ist, empfiehlt es sich nicht, den weiten Weg hin und zurück zu rudern. Besser ist es, wenn man einen Außenborder an seinem Beiboot hat.

Sandvig war früher das Zentrum einer großen Krabbenfischerflotte, aber der Einfluß

der Chemiefabrik in Viemose, 5 km von Sandvig entfernt, hat der Fischerei sozusagen ein Ende gesetzt. Wenn man hier also Krabben kauft, sollte man sich immer danach erkundigen, wo diese herkommen.

Viemose Skov

Karten:
D 479
DK 161

Als im Bøgestrøm noch reger Verkehr von kleinen Yachten und Galeassen herrschte, war die Küste von Viemose Skov nördlich von Kalvehave ein vielbenutzter Ankerplatz. Das Kommen und Gehen war unproblematisch, und man lag in der Nähe von Nyord, wo die Lotsen wohnten.

In dem engen Fahrwasser war es nicht möglich, nachts zu segeln, aber auf den kleinen Segelschiffen war die Nachtsegelei ohnehin problematisch. Oft bestand die ganze Besatzung nur aus dem Kapitän, einem Matrosen und einem Schiffsjungen, so daß hier der Abend und die Nacht für eine Mahlzeit und ein bißchen Schlaf genutzt wurden. Auf der ganzen Strecke von Südfünen nach Kopenhagen gab es eine Reihe vielbenutzter Ankerplätze, wo man die Nacht zu verbringen pflegte, bevor es bei Sonnenaufgang weiterging.

Am nördlichen Ende des Waldes verläuft die 2-m-Linie etwas weiter vom Land entfernt, dennoch ist es hier immer noch geschützt genug für einen ruhigen Ankerplatz. Auf einer Lichtung liegt das Skovfogedhus,

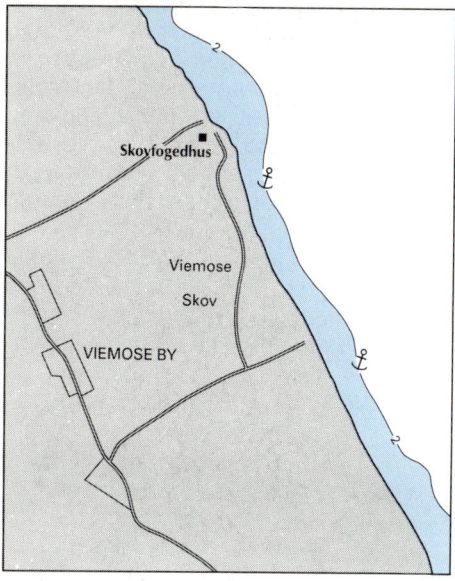

und von hier führt ein direkter Weg zu dem kleinen Dorf Viemose, gut 1 km im Landesinneren. Der Ankergrund ist sandig und fast unbewachsen.

Petersværft und Tærø

Karten:
D 478, 479
DK 161, 162

Der Anleger an der Petersværft war ein bekannter Platz zum Übernachten für Fahrtensegler, die auf dem Weg zum Bøgestrøm sind. Seitdem es größere und tiefergehende Boote als die alten Kutter gibt, ist die Umgebung um die Mole herum etwas flach. Dieser idyllische Platz, wo die Nachtigall am Waldrand singt und der Vollmond sich im Wasser spiegelt, ist aber doch für die Fahrtensegler nicht ganz verlorengegangen. Nur ein paar Kabellängen östlich der Brücke ist ein glänzender Ankerplatz, der vielleicht sogar besseren Schutz bietet als die Brücke selbst.

Am Rand des Waldes haben die ortsansässigen Fischer einen kleinen Bootssteg, wo man bequem mit dem Beiboot anlanden kann, und von hier führt ein Waldweg vorbei am Forsthaus zur Petersværft. Hier gründete der Besitzer des Gutes Petersgård (in der Nähe von Kalvehave) um 1700 herum eine Schiffswerft, die später vom Staat übernommen wurde, seit längerer Zeit aber stillgelegt ist. Im Wald des Gutes bepflanzte man ein großes Areal mit Eichen, deren Holz für die Werft bestimmt war und sich gut für die Fertigung von Spanten eignete.

Der Platz unter Langebæk Skov ist bei allen Windrichtungen sehr gut geschützt, lediglich bei Süd- oder Südwestwinden wird es etwas unruhig. Der einzige Nachteil ist vielleicht, daß man doch recht nah an dem im Sommer sehr stark befahrenen Fahrwasser liegt. Mehr Abstand von den vorbeisegelnden Schiffen hat man, wenn man sich gegenüber auf die westliche Seite von Tærø legt, wo die 2-m-Linie unter Land verläuft. Durch die kleine Insel Lilleø wird man vor Westwinden geschützt, wenn diese nicht zu stark wehen.

Besseren Schutz bei mehr Wind findet man unter dem markanten Hügel Busk auf der Ostseite von Tærø. Nachdem man das steinige Gebiet passiert hat, das an der Nordostseite Tærøs liegt, kann man bis dicht unter Land fahren. Vom Gut Jesminde wird Tærø landwirtschaftlich genutzt, und so findet man hier natürlich nicht dieselbe ruhige Idylle wie unter Langebæk Skov, aber dafür liegt man hier bei Südwestwind weitaus geschützter.

Sollte der Wind aus Ost wehen, sind die Plätze bei Langebæk Skov und Tærø nur mäßig geschützt, doch gibt es noch einige Ankerplätze westlich der Insel Langø Gavl.

Alles in allem ist dieses Gebiet so etwas wie ein großer Naturhafen, nur daß man sich seinen Platz je nach Windrichtung wählen kann. Der Ankergrund besteht aus Lehm und Sand und bietet guten Halt, an einigen Stellen muß jedoch mit sehr starker Grundvegetation gerechnet werden.

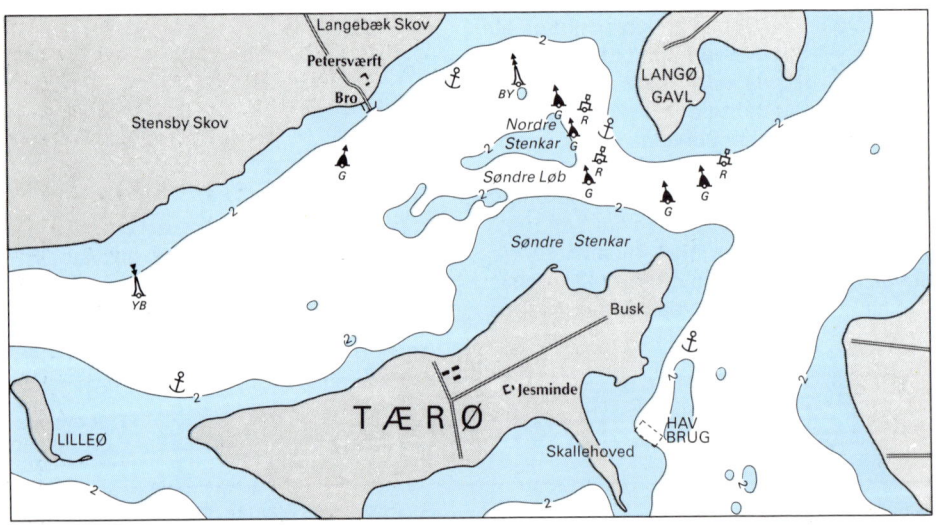

Bogø Østerskov

Karten:
D 479
DK 161, 162

Außerhalb des Storstrøm verläuft der Kalvestrøm nördlich um Farø, er macht einen kleinen Bogen an der Ostseite der Insel und führt dann weiter zwischen Bogø und Tærø. Hier sieht es zunächst aus, als würde es nicht weitergehen, aber es besteht doch eine schmale Durchfahrt, die in jedem Fall 2 m Wassertiefe hat.

Man kann sagen, daß hier, an Bogøs Nordostküste, wohl einer der charmantesten Ankerplätze zu finden ist. Bis jetzt ist dieser Platz unter Fahrtenseglern auch noch so unbekannt, daß man selbst mitten in der Saison in aller Einsamkeit liegen und die vorbeiziehenden Segler längs der seeländischen Küste beobachten kann.

Man kann den Ankerplatz von beiden Seiten des Kalvestrøms erreichen. Auf Tærø sieht man ein freistehendes Haus, und wenn man das genau im Norden peilt, fährt man nach Süden, entlang des Waldrandes von Østerskov. Diesen Kurs muß man halten, bis man Richtung Westen auf einige ankernde Buntgarnjollen zuhalten kann, die vor einem kleinen Fischerdorf liegen. Dann fährt man so nah ans Ufer, wie der Tiefgang es bei dem sanft ansteigenden Grund zuläßt.

Dieser Platz ist gut geschützt durch den flachen Grund Ellenæs Hage, und der Wald bietet guten Schutz bei Winden aus West über Süd bis Südost. Mit einem Beiboot kann man an dem kleinen Steg vor dem Fischerdorf anlanden, und von hier schlängelt sich ein Weg zwischen hügeligen Feldern entlang bis zu dem 1,5 km entfernten Gammelby. Gammelby bildet zusammen mit Bogø By und Nyby, die beide weiter im Süden der Insel in Richtung des alten Fährhafens liegen, eine so eng zusammenhängende Gemein-

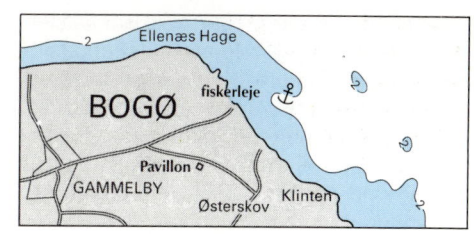

schaft, daß sie den Eindruck einer richtigen kleinen Provinzstadt machen.

Nachdem die Farø-Brücke Seeland und Falster verbunden hat, wird das Dorf sicherlich noch weiter wachsen. Die Bogøer waren immer aktive Seefahrer, und so war es in den Familien mit vielen Söhnen üblich, daß einer von ihnen zur See ging. In Anbetracht dieser Tradition wurde 1865 in Nyby eine Navigationsschule gebaut. Das niedliche alte Schulgebäude liegt in der Mitte des Dorfes. Ein anderes prägnantes Gebäude ist die alte Kunstschule von 1887, die noch immer in Betrieb und eine der wichtigsten Arbeitsstätten der Insel ist.

Ein Stück in Richtung Østerskov liegt ein hübscher alter Holzpavillon, und hier in der Nähe wurde früher die Tierschau der Insel abgehalten. Der Wald ist im Besitz einer Gemeinschaft von knapp 100 Inselbewohnern.

Abildvig

Karten:
D 479
DK 162

Skansepynt ist der Name jenes scharfen Knicks, wo der Grønsund nach Süden Richtung Ostsee abbiegt. Die Küste von hier bis zum Hestehoved Leuchtturm ist außerordentlich hübsch, besonders der südliche Teil, wo der Korselitse Østerskov (ein großer Wald) sich über die steilen, gelben Klippen erstreckt.

Wo die Klippen beginnen, bildet Abildvig eine seichte Bucht, und hier findet man nur eine von zahlreichen anderen Ankermöglichkeiten in dieser Gegend. Bei unruhigem Wetter wäre es unter den Klippen vielleicht sehr geschützt, doch da hier ein paar Steine lie-

gen, kann man sich nicht sehr nah ans Ufer wagen, obwohl es sonst bis weit unter Land tief ist. Im südlichen Bereich von Abildvig liegen auch ein paar Steine, so daß es sicherer ist, im nördlichen Teil zu ankern, auch wenn der sandige Grund dort etwas flacher ist.

Meelse Klint, etwas nördlich des Waldes, bietet auch guten Schutz, und auf dieser Strecke ist die Küste auch weitgehend steinfrei. Man sollte zwar nicht dicht an der Küste entlangfahren, aber wenn man sich unter langsamer Fahrt an die Küste herantastet, kann man gut nach den Steinen Ausschau halten.

36

Østerskov ist der größte Wald auf Falster, und da er sich einige Kilometer ins Landesinnere erstreckt, kommen nur wenige Leute bis hier an die Küste. Es ist ein schönes Erlebnis, entlang der Klippen von Abildvig nach Hestehoved zu fahren, wo sich der Grønsund zur Ostsee und zur Hjelmbucht hin öffnet. Auf der anderen Seite der Bucht sieht man, wie sich das Land in Richtung Høje Møn erhebt, der inneren Seite von Møns Klint.

Wenn man vor Meelse Klint ankert, führt ein Weg ins Landesinnere zu einer großen Landwirtschaftsschule in Næsgård, die ca. 1 km von der Küste entfernt liegt.

Der Ort Skanse (die Schanze) hat seinen Namen von einer Schanzanlage aus dem Seekrieg 1807 bis 1814 gegen die Engländer, und es gibt auch noch andere Schanzanlagen im Østerskov südlich von Abildvig. Einige Freibeuterschiffe von Falster pflegten hier zu ankern, wenn sie nicht gerade Schiffe auf der Ostsee jagten. Sie hatten von hier eine hervorragende Übersicht über das ganze Fahrwasser und konnten sich entweder auf ein einsames Handelsschiff stürzen oder, falls es sich um englische Kriegsschiffe handelte, in den Grønsund zurückziehen.

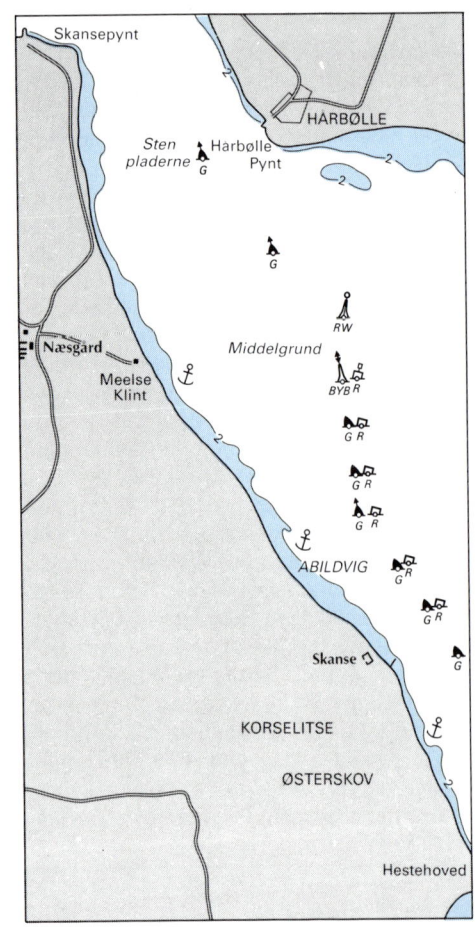

Møns Klint

Das Vorbeisegeln an Møns Klint ist eines der größten Erlebnisse, die sich dem Segler in dänischen Gewässern bieten. Die beste Zeit hierfür ist ein klarer Morgen bei Sonnenaufgang, wenn das erste Morgenrot die weißen Klippen in ein zartes Rosa taucht. Allmählich wird es heller, und plötzlich, wenn die Sonne die obersten der Klippen erreicht hat, flammen diese rot auf. Wenn die Sonne dann höher über die Ostsee hinaufsteigt, zeigen sich die Klippen in einem strahlenden Weiß, gekrönt von einem tief dunkelgrünen Wald.

Andere Wetterverhältnisse bringen natürlich auch andere Erlebnisse: Bei Sturm aus West oder Südwest kommt man vor dem Wind um die Ecke geschossen, die Wellen aus der Hjelmbucht sprudelnd hinter sich – und einen Augenblick später liegt man in annähernder Windstille unter den Klippen. Man kann es jedoch auch erleben, daß der Wind plötzlich aus der Gegenrichtung kommt. Oder daß man dicht unter Land in völliger Windstille liegt, während etwas weiter draußen andere Schiffe flott vorbeiziehen. Letzteres hat schon manchen Seeland-Rund-Segler an den Rand der Verzweiflung gebracht.

Man kann hier also, wie schon gesagt, bei Weststurm gut Schutz suchen (auch, um ruhigeres Wetter für die Ansteuerung nach Klintholm Havn abzuwarten, denn dort können hohe und gefährliche Wellen in der Hafeneinfahrt stehen), aber die meisten Segler werden es doch vorziehen, bei freundlicherem Wetter hier zu ankern, um die Gelegenheit zu einer Klippenbesteigung zu nutzen.

Vom Leuchtturm im Süden aus steigt die Küste allmählich an, und nach 100 m kommt die Stelle, wo sich „Sommerspiret" (die Sommerspitze) befand, doch das meiste von diesem Kreidefelsen stürzte im Januar 1988 in die Tiefe. Also ist die erste Spitze von Süden her der Dronningestolen (der Königinnenthron) mit der größten weißen Partie von

Møns Klint und einer Höhe von 128 m. Bei Sandskredsfald beginnt eine bewaldete Fläche, und ein bißchen nördlich von dort kommt dann Store Taler, das mit 138 m das höchste Kliff ist. Jydelejet (das Lager der Jütländer) heißt der kleine Vorsprung, mit dem der Store und die Lille Taler enden, und darauf folgt dann noch eine große, etwas eingebuchtete weiße Partie, die Slotsgavlen (Schloßgiebel) genannt wird. Wo diese endet und wieder eine bewachsene Fläche beginnt, liegt, ein bißchen zurückgesetzt, das kleine strohgedeckte Lustschloß Liselund.

Bei Møns Klint sollte man einen Sonnenaufgang erleben. Die weiße Partie rechts ist der Dronningestolen, ganz außen liegt Sommerspiret, das im Januar 1988 ins Meer stürzte.

Zwischen Sommerspiret und dem Dronningestolen ist eine dichtbewachsene Schlucht, Maglevands Fald, und durch diese Schlucht führt eine Treppe nach oben auf die Klippen, wo einige Hotels und eine Cafeteria sind. Wählt man einen südlicheren Ankerplatz, führt eine Treppe ca. 150 m vom Sommerspiret entfernt bei Nellerenden nach oben. Weiter nördlich ist die nächste Treppe bei Sandskredsfald. Will man sich Liselund mit seinem bezaubernden Park direkt oben an den Klippen anschauen, ist es am besten, direkt darunter zu ankern und die Treppe bei Djævlekløften zu benutzen. Die Treppe findet man in der Seekarte genau dort, wo der 55. Breitengrad die Küstenlinie kreuzt.

Liselund wurde 1792 von Antonie de la Calmette gebaut, dem auch Calmettenborg, das spätere Marienborg im Westen von Møn gehörte. Es sollte eine romantische Aufmerksamkeit für seine junge Gattin Elisa sein, darum finden sich im Park auch viele romantische Elemente, wie zu Beispiel Grotten, kleine künstliche Seen, Kaskaden und verschwiegene Gebüsche. Über die Hälfte des Parks ist mit der Zeit mit den Klippen im Meer verschwunden, aber es steht noch immer ein großer Teil, der jetzt dem Staat gehört.

Die Klippen von Møns Klint bestehen aus weißem Kalk, der sich vor 75 Millionen Jahren auf dem 200 Meter tiefen Meeresboden abgelagert hat. Die ca. 100 Meter dicke Kreideschicht wurde langsam verschoben und in der letzten Eiszeit von südlich und östlich pressenden Landmassen emporgehoben.

Smålands Fahrwasser

mit dem Guldborgsund und dem Nakskov Fjord

Im nördlichen Teil vom Smålands Fahrwasser befinden sich ein paar von Dänemarks schönsten Naturhäfen. Zwei davon sind Basnæs und Dybsø, beide ein bißchen abseits der Segelrouten und wahrscheinlich deshalb vielen unbekannt. Die Stammgäste dieses Gebietes sind Segler aus der Umgebung, die hierherkommen, um den besonderen Gegensatz zwischen dem offenen Wasser und dem weit ausgedehnten seichten Haff im Inneren Seelands zu erleben. „De små lande" („die kleinen Länder"), die Inseln im Smålands Fahrwasser, haben schöne Häfen, und zusätzlich gibt es viele Möglichkeiten zu ankern. Und wieder geht es hier um Plätze, die alle nicht sehr bekannt sind.

Der Guldborgsund wird mehr als Durchgangsfahrwasser benutzt, besonders von deutschen Seglern. Aber mittlerweile kommen auch einige Segler hierher, selbst wenn sie nicht weiter über die Ostsee wollen.

Will man einen anderen Weg von Süden her in Richtung Sund probieren, ist die Tour längs der Ostküste von Falster mit einem der besten Badestrände Dänemarks zu empfehlen.

Oder man fährt südlich um Lolland herum zum Nakskov Fjord und dem schönen Naturhafen von Albuen, der zwar nicht mehr zum Smålands Fahrwasser gehört, aber doch wegen seiner dichten Nachbarschaft in diesem Kapitel behandelt wird.

Der Frejlev Skov vom Ankerplatz im Guldborgsund aus gesehen. Im Wald liegt der große Landsitz Kong Grøns Hoj (siehe Seite 50).

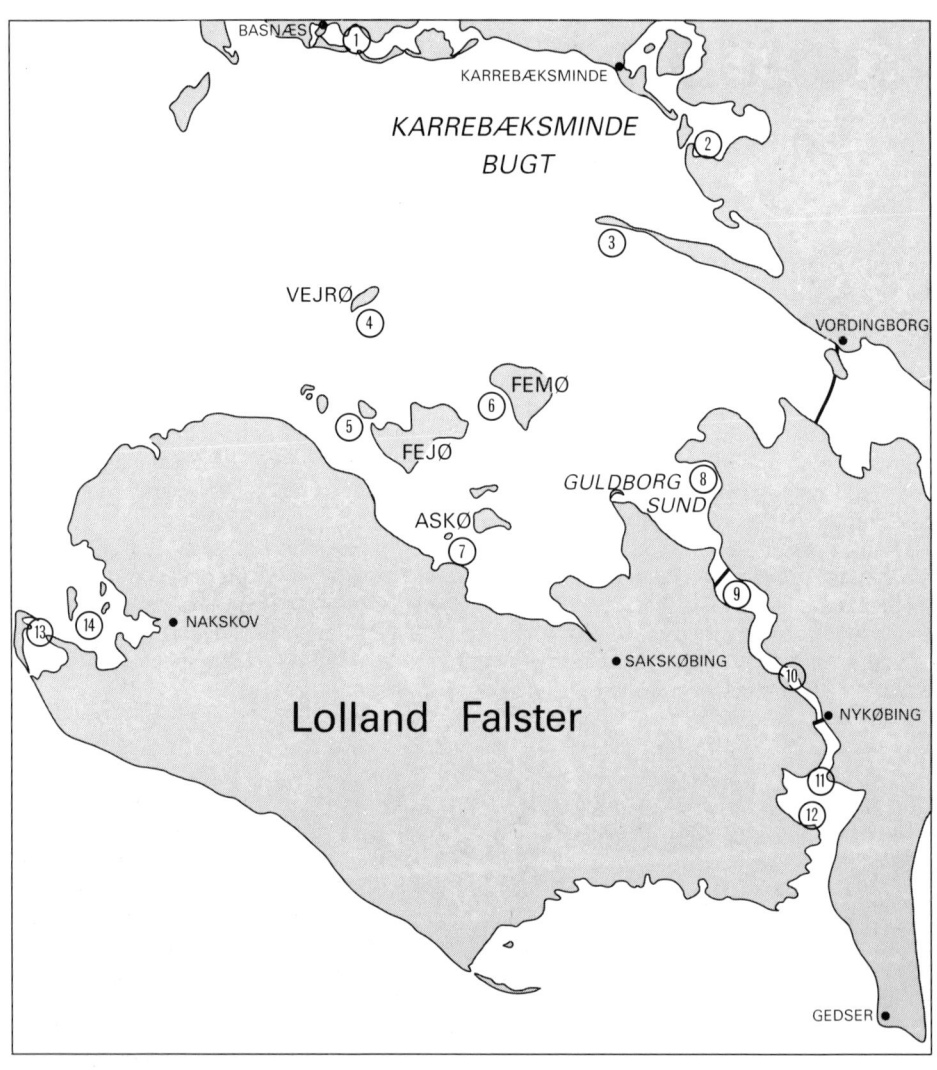

Basnæs Havn

Dieser wunderschöne Naturhafen ist auf die gleiche Weise entstanden wie Dybsø Havn am anderen Ende der Karrebæksminde Bucht. Diese große Lagune zwischen der vorgelagerten und der eigentlichen Küste hat nur einen einzigen Eingang, wo das hinausströmende Wasser ein natürliches Hafenbassin geschaffen hat.

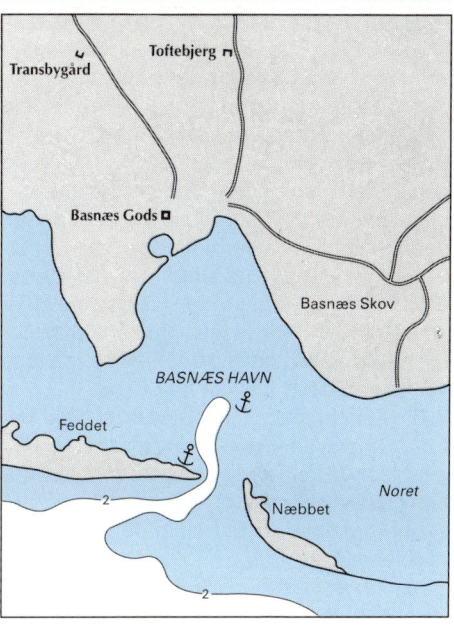

Die Ansteuerung ist nicht sehr schwierig, aber es sei davon abgeraten, hier als Ortsunkundiger bei Starkwind zwischen West und Süd einzulaufen. Die hohen Wellen machen es dann nämlich unmöglich, an der Wasserfarbe die Wassertiefe zu erkennen, was bei ablandigem Wind jedoch gut funktioniert.

Außen vor Næbbet erstreckt sich auf der Ostseite der Einfahrt ein großer Sandgrund, den man bei der Einfahrt hinter sich lassen muß. Deshalb darf man unter keinen Umständen direkt auf die Öffnung zwischen Feddet und Næbbet zusteuern. Von Süden kommend setzt man den Kurs auf die Mitte von Feddet ab, so daß man das weithin sichtbare Transbygård genau im Norden peilt. Dicht bei Feddet – wo oft Buntgarnpfähle stehen, die man meiden sollte – steuert man genau Ost, so daß man an Feddet entlangfährt bis zu seiner Spitze, von wo man dann mit direktem Nordkurs in das Haff hineinsteuern kann. Die Einfahrt selbst ist breit genug, obwohl es manchmal scheint, als ob man zu dicht an Feddet heranfährt, besonders wenn die Wellen oder die Beleuchtung es nicht zulassen, auf den Grund zu sehen.

Innen sind gute Ankerplätze entweder direkt hinter Feddet oder hinter Næbbet. Es empfiehlt sich, einen Ankerplatz etwas außerhalb des Stromes zu suchen, denn bei unruhigem Wetter kentert der Strom etwa alle 6 Stunden. Man kann sich auch vorsichtig in das Innere des großen natürlichen Bassins vortasten und versuchen, wie weit man in Richtung Basnæs Skov kommt. Mit einem Tiefgang von 1,5 m bis 1,6 m kann man schon ziemlich dicht an den Wald fahren, wo vereinzelt auch kleine Boote an Bojen liegen.

Basnæs Havn wirkt zwar recht offen, aber sowohl Feddet als auch der Næb-Grund bieten guten Schutz gegen die Seen von draußen, und das Haff selbst ist so flach, daß die Wellen sich hier zu nicht mehr als einem kleinen Plätschern aufbauen können. Das Wasser ist kristallklar, und auf der Außenseite von Feddet ist feiner Sand und ein wunderschöner Badestrand. Hier draußen ist es sehr friedlich, fern von Straßen und Dörfern, und manchmal kann man beobachten, wie schnell das weitgestreckte Haff spiegelblank wird, wenn der Wind sich legt.

Den Frieden hier draußen machen sich auch große Mengen von Wasservögeln und Möwen zunutze. Auf beiden Seiten von Feddet dienen ausgedehnte Flächen als Brutplätze, und so ist das Betreten zwischen dem 1. März und dem 30. Juni verboten.

Dybsø Havn

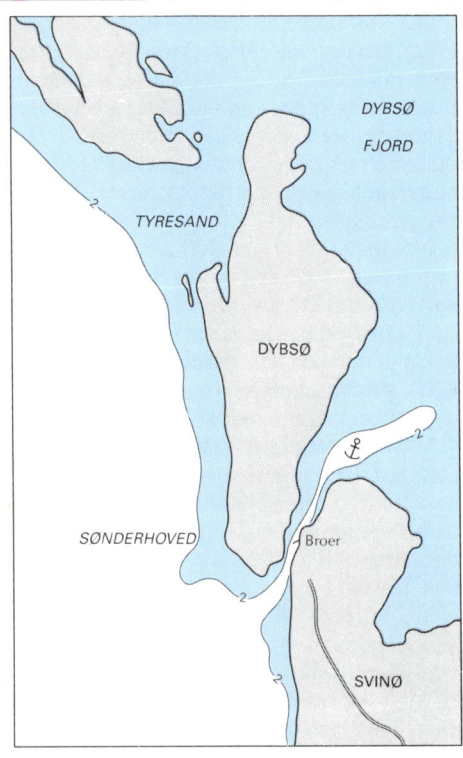

Zwischen Dybsø und Svinø gut 4 sm südöstlich von Karrebæksminde findet man einen von Dänemarks besten Naturhäfen. Vor der geschwungenen Küste Seelands hat sich mit der Zeit ein Strandwall abgelagert, der eine Reihe kleiner Inseln verbindet und somit eine neue Küstenlinie bildet. Die großen flachen Lagunen, die sich auf diese Weise formten, haben vereinzelte Verbindungen zum Smålands-Fahrwasser, und hier hat der Strom tiefe Fahrwasser gegraben. Dybsø Havn ist eines dieser Fahrwasser, kaum 100 Meter breit und vollständig geschützt durch das von allen Seiten umliegende Land.

Die Einfahrt nach Dybsø Havn ist nicht betonnt, aber selbst wenn es auf der Seekarte ein bißchen schwierig aussieht mit den vielen großen Steinen in der Umgebung der Einfahrt, ist die Ansteuerung doch sehr unproblematisch.

Man muß sich nur gut von Sønderhoved freihalten, wo der steinige Grund sich 50 – 60 Meter weit hinauszieht. Die Ansteuerung ist am einfachsten, wenn man sich entlang der Küste von Svinø in der Mitte der Durchfahrt hält. Selbst bei starkem Westwind geht das ohne Schwierigkeiten, und wenn man sich hinter Dybsø befindet, ist es dort so ruhig wie im besten Hafen. Lediglich der Strom kann hier ein bißchen unangenehm sein, deswegen sollte man beim Ankern das Boot nicht nach der Windrichtung orientieren, sondern immer in der Längsrichtung des Fahrwassers, dicht an einer der beiden Küsten ankern.

An der Küste von Svinø gibt es auch ein paar Brücken, deren äußerste auch für Kielboote tief genug ist. Bei Dybsø haben Fischer kräftige Pfähle gesetzt, die sie für ihre Kutter benutzen, und vielleicht kann man mit dem Steven an einen von diesen Pfählen gehen und dann den Heckanker ausbringen – aber immer mit dem Gedanken, das Boot nach dem Strom zu orientieren.

Der Sund ist nicht sehr breit, so daß man zu beiden Seiten leicht an Land rudern kann, und daher ist es gleichgültig, ob man näher an Dybsø oder Svinø liegt. Dybsø ist bei Westwind vielleicht besser, weil die Insel dann Schutz bietet. Außerdem liegt man dort mit dem schönen Ausblick über das hohe Land von Svinø.

Geht man auf Svinø an Land und folgt dem Weg, öffnet sich vom Abhang eine schöne Aussicht über den Hafen Dybsø und das Smålands-Fahrwasser. Es sind 3 km bis nach Svinø By, aber man kann genausogut am Campingplatz einkaufen, der direkt am Wasser ein kleines Stück südlich der Brücke liegt.

Knudshoved

Das äußerste Stück der 14 km langen Land-spitze Knudshoved liegt einsamer als viele echte Inseln. Ein paar Hügel setzen hübsche Akzente, selbst wenn der höchste faktisch nicht mehr als 8 m hoch ist, aber sie richten sich schroff und trotzig im Smålands-Fahr-wasser auf.

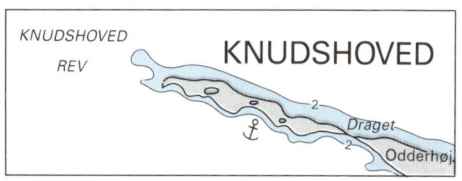

An der Spitze und auf der Nordseite liegen viele große Steine, so daß es empfehlenswert ist, auf der Südseite zu ankern. Am besten eignet sich hierzu die von außen gerechnet dritte kleine Bucht (hier gibt die Seekarte ei-ne Tiefe von 1,8 m an). Selbst bei Westwind liegt man hier besser geschützt als es von der Karte her den Eindruck macht, und dreht der Wind nur ein bißchen nördlicher, liegt das Boot perfekt über dem festen Sandboden.

Bei diesen Verhältnissen kann man auch ru-hig übernachten, denn ein klarer Sommer-abend ist hier draußen ein echtes Erlebnis. Man sieht die Sonne hinter Omøs ver-schwommenen Konturen verschwinden, und kurz danach beginnt der Leuchtturm auf Vejrø grün zu leuchten. Vereinzelte Lichter gleiten draußen in der Dämmerung vorbei, und ganz dunkel wird es niemals, da sich der helle Nachthimmel im Wasser widerspiegelt.

Knudshoved endet mit einer Anhöhe, deren Steilküste zum Smålands-Fahrwasser zeigt. Bei ruhigem Wetter kann man so weit draußen ankern wie hier das Motorboot.

Nach und nach verstummen die Vögel, und wenn die See sich auch gelegt hat, herrscht hier vollkommene Stille.

Zwischen den Hügeln liegen kleine Teiche, wo viele Unken einen hervorragenden Lebensraum haben. In der Paarungszeit hört man sie oft weithin quaken, aber will man sie beobachten, ist es schwer, sie zu entdecken, denn sie sind nur ca. 5 cm lang und gut getarnt mit ihren graubraunen Rücken.

Vejrø

Karten:
D 480
DK 160

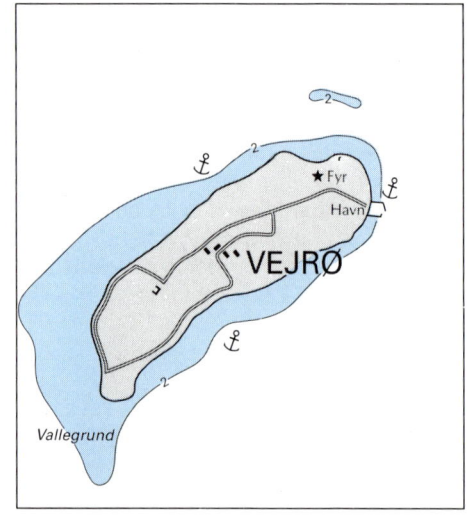

Die Insel hat – ähnlich wie Vejrø bei Samsø – ihren Namen daher, weil sie so „einsam am Weg" („helt hen i vejret") liegt. Seit alters her wird die Insel landwirtschaftlich genutzt, obwohl der Boden nicht so fruchtbar ist wie auf Fejø oder Femø und der Transportweg von 8 sm nach Kragenæs auf Lolland sehr weit ist.

Um Vejrø landwirtschaftlich nutzbar zu machen, wurden schwedische Landarbeiter dazu angestellt, den Boden von Steinen zu befreien. Die Steine wurden auf lange Steinwälle gehäuft, die mittlerweile mit wilden Rosen und Brombeeren bewachsen sind und so eine malerische Einfassung von Vejrøs Wegen bilden.

Nygård, das Gut von Vejrø, war ein hübsches, strohgedecktes Anwesen, aber es brannte vor einigen Jahren nieder und wurde durch ein neues, modernes Gebäude ersetzt. Für die wechselnden Besitzer war es schwer, ökonomisch zu arbeiten, und in der Hoffnung auf Touristen wurde ein privater Segelhafen angelegt. Das konnte jedoch einen Konkurs nicht verhindern, und so blieb die Insel ein paar Jahre unbebaut, was nicht spurlos an den Häusern und Hafenanlagen vorübergegangen ist.

Die Insel ist flach wie ein Pfannkuchen, aber dennoch abwechslungsreich aufgrund der Gehölze und des kleinen Waldes, der den Leuchtturm umgibt. Ganz eigentümlich ist auch der kleine Friedhof in der Nähe der alten Häuser in der Mitte der Insel. Die Häuser sind heute unbewohnt und verfallen langsam.

Die Küste rund um die Insel ist stellenweise sehr steinig, deshalb sollte man sich ihr vorsichtig nähern. Der beste Ankerplatz befindet sich nördlich des Hafens, wo man auch den besten Badestrand der Insel findet. Bei West- oder Nordwestwind kann man auch in der Mitte des Südostufers ankern, wo es in der Regel sehr einsam ist. Entsprechend kann man auch auf der Nordwestseite der Insel, wenn der Wind aus südöstlichen Richtungen kommt, gut ankern, aber für alle diese Plätze gilt, daß man sehr unruhig liegt, sobald der Wind umspringt.

Skalø

Karten:
D 480
DK 160

Nordwestlich von Fejø liegt die kleine Insel Skalø, die damit überrascht, daß sie trotz ihrer Lage einen Sportboothafen hat. Ursprünglich war dieser nicht als Sportboothafen gedacht, sondern mühselig von dem „Fischer von Skalø" Axel Bang Pedersen gebaut worden, der alles Material selbst bezahlte und dem bei der Arbeit nur seine Kinder und Schwiegersöhne halfen. Der Hafen war sein Lebenswerk, und er wurde gerade noch vor seinem Tod 1975 fertig.

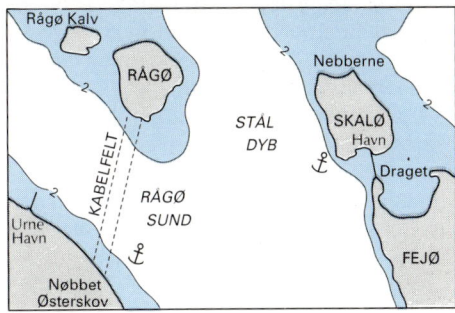

Es waren Fischkutter und keine Sportboote, die der fleißige Bauherr in Gedanken hier liegen sah, aber gerade diese kommen hier kaum hin. Das Hafenbecken selbst ist nicht sehr groß und die Tiefenverhältnisse etwas unsicher (1,5 – 2,0 m), aber man kann sehr gut dicht vor dem Hafen ankern, wo flache Klippen Schutz vor Ostwind bieten. Durch den Strom im Ståldyb ist es auf der ganzen Westseite der Insel tief, so daß man bis dicht an die Küste heranfahren kann, man muß sich lediglich vor einzelnen Steinen in acht nehmen.

Achton Friis schreibt in seinem Buch „Die dänischen Inseln" über seine Ankunft auf Skalø an einem schönen Septembertag 1922: „Eines der aufregendsten und eigentümlichsten Stücke Inselnatur, die ich bisher gesehen habe, trafen wir zwischen Fejø und Skalø an. Das ist so ausgeprägt dänisch, daß man keinen anderen Ort auf der Welt außerhalb unseres Landes mehr betreten mag."

Vom Hafen aus folgt man dem Weg über den Damm, der 1869 gebaut wurde, und von hier führt „die Hauptstraße" zu einem der ältesten Gutssitze, der von 1823 stammt. Es herrscht eine friedliche Idylle auf Skalø, mit üppiger Landwirtschaft in der ein wenig schroffen Umgebung.

Sollte der Wind nach West umschlagen, kann man sich unter die Küste von Lolland zurückziehen, wo Nøbbet Østerskov guten Schutz bietet.

Femø

Karten:
D 480
DK 160

Dies ist – ohne die anderen herabzusetzen – doch die charmanteste Insel im Smålands-Fahrwasser, was man auch an dem Gedränge der Sportboote in dem kleinen Hafen auf der Westseite der Insel erkennen kann. Erst recht, wenn am ersten Wochenende im August das Jazz-Festival auf Femø stattfindet und dann für einige Tage ein großes Zeltdorf auf den Wiesen bei Darrepynt westlich des Hafens aufgebaut wird.

Während dieses Jazz-Festivals war es in den letzten Jahren unmöglich, in den Hafen einzulaufen. Zusätzlich liegen dann noch etwa 100 Boote draußen vor dem Festivalplatz vor Anker. Es ist hier möglich, dicht an Land zu fahren und so quasi in der ersten Reihe zu liegen, aber diese Stelle ist sehr offen und ungeschützt bei Westwinden. Hier ist nur Schutz bei Winden aus Nordwest über Nord bis Südost, und frischt der Wind aus West bis Südwest auf, empfiehlt es sich, auf die andere Seite von Femø unter den Issemose Bjerg zu verholen. Ein bißchen nördlich von dem Berg führt ein Weg vom Strand hinauf knapp 1,5 km weit nach Sønderby, aber um zum Jazz-Festival zu gelangen, muß man weitere 1,5 km von Sønderby zum Hafen gehen.

Außerhalb der Festivaltage ist Femø eine friedliche Insel, auf der Bauern ihre Felder bestellen und Rentner oder Feriengäste die vielen kleinen Häuser bewohnen, und Landarbeiter auf den großen Fruchtplantagen der Insel arbeiten. Genau wie auf Fejø war der Obstanbau früher eine gute Erwerbsquelle, aber der billige Fruchtimport aus anderen Ländern und der teure Transport von den Inseln zum Festland hat den Obstanbau unrentabel gemacht.

Femø wird durch das Bækkenet-Tal in zwei Teile geteilt. Ein hübscher kleiner Weg, der sich zwischen Feldern durch das Tal schlängelt, verbindet Nørreby und Sønderby. Das Erlebnis dieses Weges sollte man nicht versäumen, zumal es in Nørreby einen hervorragenden Kro für eine Rast gibt.

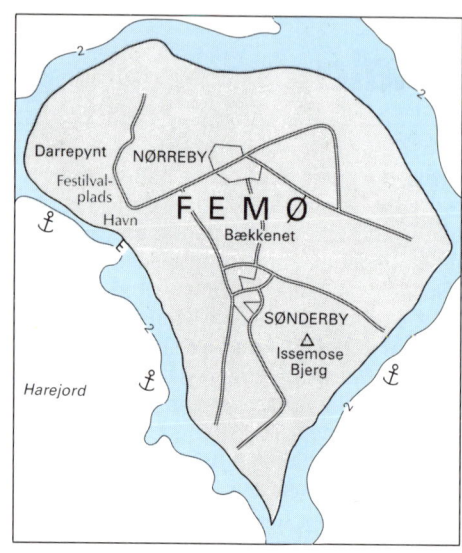

Ca. 0,7 sm südlich des Hafens, in der Bucht des Harejord-Grundes, gibt es einen wunderschönen Badestrand. Hier kann man auch dicht unter Land ankern.

Lindholm und Blans Vig

Karten:
D 480
DK 160

Wie jeder weiß, hat der Däne J. C. Ellehammer als erster Europäer einen Flugversuch unternommen, aber es ist weithin unbekannt, daß er diesen Versuch auf Lindholm machte. In der Seekarte sieht die Insel nicht nach sehr viel aus, und für Ortsunkundige sei hier erwähnt, daß Lindholm zwischen Askø und der Küste von Lolland liegt.

Wie aus der Karte hervorgeht, befindet sich der einzige brauchbare Ankerplatz südlich der Ostspitze der Insel, wo die 2-Meter-Linie dicht unter Land führt. Der Rest von Lindholm wird von einem großen Flach umgeben, das sich bis zur Küste Lollands hin erstreckt. Die Insel bietet Windschutz bei Winden aus West und Nordwest, und das Flach gibt auch bei Winden aus Südwest gute Abdeckung. Bei starkem Südwest- bis Südwind

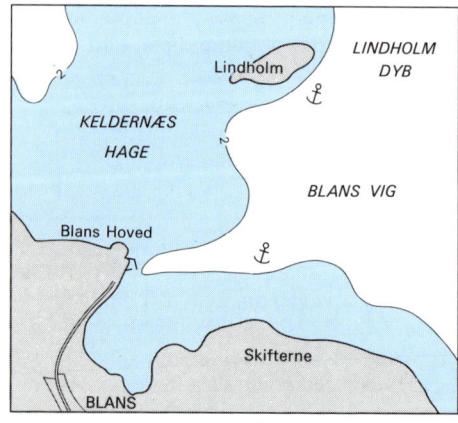

ankert man jedoch besser südlich von Lindholm in Lee des hohen Waldes Skifterne. Ein Waldweg führt von hier ca. 1 km weit in das

Dorf Blans, wozu auch der idyllische, private Sportboothafen auf Blans Hoved gehört.

Lindholm ist jedoch auch außerhalb seiner flughistorischen Bedeutung interessant. Es gehörte zum Gut Knuthenborg, und einer der früheren Lehnsherren ließ hier draußen ein Blockhaus bauen und hielt sich häufig auf der Insel auf. Er ließ hier, wie auch im Knuthenborg-Park, exotische Bäume pflanzen.

Ellehammer mietete 1906 die ganze Insel und unternahm eine Reihe von Versuchen.

Es gelang ihm, 42 m weit in einer Höhe von 0,5 m zu fliegen. Die Flugversuche fanden auf dem westlichen Teil der Insel statt, und hier liegt auch ein Stein zum Gedenken an diese Begebenheit.

Lindholm wird auch als Weidefläche für mehr oder minder exotische Tiere des Knuthenborg-Safari-Parks genutzt.

Der Ankergrund um Lindholm besteht aus festem Sand und Kies, und in der Bucht ist weicher Schlick.

Broslunde

Karten:
D 480
DK 160

Die Einfahrt in den Guldborgsund ist von Norden her durch die waldbedeckte Halbinsel Resle Skov geschützt. An ihrer Südküste befindet sich ein Ort namens Broslunde, und wenn man diesem Namen trauen darf, gab es hier früher einen Anleger zu dem kleinen Herrenhaus Valnæs etwas weiter im Wald.

Bis in die Mitte des vorigen Jahrhunderts war die Resle-Halbinsel noch markanter als heute, weil Vålse Vig, die Bucht nördlich der Halbinsel, bis weit ins Landesinnere reichte, so daß man fast bis Kippinge fahren konnte, dessen Kirche damals im Wasser stand. Deshalb wurde die Bucht eingedeicht und allmählich ausgetrocknet.

Die Resle-Halbinsel selbst ist sehr idyllisch und abgeschieden und hat einen dichten, beinahe gewaltig wirkenden Buchenwald. Es empfiehlt sich, hier bei Winden aus Nord bis Nordwest zu ankern. Bei Südwestwinden kann sich eine kurze steile See in

dem schmalen Fahrwasser aufbauen, so daß es auch recht unruhig werden kann.

Der Ankergrund dicht unter Land entlang der 2-Meter-Linie ist durchweg fest.

Grimmers Nakke

Karten:
D 477, 480
DK 163

Es gibt praktisch überall entlang des Guldborgsundes schöne und geschützte Ankerplätze, weil das Wasser wegen seiner Enge hier immer ruhig ist. Man hat jedoch keinen guten Windschutz, weil sowohl Lolland als

auch Falster nicht sehr hoch sind, sondern aus flachen Feldern bestehen.

Oft liegen ankernde Yachten hinter den Wäldern, und einer von diesen Wäldern ist der Sønderskov auf Grimmers Nakke, nur gut

1 sm südlich der Guldborgbrücke. Dieser Platz wird oft von Seglern aus Nykøbing benutzt, und der dänische Seglerverband hat hier eine feste Ankerboje ausgebracht. Der Platz ist nach Westen sehr offen, so daß der Wald lediglich bei nördlichem Wind Schutz bietet.

Die 2-m-Linie verläuft ziemlich dicht am Ufer, sie bildet einmal sogar eine kleine Bucht, wo auch die Ankerboje plaziert ist. Da jedoch die 4-m-Linie sehr viel weiter draußen verläuft, ist Grimmers Nakke einer der wenigen Ankerplätze im Guldborgsund, der einen großen Abstand zu den vorbeifahrenden Schiffen hat.

Herrevig und Hamborg Skov

Karten:
D 477, 480
DK 163

Ein paar Seemeilen südlich von Nykøbing kommt man an Pandebjerg Gods, einem großen Gut, vorbei, das aber zum größten Teil von riesigen alten Bäumen verdeckt ist. Ein wenig östlich von hier, in Herrevig, ist eine Boje des dänischen Seglerverbands ausgebracht – und zwar ein ganzes Stück hinter der in der Seekarte eingezeichneten 2-m-Linie; dort, wo sie liegt, ist das Wasser trotzdem tief genug.

Der Guldborgsund ist hier so schmal, daß man in Herrevig unter nahezu allen Windverhältnissen ruhig liegen kann, lediglich bei frischen Winden aus West liegt man besser, wenn man sich ca. 0,8 sm weiter südlich unter den Hamborg Skov legt. Auch hier ist eine Boje ausgelegt, und der Wald bietet hervorragenden Schutz.

Will man einen Ausflug an Land machen, ist hierfür der Hamborg Skov zu empfehlen. Bei Pandebjerg ist die Küste sehr ungeschützt, und im Park selbst sind Gäste unerwünscht. Auch die kleine Brücke bei Pandebjerg Hoved ist privat.

Rechts: Die äußerste Spitze von Albuen am Nakskov Fjord bietet einen hervorragenden Naturhafen. Aufgrund von Versandungen muß man sich dicht an der Landspitze im Vordergrund halten (siehe Seite 51).

Kalvø und Hasselø

Die König-Frederik-IX-Brücke über den Nykøbing-Fjord wird im Sommer so oft von Sportbooten passiert, daß die Öffnungszeiten auf vormittags von 6.00 bis 12.00 h und nachmittags von 13.30 bis 18.00 h begrenzt sind. Der Sportboothafen befindet sich nördlich der Brücke, und so bieten sich, wenn man von Süden her kommt und die Öffnungszeiten verpaßt, einige gute Ankerplätze zwischen Kalvø und Hasselø.

2 sm südlich der Brücke verläuft eine befahrbare Rinne zwischen den Inseln Flatø und Kalvø und eine andere Rinne zwischen Kalvø und Hasselø. Hier ist es überall eng und gut geschützt, vielleicht abgesehen davon, daß es bei Sturm aus West ein wenig an Abdeckung fehlt.

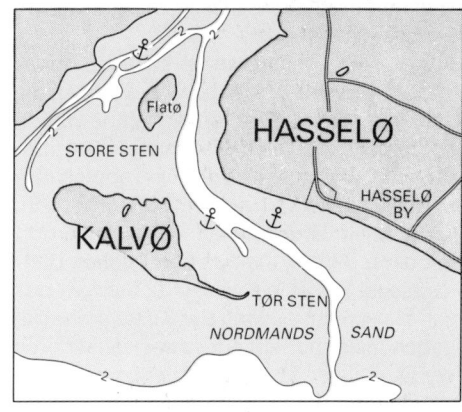

Querab von Kalvø macht die Fahrrinne zwischen der grünen Tonne dicht an der Insel und der nächsten grünen Tonne etwas weiter östlich eine Kurve. Hier kann man sich vorsichtig an Kalvø herantasten und sich je nach Tiefgang einen Ankerplatz suchen, doch empfiehlt es sich, vorsichtig zu sein, weil es hier etwas steinig ist.

Kalvø steht, genau wie die äußerste Spitze von Hasselø, unter Naturschutz, weil man die charakteristische Fjordlandschaft bewahren möchte. Die Insel selbst ist ganz mit Gras bewachsen, und aus dem grünen Teppich ragt einsam und allein ein großer Weißdornbusch. Kalvø ist ein Brutreservat, so daß man dort erst nach dem 15. Juli an Land gehen darf.

Hasselø By ist ein altes Fischerdorf, das sich fast 1,5 km entlang der Küste erstreckt, jedoch meist nur ein oder zwei Häuser breit ist. Die meisten Fischkutter liegen an Bojen, und einige Kielboote vor Anker, doch auch hier sollte man sich vor Steinen in acht nehmen. Die ganze Gegend ist besonders hübsch, und mit ein wenig Glück kann man hier – abhängig von der Saison – Krabben oder Aale kaufen. Westlich des Dorfes verläuft ein Pfad entlang der Küste, von der aus man auf einigen höheren Stellen eine schöne Aussicht hat.

Brist es von Westen auf, liegt man besser im Schutz der flachen Steilküste auf der Seite von Lolland, ein bißchen nördlich von Flatø. Nachdem man die letzte grüne Tonne entlang der Insel passiert hat, hält man genau auf die flache Steilküste zu, die mit alten beschnittenen Weiden bewachsen ist. Da hier manchmal Strom läuft, muß beim Überqueren des Fahrwassers gut vorgehalten werden. Zwischen den Steilküstenabschnitten befinden sich flache Strandwiesen, darum ist es am besten, in Lee des nördlichsten Teils der Küste zu ankern.

Frejlev Skov

Karten:
D 477
DK 163

An der Südküste der hübschen Bucht in Guldborgsunds Bredning liegt Frejlev Skov. Hier befindet sich ein schöner Ankerplatz, der selbst bei Westwind durch den hohen Wald ausgezeichnet geschützt ist. Auch das Wasser ist hier meist ruhig.

Die Küste und die weiten Strandwiesen sind von großen Steinblöcken übersät, die die Gletscher der Eiszeit vor sich hergeschoben haben. Deshalb sollte man nicht parallel zur Küste fahren, aber man kann von der Bucht draußen mit südwestlichem Kurs genau auf die Küste zufahren. Langsame Fahrt und ein guter Ausguck sind hier geboten.

Der Frejlev Skov ist vielleicht das Gebiet im ganzen Land, das am reichsten mit Denkmälern aus der Vorzeit bestückt ist. Es sind 119 Hünengräber, Rundgräber, Steinsetzungen, Ganggräber und Steine mit Felszeichnungen. Im östlichen Teil des Waldes liegt ein Ganggrab mit einer freigelegten Kammer, in der man kostbaren Gürtelschmuck aus der

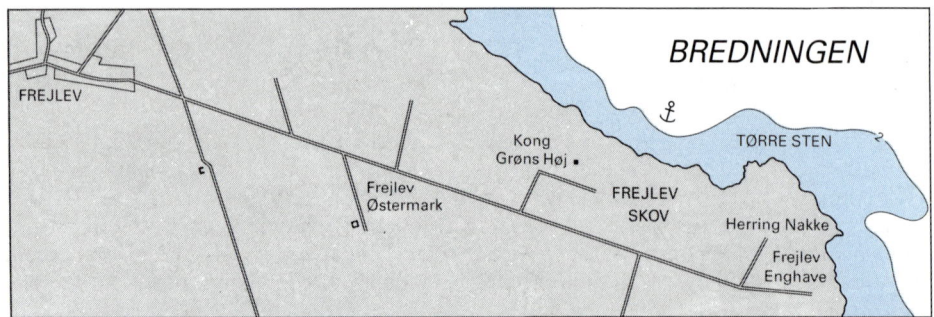

Bronzezeit gefunden hat. Ungefähr in der Mitte des Waldes, wo in der Seekarte das Wort „Skov" (Wald) steht, befindet sich das größte und prächtigste Hünengrab mit 12 Steinen auf jeder Seite. Diese Grab heißt Kong Grøns Hoj.

Vom Wald aus sind es nur ein paar Kilometer bis nach Frejlev, und auf dem Weg dorthin kommt man an Skalkekorset vorbei. Skalkekorset (das Schalkskorsett) ist ein weiß angemalter Pfahl, der am oberen Ende eine Windfahne mit einem kleinen Querarm hat, der die Jahreszahl 1533 trägt. Sie soll daran erinnern, daß die Bauern von Frejlev einen ihnen verhaßten Landvogt aus Ålholm töteten, indem sie ihm das Genick brachen. Das geschah in Frejlev Enghave östlich des Waldes. Von dort schleppte sich der Landvogt noch ein Stück Richtung Dorf, starb jedoch auf dem Weg, und die Bauern wurden daraufhin zum Tod durch den Strick verurteilt. König Christian III. gab ihnen jedoch eine Chance, freizukommen, wenn sie es fertigbrächten, innerhalb von 3 Tagen 12 Paar weiße Ochsen mit roten Ohren heranzuschaffen.

Den Bauern gelang es, 22 Ochsen dieser Art zu finden, doch das 12. Paar mußten sie mit ein wenig roter Farbe an den Ohren versehen. Das sah zunächst sehr echt aus, aber unglücklicherweise regnete es an dem Tag, als die Ochsen abgeliefert werden sollten, und damit waren die Bauern entlarvt. Der König ließ aber trotzdem Gnade vor Recht ergehen und ein kleines Denkmal, nämlich diesen Pfahl, zur ewigen Erinnerung an die Schalkhaftigkeit der Bauern errichten.

Albuen

Karten:
D 15, 12, 30
DK 144, 142

Am Eingang des Nakskov Fjords liegt der wunderschöne Naturhafen von Albuen. Bis vor ein paar Jahren wurde der Hafen als Lotsenstützpunkt benutzt, aber nun haben sich die Lotsen nach Spodsbjerg auf Langeland verlegt. Das hat leider zur Folge, daß die Einfahrt langsam versandet. Den Lotsenbooten gelang es immer, den Sand mit ihren kräftigen Schrauben wieder aufzuwühlen, aber nun haben tiefgehende Schiffe bei niedrigem Wasserstand manchmal Grundberührung. Bei normalem Wasserstand kann man jedoch mit ca. 2,0 m Wassertiefe rechnen.

Bei der Ansteuerung sollte man sich dicht bei Sandodden halten, wo im Sommer auch eine Steuerbordpricke steht. Hat man Sandodden passiert, folgt man den äußersten Pfählen der Buntgarnfelder bis zu der Brükke, die dem Nakskov Segelclub gehört. Der Club unterhält hier auch ein kleines Haus, jedoch ohne Toiletten, Wasser oder Telefon. Das alte Lotsenhaus steht seit einigen Jahren leer, außerdem gibt es hier einige Sommerhäuser, denn an der äußeren Küste von Albuen sind einige schöne Badestrände.

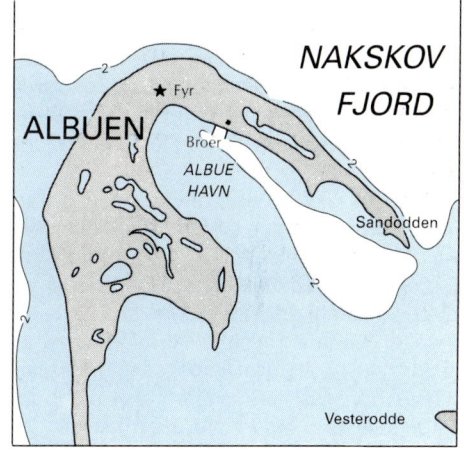

Es ist hier sehr hübsch, wenn auch recht einsam. Das ist jedoch nicht immer so gewesen. Im Mittelalter fand in Albue Havn ein großer Heringsmarkt statt. Der Ostseehering trat damals manchmal in so großen Schwärmen auf, daß die Fischerboote inmitten der Fische einfach hochgepreßt wurden und daß man an Bord nur noch zu schaufeln brauchte, was man gemeinhin als den „Heringsberg" bezeichnete. Die Heringe wurden sofort eingesalzen und dann an die Hansestädte verkauft. In der Saison gab es in Albuen eine Menge Heringsstände, die als Kuhlen, mit einem einfachen Dach darüber, gebaut waren. Erst 1947 fanden Archäologen des Nationalmuseums zwischen fünfhundert und tausend solcher Vertiefungen, die besonders gut bei Sonnenuntergang zu erkennen sind, weil man dann durch den flachen Lichteinfall ihre Schatten sehen kann.

Man muß sich also bei der Einfahrt nach Albuen vorsehen, aber man kann an den Tanggürteln, die am Strand liegen, sehen, ob das Wasser seinen normalen Wasserstand hat oder ob es flacher ist. In Albue Havn selbst hat man immer ruhiges Wasser, obwohl das flache Land keinen Windschutz bietet. Hier fährt man hin, um den Sommer, die Badestrände und die freie Natur weit ab von allen Verkehrswegen zu genießen.

Falls man Zweifel hat, ob man mit seinem Boot durch die Einfahrt kommt, sollte man es bei etwas mehr Wind auch nicht versuchen, weil es dann problematisch wird, bei eventueller Grundberührung wieder freizukommen. In diesem Fall ist es sicherer, Enehøje Red, 1,5 sm weiter innen, anzulaufen. Die Insel Enehøje bietet ohnehin bei Westwind wesentlich besseren Windschutz.

Enehøje und Slotø

Karten:
D 15,12,30
DK 144

Fährt man nur in den Nakskov Fjord, um dort zu übernachten, ist Enehøje Red ein besserer Platz als Albuen. Hier gibt es keine Probleme mit dem Tiefgang, und das Fahrwasser, das innerhalb von Enehøje vorbeiführt, ist gut betonnt. Früher war hier ein vielbenutzter Hafen zum Übernachten für die Kleinschifffahrt, die normalerweise bei Dunkelheit nicht segelte.

Enehøje wird landschaftlich genutzt; die Insel wurde 1926 von dem Polarforscher Peter Freuchen gekauft. Er wollte eigentlich Bauer und Viehzüchter werden, womit er aber nicht sehr erfolgreich war, und als er im Zweiten Weltkrieg in die USA emigrierte, wurde die Insel verkauft. Die gegenwärtigen Besitzer von Enehøje kümmern sich nicht um Besucher, und man sieht auch fast nie jemanden auf der Insel. Genauso ist es auch mit Enehøje Red, das zum Ankern für Segler sehr attraktiv ist.

Die flache Insel Slotø, nur 1 sm östlich von Enehøje, sieht nicht besonders interessant aus, aber hier ist sozusagen die Wiege der dänischen Flotte. 1509 übernahm König Hans die Insel und baute Engelsborg, eine gut befestigte Bootswerft. Zu jener Zeit

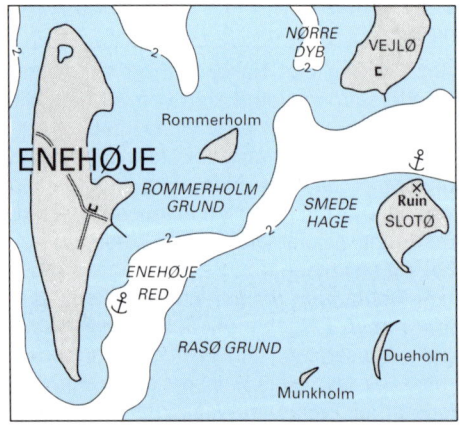

existierte noch keine richtige Flotte, doch dann ließ König Hans auf dieser Bootswerft die größte Flotte dieser Art in Europa bauen und konnte damit eine Konkurrenz zu den dominierenden Hansestädten hier im Norden bilden.

Die Schiffe, die in Engelsborg gebaut wurden, waren zu jener Zeit sehr modern und imponierend, so daß selbst die seeerfahrenen Holländer tief beeindruckt waren, als die Flotte ihnen mit 500 Mann Besatzung einen

Die Ruine der ersten Flottenwerft Dänemarks, die König Hans im Jahre 1509 auf Slotø anlegte. Man kann ganz dicht vor der Brücke im Vordergrund ankern.

Besuch abstattete. König Christian IV. war der letzte, der in Engelsborg Schiffe bauen ließ, und so lief dort 1632 das letzte Schiff vom Stapel, worauf die Werft sich selbst überlassen blieb.

Heutzutage sind noch einige Reste dieser einzigartigen Seekriegswerft an der Nordspitze von Slotø zu sehen. Unter anderem stand hier der Hauptturm mit einem Durchmesser von 14 m, und von ihm führten schwere Mauern V-förmig hinaus an den Strand.

Zwischen den Mauern waren Hellinge, so daß die Schiffe nach Fertigstellung gleich in den natürlichen Strom gelassen werden konnten.

Auf Slotø gibt es einen privaten Anleger, wo fremde Segler nicht willkommen sind. Man kann aber ganz dicht an der Nordspitze vor Anker gehen, die jedoch bei Westwind sehr ungeschützt ist. Also ist zu empfehlen, diesen Platz nur tagsüber anzulaufen, um sich die Ruine der Schiffswerft anzusehen.

Das Inselmeer südlich von Fünen

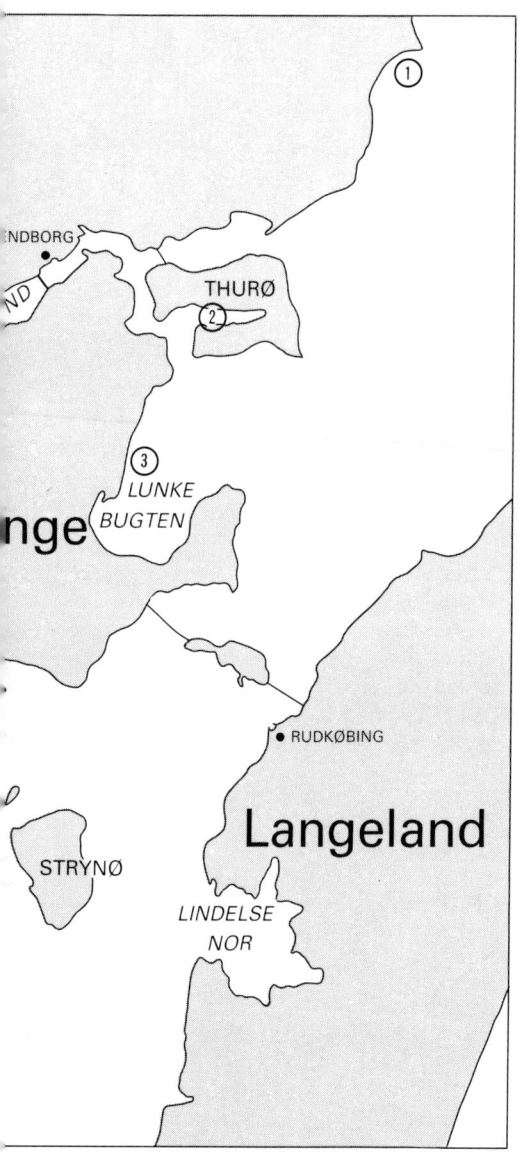

Das Inselmeer südlich von Fünen hat den Ruf, das schönste Revier ganz Dänemarks zu sein. Die Dörfer auf Lyø, Drejø und Strynø, die Kleinstadt Ærøskøbing, wo das ganze Stadtbild noch wie vor 100 Jahren aussieht, und die alten Kapitänsdörfer Troense, Marstal und Ommel seien hier als die wichtigsten Orte genannt.

Hier halten sich die ganze Saison über viele Sportboote auf – oft ist es so voll, daß die kleinen Dörfer und Inseln eher einem Jahrmarkt ähneln.

Es gibt natürlich weitaus mehr Ankermöglichkeiten, als in diesem Buch beschrieben werden können, doch sollte man im östlichen Teil der Gewässer vorsichtig sein, denn hier ist das Wasser größtenteils sehr flach. Zusätzlich unterliegt dieses Gebiet einer ständigen weiteren Versandung, so daß z. B. Lindelse Nor, das eine große Bucht innerhalb Langelands bildet und dort sein eigenes kleines Inselmeer hat, von 1985 bis 1987 so versandete, daß es nun für Kielboote nicht mehr befahrbar ist. Eine Sandbank hat die beiden Flachs, die die Einfahrt flankierten, verbunden, und es besteht wohl kaum Aussicht, daß sie sich wieder von allein entfernt. Es ist auch unwahrscheinlich, daß die Einfahrt wieder ausgebaggert wird, denn in Lindelse Nor hat eigentlich niemand etwas zu suchen – außer die Natur.

Die Seefahrt in den Gewässern südlich von Fünen war früher immer verknüpft mit bestimmten Städten und Inseln. So z. B. mit Marstal und Troense, wo im Laufe des 19. Jahrhunderts die bekannten Schoner mit den herzförmigen Hecks und den konkaven Steven – auch „Marstaler" genannt – gebaut wurden. Die vom Nationalmuseum gepflegte „Fulton" ist hierfür ein gutes Beispiel.

Elsehoved

Karten:
D 12
DK 142, 170

Die kleine Bucht südlich des Elsehoved Leuchtturms ist in der Saison ein gut besuchter Ort, denn hier haben 8 – 10 Schiffe Platz zum Übernachten. Das hängt auch damit zusammen, daß der beliebte Hafen Lundeborg, der ca. zwei sm nördlich von hier liegt, oft total überfüllt ist. So machen manche Segler aus der Not eine Tugend, indem sie hier bei stabiler West- bis Nordwest-Wetterlage ankern und meist ruhiger liegen als in manchem Hafen – und in einer hübschen Umgebung. Nur ein paar 100 m vom Strand entfernt liegt der alte Herrensitz Tiselholt.

Von Elsehoved aus, wo auch der kleine Leuchtturm steht, kann man die Küste in beiden Richtungen entlangblicken, und hier ist ein hervorragender Platz, um Lachsforellen zu fischen.

Thurøbund und Pilekrogen

Karten:
D 12, 14, 15
DK 170, 171

Die meisten Segler mit ein bißchen maritimem Interesse haben schon einmal von Thurøbund gehört. Hier überwinterten Schoner und Galeassen, und rundherum lagen geschäftige Bootswerften. Früher brauchte man sich nur ein Stück Strand mit tiefem Wasser davor zu kaufen, schon konnte man anfangen, Schiffe zu bauen, und das geschah meist unter freiem Himmel. Man baute

lediglich einen kleinen Werkzeugschuppen, und wenn die Werft gut lief, kam eine Schmiede hinzu. Darüber hinaus gab es noch Häuser, in denen der Teer gekocht wurde und die auch eine große Schwitzkammer hatten, in der die Spannten über Dampf gebogen wurden.

Die Hellinge waren einfache Holzrampen, die ins Wasser führten und immer gut mit

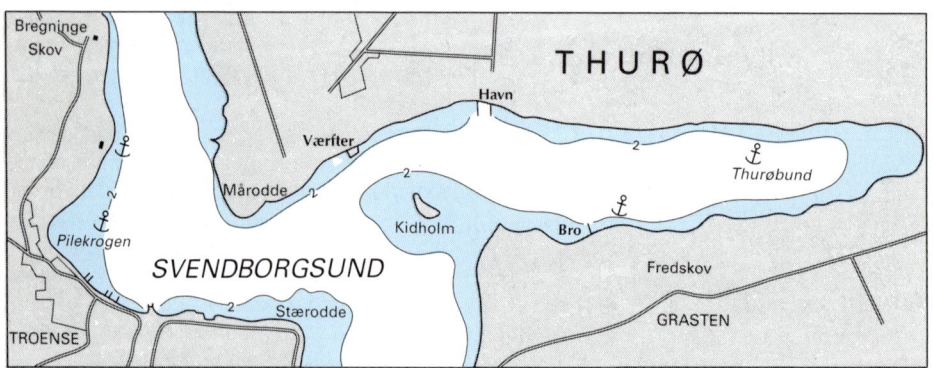

Talg eingerieben wurden, damit die neuen Schiffe leicht in ihr Element gleiten konnten. Einmal vom Stapel gelaufen, konnten die Schoner nicht wieder aufgeslippt werden, so daß die Unterwasserschiffe von Tauchern gereinigt werden mußten. Zu diesem Zweck wurden die Schiffe auch mit schweren Trossen, die vom Masttopp an Land führten, gekrängt, bis das Wasser fast bis an die Luken stand.

Allein in den Jahren 1850 bis 1914 wurden hier ca. 200 Schiffe gebaut, aber die letzte Werft mußte 1921 schließen, weil die Weltwirtschaftskrise auch den Bootsbau zum Erliegen brachte.

1949 gründete Aage Walstad auf dem Boden einer der alten Werften eine neue Werft, die heute einer der führenden Betriebe im traditionellen Bootsbau ist.

Auf dem Weg nach Thurøbund hinein kommt man dicht an der Walstad-Bootswerft vorbei, die zusammen mit ein paar kleinen Reparaturwerften auf der Nordseite liegt, und ein bißchen weiter innen folgt dann der große Gambøt Sportboothafen.

Will man ankern, sollte man das weiter innen in der Bucht tun, die man, nachdem man Kidholm passiert hat, auch wieder in ihrer vollen Breite befahren kann. Auf der Nordseite der Bucht stehen nahe am Wasser alte Fischer- und Kapitänshäuser, und die Südseite ist bewaldet. Hier befindet sich auch eine kleine Brücke, die einem Segelverein gehört und an die man sich mit Heckanker legen kann. Im Thurøbund ist es sehr hübsch und friedlich, und so kann man hier liegen, und vor sich hin träumen, während der Wind in den Bäumen rauscht.

Nicht so gut besucht wie Thurøbund ist der Ankerplatz bei Pilekrogen, wo der Svendborgsund bei Troense seinen scharfen Knick macht. Der Ankergrund ist hier sehr weich, und man kann nicht so dicht unter Land fahren, daß man bei Westwind die volle Abdeckung hat. Es passiert auch nicht selten, daß ein Boot auf Drift geht und mit dem Strom den Sund entlang getrieben wird (selbst, wenn die Ursache darin liegt, daß nicht genügend Kette gesteckt wurde). Das gibt manchmal ein böses Erwachen an den unmöglichsten Stellen.

Will man sicherer liegen, sollte man ein bißchen weiter nördlich ankern, wo der Grund dank des starken Stromes nicht so weich ist, und wo man auch dicht unter dem dortigen Wald Bregninge Skov liegen kann. Dicht am Wasser stehen dort ein paar hübsche Häuser, und am besten ankert man direkt vor dem südlichsten Haus, dessen Name Røde Mølle (Rote Mühle) ist.

Revkrogen am östlichen Ende von Avernakø nennt man auch Korshavn. Es ist der beliebteste Ankerplatz südlich von Fünen, denn hier können auch Kielboote dicht an den Strand fahren (siehe Seite 62).

Der Nachteil an diesem Platz ist, daß es weit ist, nach Troense zu rudern. Diese alte Kapitänsstadt hat den größten Teil ihrer kleinen alten Häuser erhalten, besonders in der Grønnegade, die von dem kleinen Platz am Hotel abzweigt. Hier auf der Ecke liegt auch die alte Schule, wo F. Holm-Petersen aus privaten Mitteln eine hervorragende maritime Sammlung all der Dinge angelegt hat, die die Seeleute im Laufe der Jahrhunderte aus der Fremde mitbrachten. Diese Sammlung gehört mittlerweile zum Svendborgmuseum. Hier in Troense gibt es auch ein Lokal zum Gedenken an Henry Rasmussen, der 1907 in Deutschland die berühmte Werft Abeking & Rasmussen gründete, wo bis zu seinem Tod 1959 mehr als 2000 Neubauten vom Stapel liefen.

Lunkebugten

Karten:
D 14, 30
DK 170

Der hübsche Küstenabschnitt vom Valdemar-Schloß vorbei am Pederskov bis zum Lunkeris Skov bietet viele Ankermöglichkeiten, wo man bis dicht ans Ufer fahren kann und gut geschützt liegt. Zwischen Strand und Wald verläuft ein Weg, und es lohnt sich, hier eine Wanderung zum Schloß zu machen.

Die Schwiegermutter König Christians IV., Ellen Marsvin, besaß Schloß Kærstrup, und hier stellte sie dem König auch dessen spätere Geliebte Vibeke Kruse vor (Ellen Marsvins Tochter Kirsten Munk hatte zu der Zeit eine Affäre mit dem Rheingrafen Otto Ludwig).

Kirsten Munk und der König hatten zusammen einen Sohn, Prinz Valdemar Christian, für den das Valdemar-Schloß neu gebaut wurde, aber er wohnte dort niemals. Valdemar reiste in Europa herum, hielt auch, jedoch ohne Erfolg, um die Hand der Tochter des Zaren an, und fiel schließlich 1656 in schwedischem Militärdienst in Polen.

Nach der großen Schlacht in der Køgebucht 1677 wurde dem Admiral Niels Juel das Schloß als Prisengeld übertragen, das ihm für die geschlagenen schwedischen Schiffe zustand. Sein Sohn entwarf die noch heute erhaltene Barockanlage.

Weiter östlich in der Lunkebucht und ein wenig verdeckt von der Halbinsel Vemmenæs liegt das gleichnamige Dorf mit seinen hübschen alten Häusern entlang der Straße. Die Straße führt quer über die Halbinsel und endet bei einer alten Fähranlegestelle, von wo früher eine Fährverbindung nach Rudkøbing bestand. Das Wasser ist hier flach, nur an der äußersten Spitze ist es tief genug, um an den dortigen kleinen Stegen mit dem Beiboot anzulegen.

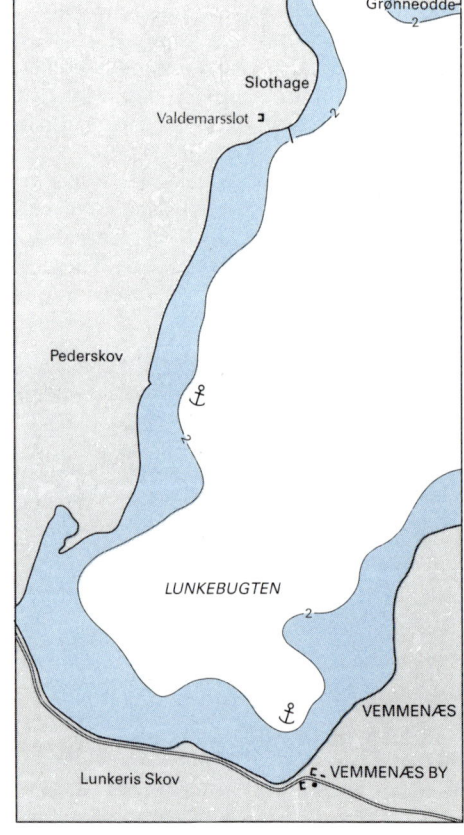

Kleven und Ommel

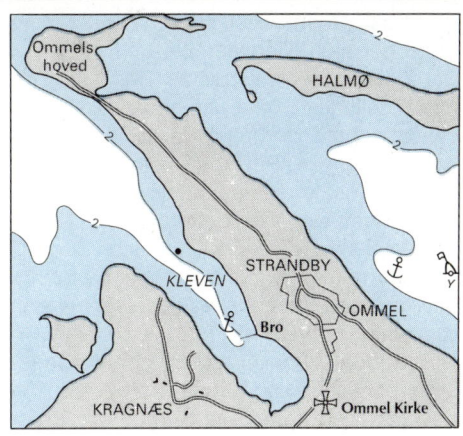

Als Marstal gegen Ende des letzten Jahrhunderts seinen großen Aufstieg als Seefahrerstadt hatte, verhalf diese Tatsache auch dem kleinen Dorf Ommel etwas nordwestlich von Marstal zu großem Aufschwung. Das hing auch damit zusammen, daß Ommel mit Kleven – oder Kløven, wie es in der Seekarte heißt – einen perfekten Naturhafen hatte. Oder wenigstens fast perfekt, denn für kleine Schiffe war es bei starkem Nordwestwind etwas unruhig.

Von Dezember bis März oder April war Kleven überfüllt von überwinternden Schonern und Galeassen, und auf beiden Seiten der Bucht kann man heute noch die Reste der großen Duckdalben sehen, woran sie vertäut waren. Vor Ommel gibt es auch eine Mole, an der man anlegen kann, jedoch nur an der äußeren Seite.

Die Küste ist zu beiden Seiten recht flach, aber da die Bucht so schmal ist, ist es hier meist so ruhig wie in einem richtigen Hafen, ausgenommen bei Nordwestwind. Die Ansteuerung ist einfach, man braucht sich nur in der Mitte des Fahrwassers zu halten und langsam zu fahren. Auf dem letzten Stück wird das Fahrwasser sehr eng.

Ommel selbst liegt nur ein paar 100 m von der Mole entfernt, und mit seinem Labyrinth von Gassen und kleinen Gäßchen zwischen den alten Häusern ist es sehr eindrucksvoll. Die Häuser stammen hauptsächlich vom Beginn dieses Jahrhunderts, als die Schiffe den Wohlstand in das Dorf brachten, aber es wurden trotzdem keine großen Häuser gebaut – sie sollten meist auch nur den Frauen und Kindern Wohnraum bieten, denn die Männer waren ja den größten Teil des Jahres auf Fahrt. Der Baustil wirkt ein bißchen wie in Südjütland oder Schleswig, obwohl Ærø, auch in der Zeit von 1864 bis 1920, als zum Beispiel die Insel Als zu Deutschland gehörte, immer dänisch war.

Man kann Ommel auch von Osten her einen Besuch abstatten. Genau westlich der gelben Regattawendemarke kann man bis dicht unter Land fahren. Hier ist auch die kleine Fischersiedlung Strandby, die zu Ommel gehört. Dieser Ankerplatz ist bei Winden aus Nordwest bis Nord gut geschützt, und hier ist ein guter Platz zum Übernachten, wenn Marstal, wie so oft in der Hochsaison, überfüllt ist.

Revkrog bei Ærø

Die große Bucht westlich von Ærøskøbing bietet bei allen Windverhältnissen, außer bei Nordwest, gute Ankerplätze. Bei Westwind muß man einfach ganz nah hinter den hohen Landabschnitt Borgnæs Nakke fahren. Am beliebtesten ist Revkrog dann, wenn der Wind aus östlichen oder südlichen Richtungen kommt, weil man dann dicht bei Ærøskøbing ankern kann. Den kürzesten Weg ins Dorf findet man, wenn man beim Campingplatz an Land geht, von wo es ca. 1 km weit in den alten Dorfkern ist.

Revkrog ist auch für seinen schönen Badestrand bekannt, und auf der Spitze draußen bei Urehoved hatten die Bürger von Ærøskøbing früher malerische Badehäuser. Will man jedoch ein wenig Abstand von dem munteren Badeleben haben, das sich an schönen Sommertagen dort am Strand abspielt, kann man sich dicht unter Urehoved zurückziehen, wo nicht viele Menschen hinkommen.

Das alte Ærøskøbing ist bei allen Fahrtenseglern hinreichend bekannt. Allerdings ist es immer wieder ein Erlebnis, wenn man durch die schmalen Gassen mit dem alten Kopfsteinpflaster zum Marktplatz geht, wo noch die zwei alten, hölzernen Dorfpumpen stehen. Die vielen eng aneinander stehenden kleinen Häuser sind meist bunt bemalt, und besonders die Haustüren mit ihren feinen Schnitzereien sind der Stolz der Bewohner.

Die Zeit ist fast spurlos an dieser kleinen Kaufmannsstadt vorübergegangen, und für die Touristen ist es ein Erlebnis, durch eine Stadt aus dem vorigen Jahrhundert zu gehen.

Die ganze Saison hindurch ist der Hafen von einer Unzahl dänischer und deutscher Segler „belagert", außerdem muß im Hafen immer Platz für die Versorgungsschiffe der Insel gelassen werden. Deshalb ist es gang und gäbe, sich entweder in Revkrog oder etwas südlich des Hafens vor Anker zu legen –

letzteres empfiehlt sich direkt vor der von Bäumen eingerahmten Strandpromenade.

Drejø und Skovens Vig

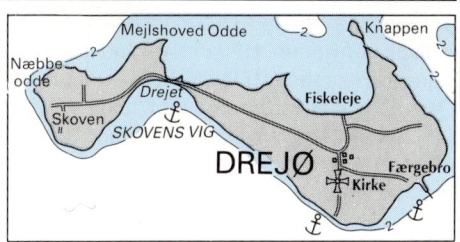

Wenn die Windverhältnisse es zulassen, befindet sich ein schöner Ankerplatz zwischen dem Hauptteil von Drejø und dem westlichen Teil der Insel, Skoven (Wald), in Skovens Vig. Das Wasser ist hier über dem Sandgrund meist kristallklar, und man hat von hier einen schönen Ausblick über Ærø. Die Straße von Drejø führt hier über die flache Landenge Drejet hinweg und dann an einigen Bauernhöfen vorbei zur Mitte der Insel. Von hier kann man dann noch zum westlichen Ende der Insel gehen, von wo man einen wunderbaren Blick über das ganze Inselmeer hat. In Skovens Vig sollte man jedoch nicht übernachten, weil die Bucht dazu doch zu offen ist.

Im Jahre 1942 konnte man eines Tages um die Mittagszeit herum von den umliegenden Inseln und von Südfünen aus eine riesige Rauchsäule über Drejø aufsteigen sehen. Während Dachdeckerarbeiten war ein Feuer auf dem Dach des Pfarrhauses ausgebrochen, und in dem dichtbebauten Dorf sprang das Feuer schnell von Haus zu Haus. Nur wenige Häuser entgingen der Brandkatastrophe, die glücklicherweise keine Menschenleben forderte. Die Zerstörung war jedoch eine der verheerendsten in ganz Dänemark.

Vor dem Brand lagen die Häuser und Höfe dicht beieinander, dazwischen nur ein Wirrwarr von kleinen Gäßchen, wo Fremde sich unweigerlich verliefen. An die Häuser waren alte Zeichen gemalt, die über die Besitzverhältnisse Auskunft gaben.

Diese Zeichen tauchten auf Geräten und Werkzeugen wieder auf, so daß, wenn etwas ausgeliehen wurde, es immer zu seinem rechtmäßigen Besitzer zurück kam. Es herrschte eine gute Gemeinschaft im Dorf, stark unterstützt sowohl durch die Traditionen auf der Insel als auch durch die alten Erbhöfe aus dem 18. und 19. Jahrhundert.

Nach dem Brand wurde ein Teil der Höfe von ihren Besitzern verlassen, und obwohl alle alten Gebäude ständig erhalten wurden – so zum Beispiel die Haus- und Hofzeichen – ist die alte Atmosphäre dahin. Doch in den verwinkelten Gäßchen kann man noch ständig ein bißchen von dem spüren, was das Dorf einst ausmachte.

An der Brücke an der Westseite der Insel ist der Fähranleger, und auf der Außenseite ist auch Platz für einige Sportboote. Südlich der Brücke kann man auch hervorragend ankern, man hat hier besseren Schutz, als es auf der Seekarte den Eindruck macht. Lediglich bei Süd-/Südwestwind läuft hier eine unruhige See.

Die kleine Kirche von Drejø liegt etwas südlich des Dorfes, und von hier führt ein Feldweg hinunter zum Strand. An dieser Stelle landeten Bewohner von Hjortø und Birkholm, wenn sie auf Drejø zur Kirche gehen wollten. Hier kann man auch bei nördlichen Winden sehr dicht unter Land gut ankern.

Der amerikanische Autor Temple Fielding betrachtet Ærøskøbing als eines der fünf schönsten Reiseziele der Welt – neben den Pyramiden Ägyptens. Es waren gewiß die vielen alten Häuser und das ganze Dorfmilieu, das ihn faszinierte.

Revkrogen und Svelmø

Der meist benutzte Ankerplatz im Inselmeer südlich von Fünen ist Revkrogen auf der Ostseite von Korshavn. Obwohl die Bucht nach Osten hin offen ist, ist sie recht gut geschützt durch die Flachs um Flæskholm, und nur bei Winden aus Nord bis Nordost kann es hier unruhig werden. Revkrogen kann fast schon als Naturhafen bezeichnet werden, und häufig wird die Bucht auch Korshavn genannt, obwohl das eigentlich der Name für den ganzen östlichen Teil von Avernakø ist.

Zu all diesen Namensverwirrungen kommt noch hinzu, daß auf der Nordseite von Korshavn eine Brücke gleichen Namens ist. Die Bucht, in der die Brücke ist, eignet sich auch gut zum Ankern, aber die meisten ziehen es natürlich vor, die Brücke zu benutzen. In Revkrogen hat der dänische Seglerverband zwei seiner Bojen ausgebracht, an denen man liegen kann, aber auch der Ankergrund ist hier durchweg gut: Sand und ein wenig Schlick im Süden bei Revtrille und reiner Sandgrund mit ein paar Steinen querab des Berges Ravnebjerg. Bei starkem Westwind bietet der Berg guten Schutz, aber weiter nördlich, Richtung Nakkeodde, kann es schon wieder recht unruhig werden. Ein Mitglied der Familie Mærsk Möller hatte vor dem einsam gelegenen Sommerhaus bei Revkrogen einen Hafen gebaut, der aber längst wieder versandet ist, so daß man mit seinem Beiboot direkt am Strand anlandet.

Der westliche Teil von Korshavn ist mit seinen Feldern und Knicks ungewöhnlich schön. Die Felder liegen an steilen Hängen, und an besonders steilen Stellen auch brach. Deshalb kann man auch – sofern man einen gebührenden Abstand zu den einzelnen Höfen einhält – querfeldein gehen, und ab und zu, wenn man auf der Spitze eines der Hügel steht, hat man einen wunderschönen Ausblick über das Wasser.

Bei der großen Sturmflut 1872 wurden Avernakø und Korshavn voneinander ge-

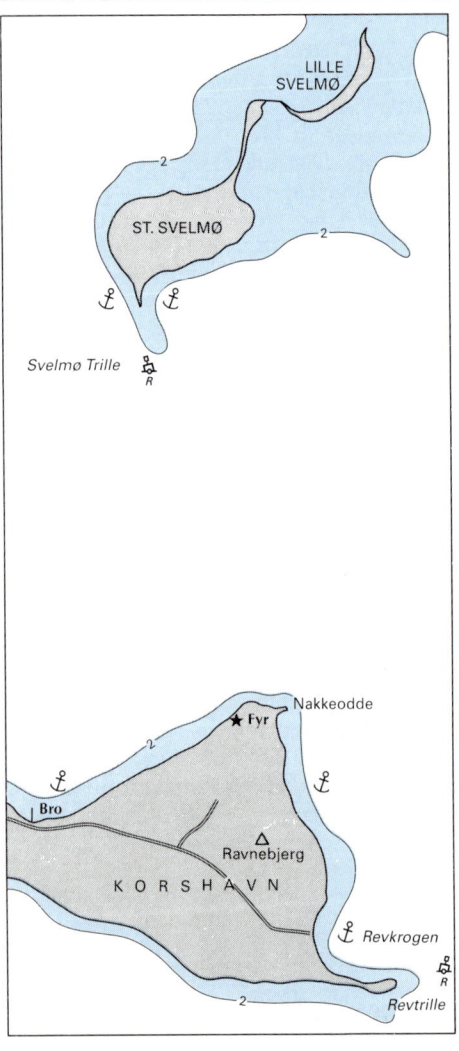

trennt, und erst 1937 wurden sie durch einen Damm wieder miteinander verbunden. Die Landspitze Nakkeodde reichte bis 1872 viel weiter ins Meer hinaus und hieß damals Kapelsodde (Kapellenspitze), weil hier eine kleine Kapelle stand, die ebenfalls von der Sturmflut weggeschwemmt wurde.

Knapp 1 sm nördlich von Nakkeodde liegt die hohe Insel Store Svelmø, zu deren beiden Seiten man hervorragend ankern kann. Bei Winden aus Ost bis Nordost kommt es oft vor, daß Segler sich von Revkrogen aus hierher zurückziehen. Abgesehen davon ist es an schönen Sommertagen auch in Revkrogen so überfüllt, daß man vor Store Svelmø weitaus ruhiger und friedlicher liegt. Im südlichen Teil von Store Svelmø kann man bis ganz dicht unter Land ankern, man muß sich nur vor vereinzelten großen Steinen in acht nehmen.

Auf der Westseite ankert man am besten unter der Steilküste, die Schutz vor Ostwind bietet, und auf der Ostseite eignet sich gut die kleine Bucht Svelmø Trille. Hier liegt man jedoch bei Westwind relativ ungeschützt, aber in diesem Fall kann man ja nach Revkrogen ausweichen.

Skjoldnæs

Karten:
D 14
DK 170, 152

Östlich vom Skjoldnæs Fyr, dem Leuchtturm auf der Spitze von Ærø, befindet sich eine kleine Bucht, die durch die Landspitze Næbbet vor Seegang aus dem Kleinen Belt gut geschützt ist. Man kann hier dicht unter Land ankern, und der Ankergrund, bestehend aus Kies und Geröll, ist hervorragend.

Es empfiehlt sich, von hier einen Spaziergang entlang der Küste bis zu dem großen Leuchtturm zu unternehmen, der ursprünglich 1881 auf einer flachen Klippe etwas westlich von hier gebaut wurde. Der Turm ist möglicherweise im Zusammenhang mit einer großen Burg errichtet worden.

Man kann sich auch Reste einer alten Schanze auf Næbbet anschauen, die während des Seekrieges gegen die Engländer in den Jahren 1809 bis 1814 angelegt wurde, um den dortigen hervorragenden Ankerplatz verteidigen zu können.

Bevor Søby Havn, ein Stück südlich von hier, 1857 angelegt wurde, wurde die Bucht

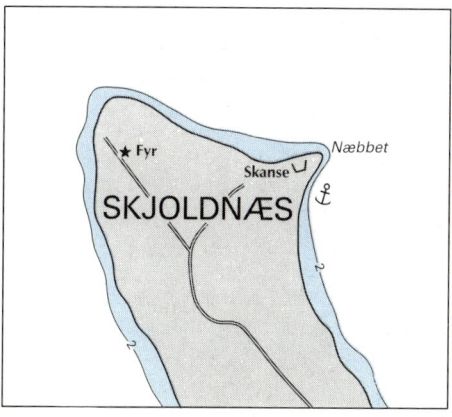

von Skjoldnæs als Umschlagplatz für Getreide und Vieh benutzt. Ærø gehörte bis zum Krieg von 1864 zu verschiedenen Herzogtümern, unter anderem auch ein paar Jahre zum Herzogtum Augustenburg.

Lyø Havn

Karten:
D 14, 16
DK 170, 152

Die gut geschützte Bucht auf der Nordseite von Lyø ist eine von den Stellen, für die die alte Bedeutung des Wortes Hafen (Havn) noch zutrifft: eine Bucht, wo ein Schiff sicher vor Anker liegen kann. Diese Tatsache gilt noch immer, und deshalb hat hier der Dänische Seglerverband ein paar Ankerbojen ausgelegt.

Lyø Havn verfügt auch über eine Brücke, an der eine Fähre anlegt und eine Reihe von Gastplätzen zur Verfügung steht (in einem kleinen neuen Hafen westlich der Brücke finden auch größere Boote Platz, Anm. des Übers.). Die Insel ist jedoch in den letzten Jahren ein immer beliebteres Ziel vieler Fahrtensegler geworden, und so kann es in der Hochsaison auch schon mal eng werden. Bei starkem Nordwestwind ist das Liegen am Brückenkopf sehr unruhig, so daß es in manchen Fällen viel bequemer ist, etwas weiter innen in der Bucht vor Anker zu gehen.

Wie auch aus der Seekarte hervorgeht, macht die 2-m-Linie direkt bei Hvidklint eine Einbuchtung, und hier befindet sich der zweifellos beste Ankerplatz, genau eine halbe Seemeile westlich der Brücke. Geht man den Strand entlang in Richtung der Brücke, stößt man auf eine Straße, die direkt ins Dorf führt.

Das Dorf in der Mitte der Insel ist eine der größten und malerischsten Inselgemeinschaften ganz Dänemarks. Die Häuser und Höfe stehen im dichten Umfeld des großen Dorfteiches, umgeben von gewaltigen alten Bäumen – seit Generationen sorgsam gehegt.

Vom Dorf gehen Straßen in alle Richtungen der Insel, und die hübscheste führt mit ihrem uralten Steinpflaster nach Westen an der

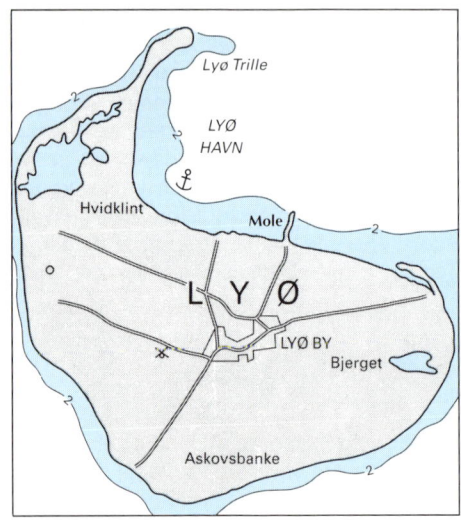

Mühle vorbei. Von hier aus hat man eine phantastische Aussicht über Lyø Havn mit den Hügelformationen von Horneland im Hintergrund. Setzt man seinen Weg fort, kommt man zum Hünengrab Klokkesteen (Glockenstein), das in einem kleinen Wäldchen draußen an der Westküste liegt.

Vor Anker bei Lyø, im Hintergrund die große Hügelkette von Horne Land westlich von Fåborg.

Als und Flensburger Förde

In den verschnörkelten Fahrwassern rund um Als und innen in der Flensburger Förde gibt es eine Unzahl von guten Ankerplätzen und Naturhäfen. Diese Umgebung ist fest mit der Geschichte Dänemarks verknüpft, und es ist schon ein besonderes Erlebnis, auf Dybbøl zu stehen und zu sehen, wo der große Kampf zwischen den dänischen und preußischen Truppen tatsächlich stattfand, anstatt nur darüber zu lesen. Oder nach Augustenburg hineinzusegeln und das Schloß der Herzogsfamilie zu sehen, wo große Teile von Südjütlands Schicksal besiegelt wurden.

Der Als-Sund spielte im südjütländischen Krieg eine wichtige Rolle, und auf Schloß Sonderborg war bekanntlich König Christian II. eine Zeit lang gefangen. Innen in der Flensburger Förde kann man sich in die Vergangenheit zurückversetzen, wenn man sich mit einiger Phantasie Königin Margarethes Flotte vorstellt. Hier starb sie auch auf einem ihrer Schiffe, und damit starb der Traum von einem vereinten Norden.

In der Förde fand ein historisches Ereignis statt, das speziell mit dem Segelsport verknüpft ist. Hier war es nämlich, wo die erste Segelregatta zwischen Flensburg und den

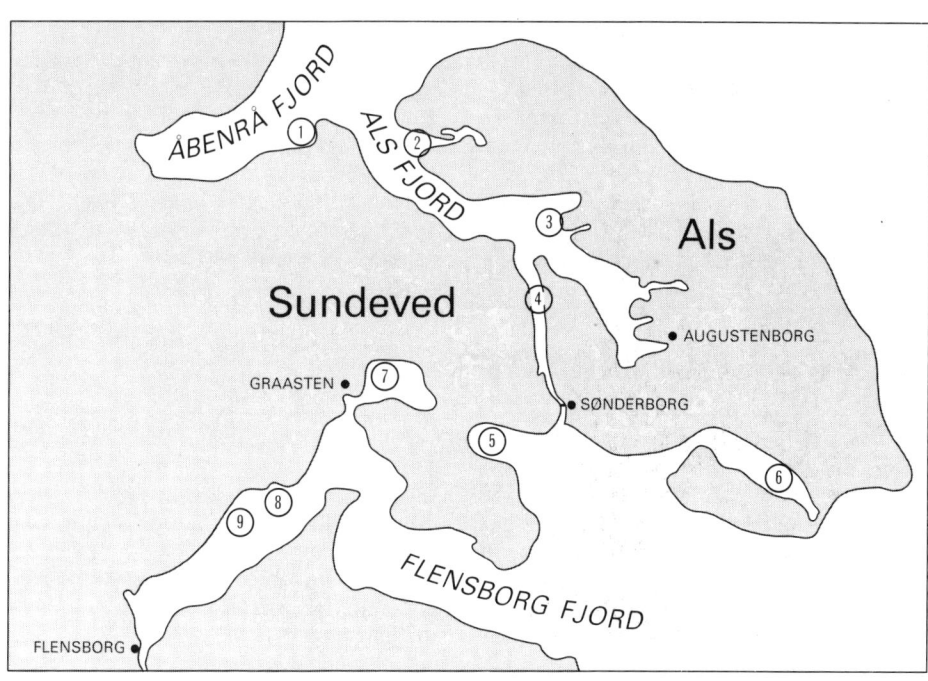

Ochseninseln stattfand. Ganz Schleswig war damals dänisch, und König Frederik VII. wohnte den Sommer über auf Schloß Glücksburg südlich der Förde. 1855 stiftete er einen Preis für eine Segelregatta, wofür sich etwa 50 Fahrzeuge anmeldeten. Gestar-tet wurde am 7. September, und die 26-Fuß-Yacht „Cosak" lag gleich an der Spitze. Un-glücklicherweise aber fegte eine harte Bö über die Förde, so daß das Boot kenterte, und bevor jemand zur Hilfe kommen konnte, wa-ren drei der vier Mann Besatzung ertrunken.

Varnæs Vig

Karten:
D 16
DK 151, 152

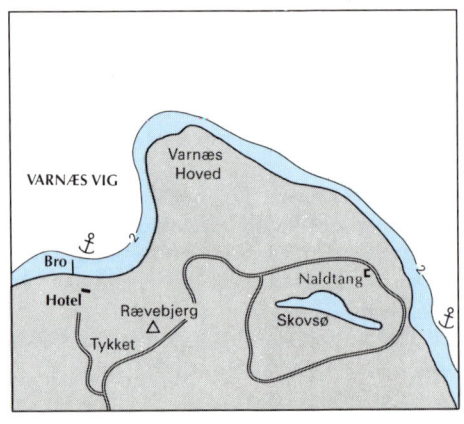

Zwischen Åbenrå und dem Alsfjord liegt die Halbinsel Varnæs Hoved, und auf ihrer Ost-seite gibt es eine gemütliche kleine Bucht, umgeben von hohen Hügeln und Böschun-gen. Varnæs Vig ist zwar offen nach Westen, doch kommt der Wind aus Süden oder Osten, ist hier ein perfekter Ankerplatz.

Varnæs Hoved ist sehr beschaulich, zu-allererst aufgrund der reich variierenden Landschaft mit weiten Feldern, Wäldchen, kleinen Wiesenlandschaften und dem Skov-sø (Waldsee), der hinter den Hügeln liegt. Auf der Nordseite des Sees ist ein sehr alter Buchenwald mit Unterholz aus Christdorn, dem einzigen immergrünen, wildwachsen-den Laubgewächs in ganz Dänemark.

Ankert man direkt vor dem Ferienhotel – wo auch eine kleine Brücke ist – sieht man im Hintergrund das kleine Waldstück Varnæs Tykke, und unmittelbar östlich von hier liegt die staatseigene Gemeindeweide. Ungefähr 500 m vom Strand entfernt liegt der Ræve-bjerg, von dessen Spitze man eine wunder-bare Aussicht über den Fjord mit Løjtland auf der anderen Seite hat.

Bei Westwind kann man auch gut vor Nald-tang oder ein bißchen südlicher ankern, wo sich eine Ferienkolonie befindet, und wo der Waldsee in den Alsfjord mündet. Der Anker-grund besteht an beiden Plätzen aus Sand und Kies, vereinzelten Steinen.

Dyvig und Mjelsvig

Karten:
D 16
DK 154

Dyvig und Mjelsvig sind die Namen von zwei Seen, die durch eine wunderbare Laune der Natur eine befahrbare Verbindung mit dem offenen Wasser haben. Das haben die ortsansässigen Sportbootfahrer auch schon auszunutzen gewußt, und so entstand hier ein großer Sportboothafen und eine etwas kleinere Brückenanlage – was aber dem ländlichen Idyll nicht geschadet hat, denn es gibt immer noch viele schöne Ankerplät-ze.

Bei der Einfahrt über Stegsvig ist es ein wenig schwierig, die schmale Einfahrt nach Dyvig zu finden, aber vielleicht sieht man ein Segel über die grünen Wiesen mit den wei-denden Kühen ziehen. Das bedeutet natür-lich, daß hinter den Wiesen tiefes Wasser ist, und plötzlich sieht man dasselbe Boot

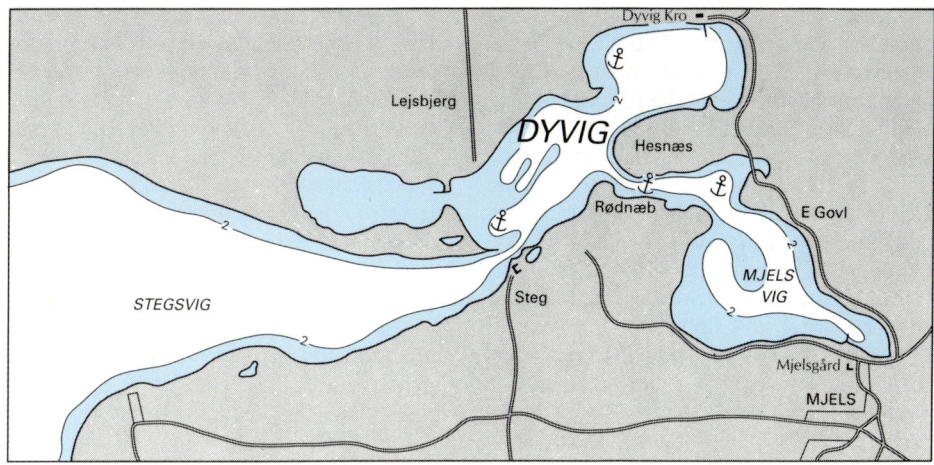

dicht an dem idyllischen Haus bei Steg vorbeifahren. Das Haus liegt direkt an der kleinen betonnten Durchfahrt, die 3,5 Meter tief
ist.

Direkt hinter der Durchfahrt befindet sich
schon der erste schöne Ankerplatz hinter der
Landspitze nördlich der Einfahrt, die Schutz
vor westlichen Winden bietet. Die hohe Küste

*Die Einfahrt nach Dyvig. Ganz hinten erkennt man den Dyvig Kro mit seinem alten Anleger, und links davon
sieht man ein paar Boote vor dem Lejsberg ankern. Rechts Rødnæb und Hesnæs, zwischen denen man
nach Mjelsvig hineinfährt.*

von Steg wird diesen Platz auch bei südlichen Winden schön abdecken, und es ist ideal, hier zu ankern, wenn man nur übernachten will. Wenn es jedoch stärker weht, empfiehlt es sich, einen Ankerplatz weiter innen in der Bucht zu suchen.

Auf der Südseite des innersten, runden Teils von Dyvig unterhält die lokale Seglervereinigung eine schön gelegene Marina. Gegenüber befindet sich die alte Anlegebrücke von Nordborg, wo auch einige Gastliegeplätze eingerichtet sind, und der Dyvig Kro. Der Kro hat als Speiselokal einen sehr guten Ruf unter Seglern, und über das Wochenende kommen sogar viele deutsche Boote hierher.

Möchte man mehr für sich liegen, kann man westlich der Brücke in Lee einer hohen Anhöhe, die mit dem Lejsbjerg gut einen halben Kilometer im Landesinneren endet, ankern. Der Grund ist sehr verschlickt, aber hier findet man guten Schutz bei starken Winden zwischen Südwest und Nordwest, und auch Winde aus anderen Richtungen bringen nicht sehr viel Unruhe in die kleine beschauliche Bucht.

Die enge Einfahrt nach Mjelsvig gibt einem das Gefühl, direkt auf dem Weg ins Landesinnere zu sein. Die ganze Bucht ist ein einladender Ankerplatz, doch in der Mitte ist es nur einen halben Meter tief, und außerdem bietet das flache Land im Westen der Bucht nicht viel Schutz vor Westwinden. Der beste Ankerplatz befindet sich in der Einfahrt unter Rødnæb, wo ein flacher Abhang ist. Östlich der Einfahrt öffnet sich hinter Hesnæs eine

kleine baumbestandene Bucht. Dies ist – außer bei sehr starkem Westwind – ein noch besserer Ankerplatz als unter Rødnæb – und bei Ostwind ist es hier selbstverständlich ideal. Kielboote mit weniger Tiefgang haben sogar die Möglichkeit, an einer kleinen Motorbootbrücke auf der Südseite der Bucht anzulegen. Einen hübscheren und idyllischeren Platz kann man sich wirklich nicht vorstellen.

Die Bucht hat jedoch noch einen anderen Vorteil gegenüber dem Liegeplatz unter Rødnæb, denn hier führt ein natürlicher Pfad mit dem Namen „E Govl" am Ende der Bucht über einen Damm. Man kann einen hübschen Spaziergang gut einen Kilometer zum Dyvig Kro machen, oder eine genauso schöne Tour in die entgegengesetzte Richtung die Küste entlang bis Mjels.

Die Mjelsviger Bootsvereinigung unterhält auch einen Anleger in der Nähe des alten Gutes Mjelsgård im Innersten der Bucht, und orangene Bojen, die an Steuerbord zu lassen sind, führen an dem Flach mit nur einem halben Meter Wasser vorbei. Die Brücke macht es fast überflüssig zu ankern – falls man hier noch einen Platz bekommt. Den oben genannten Pfad „E Govl" findet man, indem man vom Gut aus Richtung Westen geht. Von hier aus kann man auch in das 500 Meter entfernte Mjels zum Einkaufen gehen.

Der Ankergrund in Dyvig und Mjelsvig ist überall weich, und da man hier sehr geschützt liegt, können keine großen Probleme auftreten.

Sandvig und Stevning Nor

Karten:
D 16, 27
DK 154, 155

Für die meisten fremden Segler ist der Als-Sund das ganze Fahrwasser zwischen Als und Jütland, aber in Wirklichkeit ist es nur der schmale südliche Teil, der diesen Namen trägt. Das Gewässer nördlich heißt Als-Fjord, der eine natürliche Fortsetzung im Augustenborg Fjord hat, und wo diese beiden Fjorde sich treffen, liegen Sandvig und Stevning

Nor. Sandvig ist nach Westen sehr offen, aber bei östlichen und südlichen Winden gibt es hier einen hübschen Ankerplatz vor einem gelben Lehmabhang bei Stevning Skov. Man kann sehr dicht ans Ufer fahren und hat dann eine wunderschöne freie Aussicht über die ganze Landschaft nördlich der Bucht. Drüben an der Nordseite gibt es auch einen ganz kleinen Hafen, wo jedoch selten Platz für Gäste ist (zumal die Umgebung des Hafens auch nicht sehr einladend ist). Der Ankerplatz ist viel schöner, und von der Nordseite von Stevning Skov führt ein ca. ein Kilometer langer Weg in das Dorf Stevning, wo es auch Einkaufsmöglichkeiten gibt.

Wie der Name schon sagt, findet man in Sandvig fast ausschließlich Sand und Steingrund vor.

Stevning Nor auf der anderen Seite von Stevning Næs ist ein hübscher kleiner Naturhafen, so klein, daß er praktisch bei allen Winden Schutz bietet, außer vielleicht bei Sturm aus Südwest. Unter normalen Windverhältnissen geben jedoch die steilen, teils baumbewachsenen Abhänge Schutz vor allen Windrichtungen, und die Bucht ist zu klein, als das hier große Wellen auflaufen könnten.

Die ortsansässigen Segler haben hier ein paar Brücken gebaut, aber man kann genau-

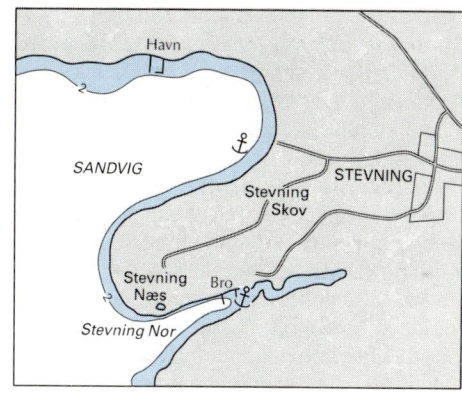

so gut ein wenig weiter innen ankern, wenn man sich genau in der Mitte der beiden Ufer hält. Mit dem Beiboot kann man dann den Weg in die Bucht fortsetzen, die sich noch weiter in das bewaldete Landesinnere erstreckt.

Der Ankergrund ist im Inneren der Bucht sehr schlickig.

Vemmingbund

Karten:
D 26
DK 154

Dybbøl Banke hat seinen festen Platz in der Geschichte Dänemarks, und von keinem anderen Platz aus hat man einen so guten Blick darauf wie von Vemmingbund. Gut ist auch der Platz unter Dynt Hoved, wo die hohen Hügel besten Schutz vor Westwind geben, doch hier sollte man sich vor Steinen in acht nehmen, sofern man dicht ans Ufer geht.

Will man nach Dybbøl Banke hinauf, kann man auch hier dicht unter der Küste ankern, am besten direkt unter der südlichsten Spitze, wo ein Pfad an der Schanze vorbei bis ganz oben zur Mühle führt. Dieser Platz ist jedoch frischen West- bis Südwinden ausgesetzt.

Während des Ersten Schleswigschen Krieges 1848 – 1850 hielten die dänischen Streitkräfte am 5. Juni des ersten Kriegsjahres der an sich überlegenen deutschen Streitmacht stand. Damals war Dybbøl noch nicht befestigt, aber die Anhöhe eignete sich

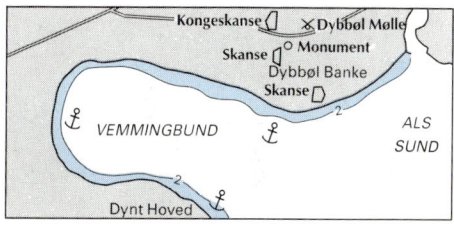

ganz von selbst hervorragend zur Verteidigung.

Als es dann in Südjütland erneut zu Unruhen kam, wurde 1861 – 1863 eine Anlage mit zehn Schanzen von Vemmingbund bis zum Als-Sund gebaut. Dybbøl war vor allem als Stützpunkt und eine mögliche Zufluchtsstätte gedacht, als die Grenze südlich von Dannevirke verlief. Bei Ausbruch des Krieges 1864 bewahrheitete sich jedoch die Befürchtung, daß Dannevirke unmöglich zu halten war, und im Februar 1864 zog sich das dänische Heer nach Dybbøl zurück. Das war in dieser bitteren Winterkälte eine große militärische Leistung, doch da sie mit einer Niederlage einherging, erweckte sie keine Bewunderung, sondern traf ganz Dänemark wie ein Schock.

Das dänische Heer ruhte sich auf Dybbøl nun etwas aus. Seit dem vorausgegangenen Krieg hatte sich Preußen unter Bismarck zu einer gewaltigen Militärmacht entwickelt. Der Feind verfügte über moderne Hinterladerkanonen, die in der Lage waren, von Dynt Hoved über den Vemmingbund zu schießen. Darauf war die Befestigung jedoch nicht eingerichtet – im übrigen war sie auch noch gar nicht richtig fertig –, so daß die deutsche Granaten große Verluste hinter den Schanzen anrichteten. Während des deutschen Hauptangriffes am 18. Juni konnte die Stellung dann nicht mehr gehalten werden, und das Heer mußte sich über den Als-Sund nach Sonderburg zurückziehen.

Die Schanzen wurden durch die deutschen Granaten weitgehend zerstört, und die Stellen, wo sie sich befanden, sind heute nur mit weißen Steinen auf der Erde markiert. Rundherum kann man außerdem noch die Fundamente der alten dänischen Magazine und Blockhäuser sehen.

Die Deutschen hatten auch die strategische Stärke Dybbøls entdeckt und legten nun selbst einige große Schanzen an, die bis heute erhalten sind. Zum Beispiel die alte Kongeskanse (Königsschanze) auf der Nordseite des Weges, nicht weit von der Mühle entfernt, aber dieser Name huldigt nicht dem dänischen, sondern dem preußischen König.

Im Vemmingbund ist es tief, so daß man recht dicht unter Land segeln kann, doch das Ufer wird am westlichen Ende der Bucht nur von flachen Strandwiesen gesäumt, die dem Westwind freies Spiel geben. Deswegen eignet sich die Bucht nicht zum Übernachten.

Die Mühle hat an sich nicht sehr viel mit den Kriegsgeschehnissen zu tun, außer, daß sie beide Male zerstört wurde. Der Wiederaufbau war jedesmal ein Symbol dafür, daß Südjütland zu Dänemark gehört.

In der Stranderød-Bucht hat man die typisch dänische Fjordlandschaft ganz für sich. Der alte Gendarmenpfad verläuft rund um die Bucht und lädt zu einem Spaziergang ein.

Der Als-Sund

Auf der ganzen Länge des fünf Seemeilen langen Als-Sundes befinden sich sehr windgeschützte Ankerplätze, doch der Verkehr ist hier während der Sommermonate sehr stark, und außerdem kann auch ziehmlich viel Strom laufen. Am nördlichen Rand des Waldes Sottrupskov liegt der gleichnamige Kro, und hier gibt es eine große Holzbrücke, die stark von den Restaurantbesuchern frequentiert wird.

Möchte man mehr für sich allein liegen, eignet sich dafür die kleine Bucht etwas südlich von hier. Dieser Platz heißt Marens Gaf. Man kann mit dem Boot ganz dicht unter die hohen Baumkronen fahren und findet selbst bei stürmischem Westwind perfekten Schutz. Hier liegt allerhand Fischergerät im Wasser, und man sollte aufpassen, daß das Schiff nicht durch den Strom oder eventuelle Fallböen aus dem Wald abgetrieben wird. Es ist sehr gemütlich, hier am Waldrand im Sund zu liegen, will man jedoch einen Spaziergang machen, gibt es in dieser Umgebung kaum lohnenswerte Ziele.

Wie schon erwähnt, kann es durch den vielen Verkehr im Sund recht unruhig werden, und aus diesem Grund sollte man sich, wenn man ganz für sich allein liegen möchte, hinter Arnkilsøre in den Augustenborg-Fjord zurückziehen.

Die Landspitze ist mit ihren großen offenen Strandwiesen sehr friedlich; da sie von drei Seiten mit Wasser umgeben ist, nisten hier auch viele Vögel. Weht ein frischer Westwind, bietet der Arnkil Skov südlich der Strandwiesen Schutz. Man muß sich jedoch vor ein paar großen Steinen, die dicht unter Land liegen, in acht nehmen.

Bei Ostwind kann man gut auf der Westseite der Landspitze genau gegenüber vom Kro ganz dicht unter Land ankern. Die ortsansässigen Segler benutzen auch gern die Møllebugt ein bißchen nördlich der neuen Hochbrücke als Ankerplatz.

Hørup Hav

Karten:
D 16, 30, 100
DK 154

Das kleine Dorf Hørup, ein bißchen östlich von Sonderburg, hat diesem Fjord hinter der Halbinsel Kegnæs seinen Namen gegeben. Das Haff der Høruper ist ein wunderschönes Fahrwasser mit hügeligen Kornfeldern auf beiden Seiten – „dänischer" kann eine Landschaft eigentlich nicht sein. Hier kommen nicht viele einheimische Fahrtensegler hin, nur deutsche Segler haben die Bucht schon als Wochenendziel entdeckt. Der Fjord ist wie ein großer Naturhafen, obwohl es leider keine hohen Küstenhügel oder Wald gibt, die perfekten Schutz bei stürmischen Winden bieten könnten.

Die Landschaft ist flach, aber es gibt viele Möglichkeiten, gute Ankerplätze zu finden. Ein besonders beliebter Platz ist Gåsevig vor dem Dorf Trænge auf Kegnæs. Westlich von hier, auf Bøghoved, ist sogar ein kleiner Hügel, der Schutz bietet. An Gåsevig vorbei verläuft ein Spazierweg, an dem ein Kro liegt.

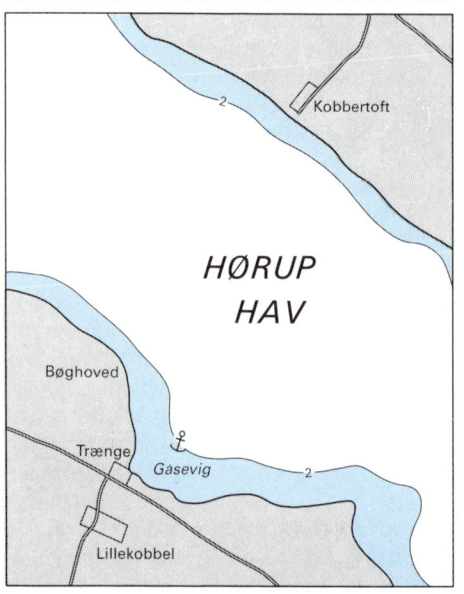

Nybøl Nor

Karten:
D 26
DK 154

Als die Bevölkerung Ende des letzten Jahrhunderts in großen Scharen vom Land in die Städte zog, entstand eine völlig neue Art von Gebäuden, die Mietskasernen. Aus diesem Grund wurden für deren Bau plötzlich ungeheure Mengen an Baumaterial gebraucht, und Ziegeleien schossen wie Pilze aus dem Boden. Nybøl Nor wurde dank des lehmigen Bodens, der sich hervorragend zur Herstellung von Ziegeln eignete, zu einem Zentrum der modernen Ziegelindustrie.

Durch den schmalen Egernsund, der Nybøl Nor mit der Flensburger Förde verbindet, strömten kleine, schwer mit Backsteinen beladene Yachten und Galeassen, deren Ladung für Dänemark und auch für Deutschland bestimmt waren – Südjütland war ja zu jener Zeit Teil des Deutschen Reiches.

Die Ziegeleien lagen rund um den östlichen Teil des Nores, und jede von ihnen hatte eine eigene Verladebrücke. Heute ist jedoch von all dem nicht mehr viel zu sehen.

Es kommen nicht sehr viele Fahrtensegler zum Nybøl Nor, obwohl es zum Beispiel einen wunderschönen Ankerplatz im Nordwestteil der Bucht, genau vor dem Dorf Adsbøl, gibt. Hier ist auch ein kleiner Fischerstützpunkt, wo man mit dem Beiboot anlanden kann, und alles in allem ist es hier sehr idyllisch und friedlich.

Ein wenig nördlich von hier gibt eine Anhöhe guten Windschutz, und man kann auch bis dicht unter Land fahren. Briest es aus westlichen Richtungen auf, liegt man jedoch besser ein wenig südlich unter dem Wald, der Nederstjernen heißt. Das flache Wasser läßt es aber nicht zu, daß man mit einem Kielboot dicht unter Land fahren kann.

Direkt vor dem Dorf Gråsten befindet sich die kleine, kreisrunde Bucht Sildekulen. Früher wurde sie als sicherer Naturhafen benutzt, bis in Gråsten eine Hafenanlage gebaut wurde, die jedoch nach Sildekulen ganz offen ist.

Hier tobte im 17. Jahrhundert die Ahlefeldt-Schlacht, und 1722 wurde im Norden von Gråsten ein prachtvolles Barockschloß gebaut. Leider brannte ein Großteil des Schlosses schon 33 Jahre später nieder, und nur die Kirche und einige Eckpavillons blieben verschont. Sie bilden heute den Kern des Schlosses, das der dänische Staat dem Kronprinzenpaar 1935 zur Hochzeit schenkte.

Stranderød Bugt

Karten:
D 26
DK 154

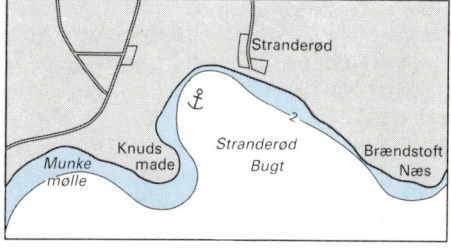

Der kleine Fischerort Stranderød an der Nordküste der Flensburger Förde, ein wenig östlich der Ochseninseln, hat dieser Bucht ihren Namen gegeben. Hier ist es bis dicht unter Land tief, und auf der Westseite erhebt sich ein 28 Meter hoher Hügel, der Windschutz bietet. Darunter, am Strand, liegen einige alte Fischerhäuser, die wesentlich zum Charme dieses Platzes beitragen. Die Bucht wird im Westen durch die flachen Strandwiesen von Knudsmade begrenzt, die auch vor Seegang aus südwestlichen Richtungen schützen. Nur bei südlichen Winden ist es hier recht unruhig.

Als man hier 1920 die Grenze zwischen dem Deutschen Reich und Dänemark zog, wurde ein „Gendarmenpfad" entlang der ganzen Nordküste von Sonderburg bis Kruså angelegt. Hier patrouillierten die Zollbeamten – die „blauen Gendarmen" – zu Fuß. Doch die Fischer von Stranderød und Sønderhav nutzten jede Gelegenheit zum Schmuggeln. So spielte man miteinander Verstecken, bis der Zweite Weltkrieg das Leben an der Grenze doch ernster machte.

Die Patrouille auf dem alten Gendarmenpfad ist natürlich längst eingestellt worden, aber ein Teil des Pfades ist noch erhalten, und es ist geplant, ihn in seiner vollen Länge wieder herzurichten. Um die Stranderød-Bucht herum ist er jedenfalls noch intakt, so daß man hier schöne Spaziergänge machen kann.

Im Westen der Bucht führt der Pfad quer über die Halbinsel Knudsmade, und auf der anderen Seite liegt die hübsche Møllebucht, wo die tiefe Munkemølle-Schlucht direkt an der Förde endet. Hier war früher eine Wassermühle, die später zum Sägewerk umgebaut wurde.

Die Schlucht ist heute völlig mit Erlengebüsch zugewachsen, und der Pfad führt über eine Brücke darüber hinweg. Auf der anderen Seite von Stranderød führt der Gendarmenpfad hinauf nach Brændstoft Næs, von wo man eine wunderbare Aussicht über die Flensburger Förde hat.

Alles in allem eignet sich die Stranderød-Bucht ausgezeichnet als Ankerplatz, wo das Boot selbst bei starkem Westwind sicher liegt. Der Ankergrund ist innen etwas weich, aber etwas weiter draußen wird er fest.

Die Ochseninseln (Okseøerne)

Karten:
D 26
DK 154

Die große und die kleine Ochseninsel (Store und Lille Okseø) in der Flensburger Förde sind durch einen schmalen, aber tiefen Sund voneinander getrennt, und hier befindet sich ein schöner Ankerplatz, der bei allen Winden sehr geschützt ist, die nicht parallel zur Nord-Süd-Richtung des Sundes wehen.

Es empfiehlt sich, von Norden her in den Sund zu fahren, obwohl die Seekarte auch im Süden genügend tiefes Wasser ausweist. Von Süden her ist es jedoch schwierig, die verhältnismäßig schmale Einfahrt zu treffen, die bei niedrigem Wasserstand sowieso nicht tiefer als 1,5 Meter ist. Man sollte sich je nach Windrichtung einen guten Ankerplatz suchen, und bei Ostwind kann man auch die Brücke auf Store Okseø benutzen, sofern sie frei ist. Für Ankerlieger ist es bequem, an Land zu kommen: Man braucht nur das Fährboot, das mit Touristen aus Sønderhav kommt, anzupreien, und es wird vorbeikommen und einen mit an Land nehmen.

Die große Ochseninsel gehörte viele Generationen hindurch der Familie Isaack, die 1845 auch die kleine Bootswerft auf der Insel gründete. Später eröffnete sie in ihren eigenen Wohnräumen den Kro, den die jetzige Frau Isaack auch heute noch führt, während ihr Mann auf der Werft hübsche Holzboote baut.

Die Insel wurde auch landwirtschaftlich genutzt, aber das brachte so wenig ein, daß die Einnahmen die Ausgaben nicht mehr deckten, und so mußte die Familie die Insel 1892 an den Staat verkaufen – doch sie konn-

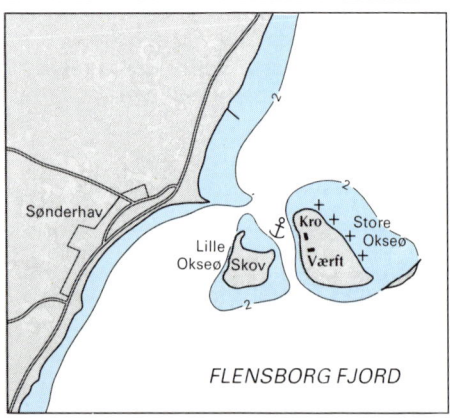

FLENSBORG FJORD

te die Tradition des Bootsbaus und des Kro-Betriebes weiterführen.

Die Insel wirkt von weitem wie ein markanter, grasbewachsener Knubbel, und von ihrer Spitze aus hat man eine wunderbare Sicht über die Förde und das umliegende Land, das dänische wie das deutsche. Im Gegensatz dazu ist die kleine Ochseninsel flach und dicht mit Bäumen und Gebüsch bewachsen, und um ein kleines Landhaus herum ist ein Park angelegt.

Ein Anwalt aus Flensburg mit Namen Ebsen wollte Ende des vorigen Jahrhunderts hier ein „Paradies auf Erden" schaffen, und das ist ihm auch weitgehend geglückt – meinte er jedenfalls selbst. Ebsen war historisch sehr interessiert, und als ein Knecht bei Landarbeiten auf ein vergrabenes Skelett stieß, glaubte Ebsen, er hätte die irdischen Überreste von Königin Margarethe I. gefunden. Sie starb 1412 an der Pest auf einem ihrer Schiffe, das vor Duborg bei Flensburg lag. Niemand weiß mit Sicherheit, wo sie begraben wurde, aber nun meinte der Anwalt, es zu wissen. Er grub das Skelett vorsichtig aus und bettete es in einen vornehmen Sarkophag, der dann an dieser Stelle aufgestellt wurde. Wenn es sich vielleicht auch nicht um Königin Margarethe I. handelte, kann die Vermutung mit der Pest doch richtig sein, denn auf der kleinen Ochseninsel wächst viel Weißdorn, und früher pflanzte man Weißdorn an den Stellen, wo Pesttote begraben worden waren.

Zur selben Zeit, als Anwalt Ebsen sein Paradies anlegte, wurden drinnen in Sønderby einige modische Sommerwohnungen gebaut. Die große Villa „Montevideo" etwas östlich der Sommerwohnungen ist imponierend. Hier residierte Konsul Möller aus Flensburg, ein sehr einflußreicher und bedeutender Mann, und die Bewohner von Sønderhav konnten an einem Sommertag im Jahre 1911 beobachten, wie die deutsche Kaiseryacht „Hohenzollern" innerhalb der Ochseninseln vor Anker ging, während die eskortierenden Flottenschiffe in respektvollem Abstand weiter draußen blieben.

Heute hat die kommunale Lehrervereinigung von Kopenhagen die kleine Ochseninsel übernommen und benutzt sie als Ferienaufenthaltsort. Fremden ist der Zutritt verboten, aber die große Ochseninsel mit ihren steilen Klippen, dem Kro und der alten Bootswerft ist allemal interessanter für einen Besuch.

Der Sund zwischen den Ochseninseln in der Flensburger Förde. Im Vordergrund: Isaacks Bootswerft auf Store Okseø. Auf der anderen Seite des Sundes Lille Okseø.

Der Kleine Belt

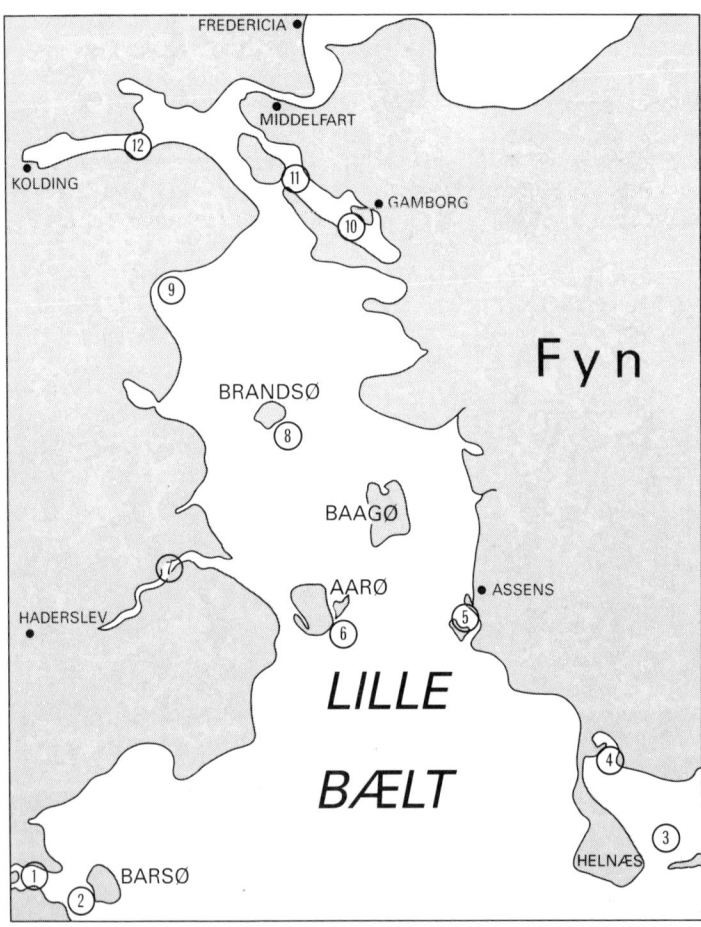

Eigentlich handelt es sich hier um zwei verschiedene Fahrwasser: Der breite Teil des Kleinen Beltes im Süden und Snævringen, das Jütland und Fünen voneinander trennt.

Fünf Fjorde münden in den Kleinen Belt, und drei davon sind wohl hinlänglich bekannt: Der nach Kolding, nach Åbenrå und nach Haderslev. Der kleine Genner-Fjord zwischen Åbenrå und Haderslev führt ein eher stilles Dasein ohne Dörfer oder einen Hafen, aber dafür gibt es hier wunderschöne, stille Ankerplätze. Den letzten der fünf Fjorde kennen nur wenige, von denen wiederum nur die wenigsten Segler sind. Das hat den Vorteil, daß der Gamborg-Fjord an der Nordwestspitze von Fünen selbst während der Hochsaison eine friedliche Atmosphäre bietet.

An der Helnæs-Bucht, etwas weiter die Küste von Fünen hinunter, segeln auch die meisten vorbei, obwohl es hier hübsche Ankerplätze in einer reizvollen Umgebung gibt. Årø dagegen ist weithin bekannt, doch den Ankerplatz dort kennen bestimmt die wenigsten. Er ist auch eine navigatorische Herausforderung. Also ist es einfacher, den Haderslev-Fjord anzusteuern, wo nicht so große Aufmerksamkeit vonnöten ist. Auch hier befinden sich natürlich sehr schöne Ankerplätze.

In Snævringen kann ein harter Strom laufen, und es gibt leider keine festen Regeln, in welche Richtung er läuft. Bei ruhigem Wetter kentert der Strom alle sechs Stunden, doch bei Starkwind richtet sich der Strom meist nach folgenden Regeln: 1. Der Wind aus südlichen Richtungen bewirkt Nordstrom; 2. Alle nördlichen Winde bewirken südgehenden Strom; 3. Wind aus Ost bewirkt nordgehenden Strom; 4. Bei reinem Westwind kann der Strom in beide Richtungen laufen.

In der Regel läuft der nordgehende Strom sehr stark auf Grund des Überschusses an Wasser aus den Flüssen in der Ostsee, und daher ist der Strom auch im Frühjahr und im Frühsommer am stärksten.

Genner-Fjord

Karten:
D 16
DK 151, 152

Dieser kleine Fjord zwischen Åbenrå und Haderslev ist in den letzten Jahren zu einem beliebten Ankerrevier geworden. Zu Recht, denn es ist hier sehr hübsch und bei nahezu allen Windrichtungen möglich, geschützt zu liegen. Auch große Fahrzeuge laufen den Genner-Fjord an, und man sieht hier viele Schul- und Clubschiffe liegen.

Der beste Platz befindet sich in der kleinen Bucht, die an der Südseite des Fjordes direkt am Nørreskov liegt. Unter den rauschenden Baumkronen liegt man immer gut geschützt (bei reinem Nordwind einmal ausgenommen), und zusätzlich ist es hier sehr idyllisch – wenn man einmal davon absieht, daß es in der Hochsaison total überfüllt ist.

Die Bucht ist ziemlich tief und der Grund sehr weich, man benötigt also eine lange Ankerleine und genügend Platz zum Schwojen.

Es gibt hier oft nicht genug Platz, doch außerhalb der Hochsaison ist es hier prachtvoll. Dann ist es sogar möglich, eine der Ankerbojen zu erwischen, die der dänische Seglerverband hier ausgelegt hat.

Unter der Nordküste der Bucht sind weitere gute Ankermöglichkeiten, und vor Kalvø ist auch noch eine kleine Bucht, aber hier ist der Grund sehr weich und der Platz ist zum Ankern bei starkem Wind nicht geeignet.

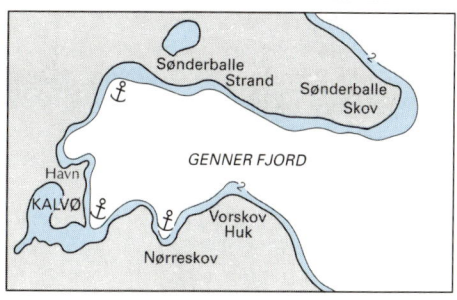

In der ersten Hälfte des 19. Jahrhunderts blühte die Schiffahrt in Südjütland auf und machte Åbenrå und Flensburg zu einflußreichen Zentren. Einer der großen Åbenråder Reeder, Agent Bruhn, gründete auf Kalvø eine Bootswerft; viele der hier gebauten Schiffe existieren noch heute. Einige der großen Briggs und Brigantinen wurden sogar für Fahrten nach China eingesetzt. Der letzte Chinafahrer lief 1857 vom Stapel.

An der Nordseite von Kalvø, wo seinerzeit die Werft war, ist ein kleiner Hafen angelegt, und in einem der Gebäude ist ein Museum über die Zeit der großen Segelschiffe eingerichtet worden. In einem anderen Gebäude befindet sich ein Restaurant, und von hier führt ein idyllischer Pfad rund um die Halbinsel.

Barsø

Karten:
D 16
DK 151, 152

Ankert man rund um Barsø, tut man das nicht, weil man hier besonders geschützt liegt, sondern weil diese kleine Insel ungeheuer charmant ist. Von dem Gut in der Mitte der Insel aus führen Feldwege in alle Richtungen, bald als Hohlwege zwischen Hügeln, bald eingerahmt von wilden Hecken. Für die Hofsitzer der Insel ist es nicht gerade einfach, Landwirtschaft zu betreiben, denn manche Felder sind sehr steil angelegt, aber dafür leben und arbeiten sie in einer hübschen Umgebung.

Im übrigen ist der Boden auf Barsø fruchtbarer als auf den meisten anderen dänischen Inseln, so daß hier auch noch einige Höfe in Betrieb sind. Von einer kleinen Brücke auf der Westseite der Insel aus besteht eine tägliche Milch-, Schul- und Postverbindung zum Festland, doch hier ist nur Platz für die Fähre und vielleicht für ein paar vereinzelte Gastboote. Normalerweise ist es also besser, zu ankern.

Läßt die Windrichtung es zu, ist es am praktischsten, in der Bucht innen vom Fähranleger zu ankern, wohin einer der oben beschriebenen Wege führt. Auch auf der Südseite ist eine schöne kleine Bucht mit einem Weg vom Strand hinauf zur Mitte der Insel.

An der Ostküste von Barsø ist es eher steinig, und man sollte sich vor der kleinen Un-

tiefe in acht nehmen, die etwa in der Mitte der Insel hervortritt. Nach Möglichkeit ankert man hier direkt östlich des 38 Meter hohen Berges Låddenhøj, und auch von hier führt ein Weg zu den Höfen.

Der Ankergrund in der Umgebung der Insel ist sandig und somit ideal, aber über Nacht ist es doch besser, sich in den Genner-Fjord zurückzuziehen – falls sich das ruhige Wetter nicht mit Sicherheit hält.

Helnæs-Bucht und Illumø

Karten:
D 16
DK 152

Trägt man sich mit dem Gedanken, in der Helnæs-Bucht zu übernachten, findet man den besten Schutz vor Westwinden hinter der waldbewachsenen Anhöhe östlich von Helnæs By. Hier kann man bis dicht unter Land fahren, und das Boot liegt selbst bei Sturm aus West perfekt. Zusätzlich ist es ein schöner Platz mit der Aussicht über ganz Fünen, und man kann sogar die großen Svanninge-Hügel erkennen.

Das Dorf Helnæs By zieht sich entlang der von Norden nach Süden führenden Straße hin, und diese Straße erreicht man am besten, wenn man den Weg nimmt, der südlich der bewaldeten Anhöhe verläuft. Aber auch einige kleinere Feldwege führen von der Küste ins Dorf.

Die schmale flache Insel Illumø liegt in Ost-West-Richtung und bietet deshalb wenig Schutz vor den vorherrschenden Windrich-

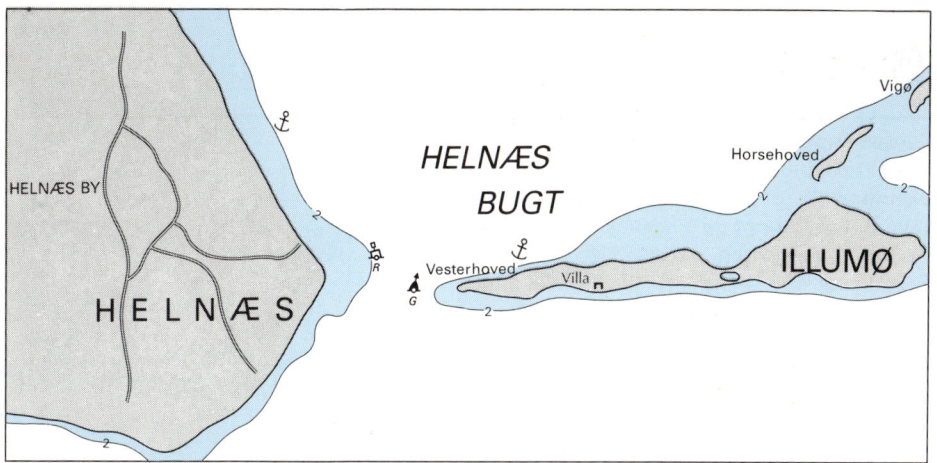

tungen, aber trotzdem gibt es einen einigermaßen guten Ankerplatz auf der Nordseite
von Vesterhoved, der Westseite der Insel.
Hier hat man Abdeckung vor den Wellen aus
dem Kleinen Belt, und auch das nur eine halbe Seemeile entfernte Helnæs schützt vor
Seegang, wenn der Wind auf Nord drehen
sollte.

Abendstimmung im Haderslev-Fjord. Ein Abstecher in das alte südfünische Dorf gehört zu den schönsten in ganz Dänemark (siehe Seite 82).

Brunshuse und Bo Banker

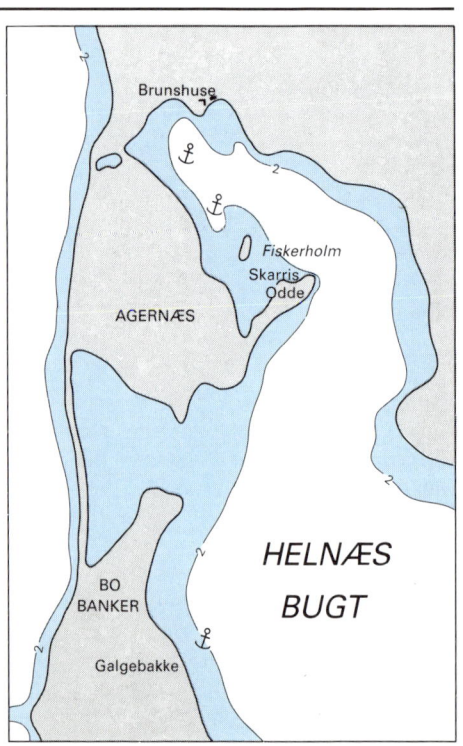

Ganz im norwestlichsten Zipfel der Helnæs-Bucht befindet sich ein weithin unbekannter Naturhafen – unbekannt jedenfalls bei denen, die dort nicht ihre kleinen Motor- und Fischerboote liegen haben. Nördlich der Bucht liegt das kleine Dorf Brunshuse, und südlich wird sie durch die Halbinsel Agernæs begrenzt, auf der sich auch ein recht großes Gut gleichen Namens befindet.

Nach der Einfahrt in die Helnæs-Bucht zwischen den Tonnen vor Illumø hindurch hält man sich immer an der Küste vor Helnæs, außer auf dem letzten Stück, wo eine große Untiefe mit weniger als einem Meter Wassertiefe ist. Man kann jedoch direkt auf Skarris Odde, der Ostspitze von Agernæs zuhalten und hier auch dicht daran vorbeifahren. Von der kleinen Insel Fiskerholm sollte man sich dann jedoch gut freihalten.

Vor Brunshuse erstreckt sich eine Untiefe, so daß es über Nacht am besten ist, bei Agernæs zu ankern. Will man jedoch einen Ausflug nach Brunshuse machen, kann man sich hier vorsichtig ans Ufer tasten, so weit, wie der Tiefgang es zuläßt. In Brunshuse gibt es zwar einen Kaufmann, aber ansonsten keine großen Sehenswürdigkeiten, es ist hier einfach nur still und friedlich.

Dafür ist jedoch die Landschaft nördlich von Brunshuse mit ihren Wäldern und großen Feldern hübsch und abwechslungsreich. Um hierher zu kommen, sollte man sich entweder ein Fahrrad mieten oder feste Schuhe anziehen, denn dieser Spaziergang ist ca. 15 km lang. Am nördlichen Ende der Halbinsel Helnæs liegt Bo Banker, und etwas südlich davon ist der Galgebakke (Galgenhügel). Wenn man dort hinaufsteigt, sieht man über die Bucht, die sehr markant ist durch ihre umliegenden weiten, flachen Strandwiesen.

Torø-Reede

Hinter der kleinen Insel Torø südlich von Assens befindet sich ein hervorragender Naturhafen. Ursprünglich war hier ein offener Sund, aber die südliche Einfahrt ist schon längst versandet, und so ist dieser Hafen entstanden. Vor Torø Huse haben die Fischer ihre Boote liegen, meist an gerammten Pfählen, und dazwischen sieht man auch das eine oder andere Sportboot. Hier ist also ein gut geschützter Platz, wo man mit dem Beiboot bequem an einer der kleinen Brücken anlanden und einen Spaziergang zwischen den alten Fischerhäusern machen kann. Oder man setzt zur anderen Seite über und stattet Torø einen Besuch ab.

Auf der Nordseite endet Torø mit einer flachen Strandwiese, und auf der Ostseite ist es durch den Strom an der Insel so tief, daß man den Heckanker auswerfen und sich dann mit dem Bug direkt an den Strand legen kann. Wegen des schönen Badestrandes ist diese Stelle an Sommertagen ein beliebtes Ausflugsziel von Seglern aus Assens.

Im Ersten Weltkrieg spielten sich hier dramatische Ereignisse ab: Damals mußten russische Kriegsgefangene auf deutschen Bauernhöfen in Südjütland und Schleswig arbeiten, denn alle deutschen Männer wurden an der Front gebraucht. Einige Russen flohen in kleinen Gruppen und fuhren auf Flößen über

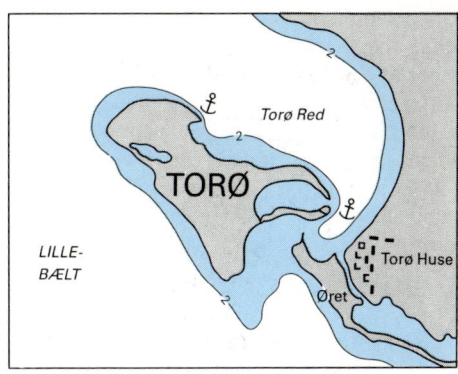

den Kleinen Belt, einmal sogar auf ein paar Heuballen. Sie nahmen natürlich alle die kürzeste Entfernung und landeten auf Torø. Dort angekommen wurden sie vom dänischen Staat zurück nach Rußland geschickt.

Aarø

Karten:
D 16
DK 151

Auf der Westseite von Aarø befindet sich ein großer Hafen für Gastlieger, der den Hafen Aarø auf dem Festland entlasten soll. Man kann in der Bucht vor dem Hafen ankern, aber an einem schönen Sommertag ist hier so viel los, daß so mancher sich vor den schönen Badestrand an der Südseite der Insel zurückzieht. Hier sorgt der Strom, der im Kleinen Belt läuft, immer für frisches Wasser und für reinen Sandgrund, und die 2-Meter-Linie verläuft dicht unter Land. Es liegen dort vereinzelt Steine, so daß man, will man dicht an den Strand fahren, vom Bug aus gut Ausschau halten sollte.

Mangelt es an Proviant, so ist es von hier aus nur ca. einen Kilometer weit bis zum nächsten Campingplatz der Insel, der östlich des Dorfes liegt. Aarø selbst ist flach und rund wie ein Pfannkuchen.

Nordöstlich der Insel zieht sich die flache Landzunge Aarø Kalv in den Belt hinaus und schließt eine Lagune ein, die annähernd den Charakter eines Naturhafens hat. Mit bis zu 1,8 Meter Tiefgang kann man sich von Norden durch eine schmale Rinne hier hineinwagen.

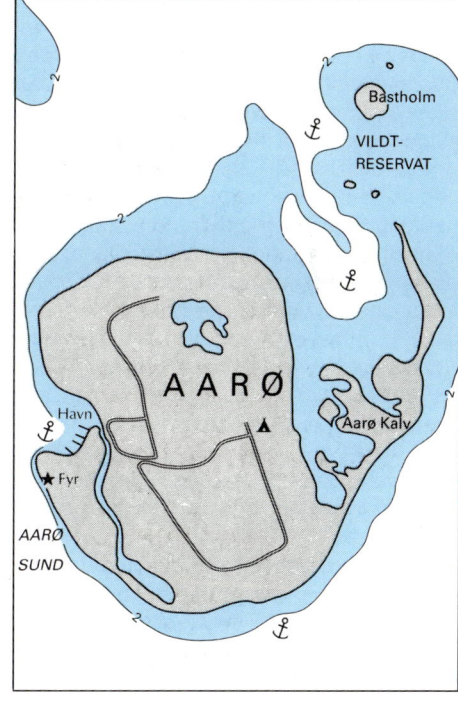

Sie sollten jedoch den Verfasser dieses Buches nicht dafür verantwortlich machen, wenn Sie auf halbem Wege hängen bleiben. Es ist eine Expedition, mit der man sich unter Motor und bei ruhigem Wetter beschäftigen kann – und möglichst nur dann, wenn man so viel Motorkraft hat, daß man bei Grundberührung wieder frei kommt. Man sollte übrigens nur mit einem Ausguck am Bug navigieren, weil man von dort bei guten Lichtverhältnissen den Grund sehen kann.

Im Norden der Einfahrt ist die Rinne etwas offener, und bei ruhigem Wetter ist hier, westlich der kleinen Insel Bastholm, ein guter Ankerplatz. Man muß nur darauf achten, daß Bastholm Vogelschutzgebiet für Küstenvögel ist und vom 1. März bis 15. Juli nicht betreten werden darf.

Haderslev-Fjord

Karten:
D 15, 16
DK 153, 151

Für eine Fahrt in den schmalen, gewundenen Haderslev-Fjord sollte man sich Zeit lassen. Die Landschaft wechselt zwischen Feldern und Strandwiesen, und das zu beiden Seiten hohe Hinterland ist geradezu eine Augenweide.

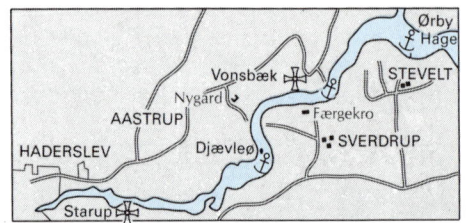

An einigen Stellen haben Haderslevener Segelvereine Ankerbojen zur freien Benutzung ausgebracht, und es gibt sogar eine Stelle, wo man so dicht unter Land fährt, daß man an den Bäumen festmachen kann. Im übrigen hat der größte Teil des Fjordes den Charakter eines Naturhafens, wo man bei allen Windrichtungen und Windstärken vollständig geschützt liegt.

Nachdem man die Einfahrt zwischen Stagodde und dem flachen Ørby Hage passiert hat, folgt die Stevelt Bucht, die sich in die Südseite des Fjordes schmiegt. Das umliegende Land ist nicht sehr hoch, aber etwas weiter innen steigt es an bis zu dem Dorf Stevelt. In der Mitte der Bucht gibt es eine Brücke mit 15 bis 20 Plätzen, und auf beiden Seiten der Brücke kann man dicht unter Land ankern. Ein paar von den oben erwähnten Ankerbojen sind hier ausgebracht, und im übrigen ist dieser Platz ausgesprochen gut, wenn man bloß zum Übernachten hier ist und am nächsten Tag weiter will.

Segelt man weiter, macht der Fjord zuerst einen Schwung nach Süden, und in der nächsten Kurve ist eine hübsche, waldumkränze Bucht, wo man auch recht dicht unter Land fahren kann. Oben auf dem Hügel liegt der alte Sverdrup Færgekro, der noch an den früheren Fähranleger erinnert.

Der nächste gute Ankerplatz liegt eine Seemeile weiter innen im Fjord, da, wo dieser erneut einen Bogen macht. Hier ist die Stelle, wo man dicht am Ufer auch an den Bäumen festmachen kann, deren Kronen bis weit über das Wasser ragen. Ist das Vertäuen an den Bäumen jedoch zu umständlich, liegen auch einige Ankerbojen aus, und der Ankergrund, bestehend aus festem Lehm, ist ideal. Selbst bei stürmischem Westwind weht hier nur ein Hauch.

Hinter dem kleinen Wald nördlich des Fjordes liegt Nygård, und von diesem Hof aus ist es nur noch gut einen Kilometer bis zu dem großen Dorf Over Åstrup mit dem Aussichtspunkt Åstrup Høj unmittelbar nördlich davon.

Nach einer schmalen Durchfahrt mit der Insel Djævleø erweitert sich der Fjord zu einem kleinen Haff, wo auch einige Bojen liegen. Dieser Platz ist nicht ganz so windgeschützt wie die vorigen, aber an einem ruhigen Sommertag ist es hier mit dem offenen Hinterland zu beiden Seiten sehr reizvoll.

Brandsø

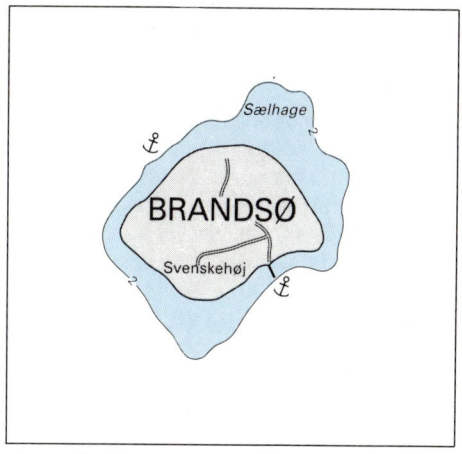

Diese kleine Insel mitten im Kleinen Belt ist fast ganz mit flachem Wasser und vielen Steinen umgeben. Zwei Ausnahmen gibt es an der nordwestlichen und der genau gegenüberliegenden südöstlichen Küste, wo sich eine kleine Bucht mit der privaten Anlegebrücke befindet. Die Insel wird vom Gut Wedellsborg auf Fünen für die Jagd und als Sommeraufenthalt benutzt.

Besucher sind nicht sehr willkommen, man kann sich jedoch eine Erlaubnis beim Gutsverwalter unter der Telefonnummer 09 781277 holen.

Brandsø spielte eine wichtige Rolle, als Schwedenkönig Karl Gustav X. in der Nacht zum 30. Januar 1658 von Hejlsminde aus mit einem Heer von 6000 Reitern und 2500 Mann Fußvolk über das Eis ging. Der König selbst machte auf Brandsø halt und beobachtete von der Spitze des kleinen Hügels Svenskehøj aus das Vorrücken Richtung Wedellsborg Hoved. Als er später selbst nachfolgte, war er so vorsichtig, ein Stück hinter seinem prachtvollen Schlitten zu gehen, der plötzlich zwischen dem Eis verschwand. Das gleiche passierte zwei Reiterschwadronen, doch die Haupttruppe erreichte das andere Ufer und besiegte die dänische Streitmacht.

Selbst bei Westwind bietet der Hügel Svenskehøj ein wenig Schutz, wenn man in der Bucht ein bißchen südlich der Brücke ankert. Aber dieser Platz empfiehlt sich nur bei ruhigem Wetter und eignet sich nicht zum Übernachten. Der Ankergrund besteht aus Sand und Steinen, das Wasser hier draußen im Kleinen Belt ist klar und rein.

Mosvig

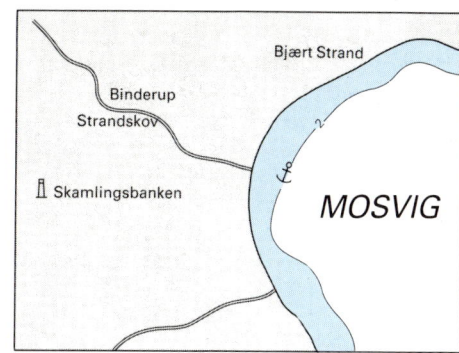

Sobald man aus Bredningen heraus in den Kleinen Belt kommt, sieht man im Landesinneren von Jütland einen bewaldeten Hügel. Er heißt Skamlingsbanken, ist 113 Meter hoch und gekrönt von einer schon etwas mitgenommenen Steinsäule, die ihre besondere Bedeutung hat.

Zu Beginn der 40er Jahre des letzten Jahrhunderts wurde der Skamlingsbanken als Festplatz für die nationale dänische Bewegung in Südjütland benutzt, und auf seiner Spitze – Højskamling – wurde 1863 diese Steinsäule zu Ehren der dänischen Helden errichtet. Das war natürlich ein Dorn im Auge der Preußen, als diese ein paar Jahre später zu Kriegsbeginn hier einrückten, und so wurde die Säule mit einer ordentlichen Ladung Schießpulver zu Fall gebracht. Die örtlichen Bauern bewahrten sie jedoch auf, so daß die Säule später wieder aufgerichtet werden konnte. Das ist die Erklärung dafür, daß die Säule etwas ramponiert aussieht.

Bei klarem Wetter ist die Aussicht von Højskamling imponierend: Im Westen erkennt man die Türme der Domkirche von Ribe, im Norden die bewaldeten Abhänge des Vejle-Fjords, in der Mitte von Fünen die Anhöhe Frøbjerg Bavnehøj und im Süden die Inseln im Kleinen Belt. In der Umgebung der Hügelspitze gibt es im übrigen weitere Hinweise zur Geschichte Südjütlands und ein Restaurant, so daß es bei einer Tour hier hinauf auch an leiblichen Genüssen nicht fehlt.

Vom Strand hinauf bis zur Spitze von Skamlingsbanken sind es zwei Kilometer, wenn man erst den Weg Richtung Binderup nimmt und dann in den Wald abbiegt, durch den einige Pfade nach oben führen.

Für gewöhnlich sind in Mosvig viele Buntgarnpfähle ausgebracht, aber man kann gut zwischen ihnen durchfahren und sich je nach Tiefgang einen Ankerplatz suchen. Man sollte lediglich sicher gehen, daß das Boot genug Platz zum Schwojen hat.

Der Gamborg-Fjord

Karten:
D 16, 21
DK 151, 158

Es gibt nicht viele Fahrtensegler, die aus dem Stand heraus sagen können, wo der Gamborg-Fjord liegt – und nur wenige sind wirklich da gewesen. Er ist einer von Fünens richtig erhaltenen Fjorden, jedoch von der Einfahrt bei Fænøsund bis in den hintersten Teil bei Ronæs nur vier Seemeilen tief.

Zu der Zeit, als die Fischer von Middelfart noch Tümmler im Belt jagten, benutzen sie den Gamborg-Fjord oft dazu, die kleinen Wale hier hinein zu treiben. Hier waren sie gut zu fangen, und in der Regel wurden sie bis auf den Strand von Svinø gejagt und dort getötet. (Tümmler heißen auf dänisch Marsvin, und so wurde die Insel nach diesem Ereignis benannt).

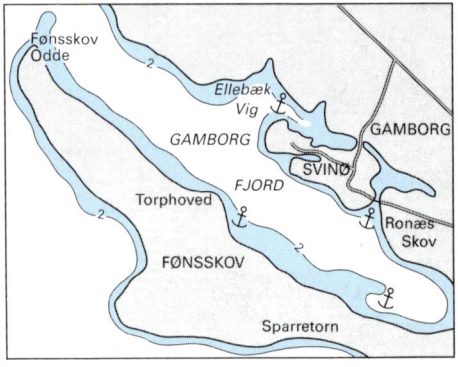

Die Bucht innerhalb von Svinø bildet einen guten Naturhafen, der allerdings von einer privaten Bootsvereinigung, die an die 100 kleine Motorboote hat, sozusagen besetzt ist (die Wassertiefe beträgt bei der Brücke auch nur etwas mehr als einen Meter). Kielboote können also nur ein kleines Stück in die Bucht hineinfahren, um dann in Lee des hohen, westlichen Endes von Svinø zu ankern. Draußen im Fjord muß man sich je nach Windrichtung einen Platz suchen, aber da die Halbinsel Fønsskov sehr flach ist, liegt man hier doch, besonders bei frischem Wind, etwas ungeschützt. Kommt der Wind aus Nord oder Ost, ist es am besten, unter Svinø oder Ronæs Skov zu ankern, und Torphoved auf Fønsskov gibt ein wenig Schutz bei südwestlichem Wind.

Der Grund im Gamborg-Fjord ist durchweg weich, besonders im hinteren Teil, und es liegen hier vereinzelte große Steine, die jedoch in der Seekarte angegeben sind.

Fænø Sund

Falls der Strom oder der Verkehr draußen in Snævringen so lästig sind, daß man für einen längeren Zeitraum ankern will, gibt es einige Picknick- und Übernachtungsmöglichkeiten im Fænø Sund. Mit einiger Vorsicht sollte man sich bis ganz dicht unter Land herantasten, schon wegen des sehr kräftig laufenden Stroms. Außerdem ist es ein bißchen unpraktisch, auf 20 bis 25 Meter Wassertiefe zu liegen, aber nichtsdestotrotz braucht man hier auch bei geringen Tiefen ein gutes Ankergeschirr. Der Grund fällt vom Land aus steil ab, so daß der Anker leicht abrutschen kann. Ein bißchen südlich von Espenhoved ist auf der Fænøseite eine kleine Holzbrücke, die örtlichen Segelclubs gehört. Mitten im Sommer sind Gastsegler nicht sehr willkom-

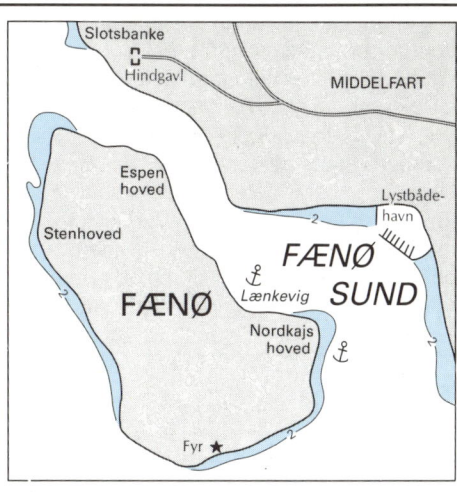

Selbst bei unruhigem Wetter findet man hinter der hohen, bewaldeten Küste des Fænø Sund Schutz. Trotzdem wähle man seinen Ankerplatz mit Vorsicht, denn der Grund fällt hier steil von 2,0 m auf 20 m ab.

men, denn hier ist es oft überfüllt, aber an Werktagen in der Vor- oder Nachsaison findet man immer einen Platz.

In Lænkevig gegenüber der neuen Marina von Middelfart liegt man bei fast allen Windrichtungen gut geschützt, bei auflandigem Wind kann dieser Platz jedoch nicht empfohlen werden, weil die Gefahr besteht, daß das Boot auf Legerwall treibt. Größere Boote könnten Probleme bekommen, denn es stehen nur 10 bis 15 Meter Platz zwischen 2 und 22 Meter Wassertiefe zur Verfügung, so daß man buchstäblich am Rande des Abgrundes ankert. Dieses Problem kann man jedoch umgehen, wenn man die Spitze Nordkajsho-ved umrundet und an der östlichen Seite von Fænø ankert, wo der Grund nicht so steil abfällt. Bei stürmischem West- oder Südwestwind kann es hier jedoch passieren, daß der Wind um die Insel weht, aber dann hat man immer noch Schutz vor Seegang.

Ganz Fænø ist privat genutzt, und die Besitzer schätzen es nicht sehr, wenn Fremde herumlaufen. Wenn man unbedingt will, kann man natürlich einen Spaziergang entlang der Küste machen – aber eigentlich lädt die Insel nicht dazu ein. Man sollte sich hier auf das Ankern beschränken, zumal man so gut wie in manchem Hafen liegt – vorausgesetzt, man findet flaches Wasser.

Kolding-Fjord

Karten:
D 16, 17
DK 151, 156

Die große Bucht Agtrup Vig, die auf der Südostseite des Fjordes liegt, bietet gute Ankerplätze für alle Windrichtungen aus der südlichen Hälfte der Kompaßrose. Rund um die ganze Bucht kann man bis dicht unter die Küste fahren, und besonders auf der West- und auf der Ostseite liegt man gut geschützt, denn das Land ist hier recht hoch. In der Mitte der Bucht liegt ein altes Fischerhaus, das heute meist von den Bauern der umliegenden Dörfer benutzt wird, und die ganze Bucht ist eine friedliche Idylle.

Ein beliebter Platz der Koldinger Segler ist die Løverodde-Brücke ein bißchen weiter draußen (bei Westwind sehr ungeschützt), und deshalb hat man Agtrup Vig oft für sich allein.

Falls Nordwestwind ist, kann man sich gegenüber von Agtrup Vig hinter Drejens Odde, wo das Land ein bißchen höher ist und so besseren Schutz bietet, vor Anker legen. Leider liegt man hier mit Blick auf die nicht gera-

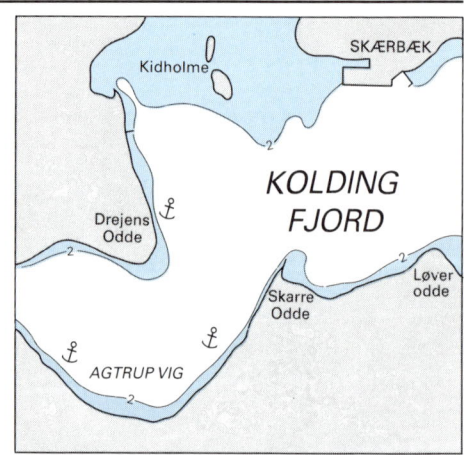

de schönen Industrieanlagen von Skærbæk, doch etwas weiter nördlich blickt man über die hübsche Bucht Gudsø Vig mit den Kidholm-Inseln und der weit ausgedehnten Landschaft dahinter.

Die Gewässer nördlich von Fünen

In den Fahrwassern zwischen Jütland, Fünen und Samsø stößt man auf fast alle Varianten der dänischen Landschaft: Die hohe bewaldete Küste des Vejle-Fjords, das flache Hjarnø mit seinen Feldern und Bauernhöfen, Æbeløs runde Spitze mit dem struppigen alten Wald und die Heidelandschaft auf Enebærodde beim Odense-Fjord.

Das Wasser ist fast ganz vom Land umschlossen und teilweise sehr flach, so daß man als Segler kaum um das Kreuzen herumkommt. Das kann recht mühsam sein, denn die Seen sind hart und kurz, weil die Strömungen des Großen und des Kleinen Beltes sich hier treffen und oft weiße Schaumkronen verursachen.

Zwei der begehrtesten Ankerplätze liegen mitten im Fahrwasser bei Æbelø. Hier nimmt man es gerne in Kauf, mit dem offenen Wasser hinter sich zu ankern – in der Hoffnung, daß das Wetter sich hält.

Der Odense-Fjord wird nicht von sehr vielen Fahrtenseglern besucht, obwohl Odense als Geburtsstadt von H. C. Andersen genügend Anlaß bietet, um sich einmal umzusehen.

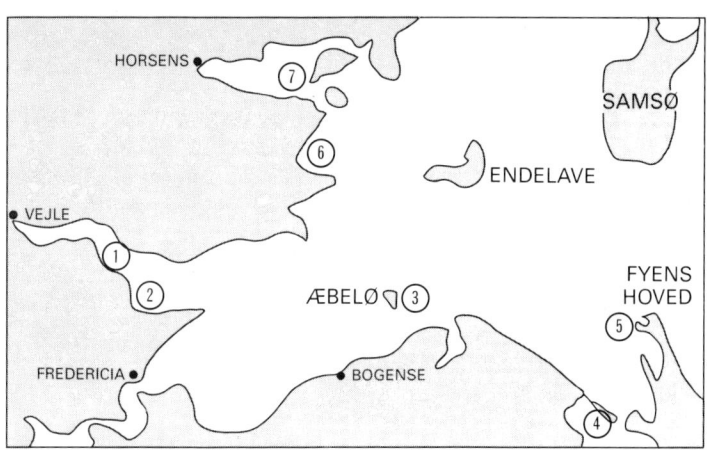

Vejle-Fjord

Karten:
D 17, 18
DK 157, 114

Mit seinen hohen bewaldeten Küsten auf beiden Seiten ist der Vejle-Fjord eine der schönsten Fjordlandschaften Dänemarks. An den meisten Stellen kann man bis dicht unter Land fahren, doch der Wind weht meist parallel zum Fjord, so daß es hier an gut geschützten Ankerplätzen mangelt.

Bei Westwind ist die beste Ankerstelle in der Bucht ein wenig südlich von Brejninge Hoved, wo die Küste steil abfällt und vollkommenen Schutz bietet. Ein bißchen weiter südlich von hier befindet sich mittlerweile der Brejning Sportboothafen, und wenn man an Land gehen will, ist es bequemer, den

Hafen anzulaufen. Bei Ostwinden ist Andkær Vig ein bißchen weiter innen auf der Südseite des Fjordes der einzige geschützte Platz.

Im östlichen Teil dieser Bucht kommt man unter einer hohen Hügelpartie bis dicht unter Land. Andkær Vig liegt am Rand des großen Waldes Strandskov, der mit seinen steilen Hügeln zu Spaziergängen einlädt.

Eine beliebte Stelle – wenn der Wind es zuläßt – ist die Bucht auf der Nordseite des Fjordes gegenüber von Andkær Vig. Hier ankert man am besten dort, wo die Bucht ihren nördlichsten Punkt hat. Selbst bei Westwind liegt man durch den großen Wald Assendrup Skov einigermaßen geschützt. Die ganze Strecke zwischen dem Wald und der flachen Bucht mit der Mündung des Rhoden Baches steht unter Naturschutz (in der Seekarte heißt der Bach Ørum Å). Dies ist das einzige Gebiet, wo offenes Ackerland bis hinunter in den Fjord reicht – an allen anderen Stellen ist Wald. Das baumlose Land ermöglicht eine wunderbare Aussicht über den Fjord, und innerhalb des geschützten Gebietes sind Pfade angelegt, die zu den besten Aussichtspunkten führen. Einer von ihnen führt vom Ulbækhaus, das genau an der nördlichsten Spitze der Bucht liegt, bis zur Schule (Høj-

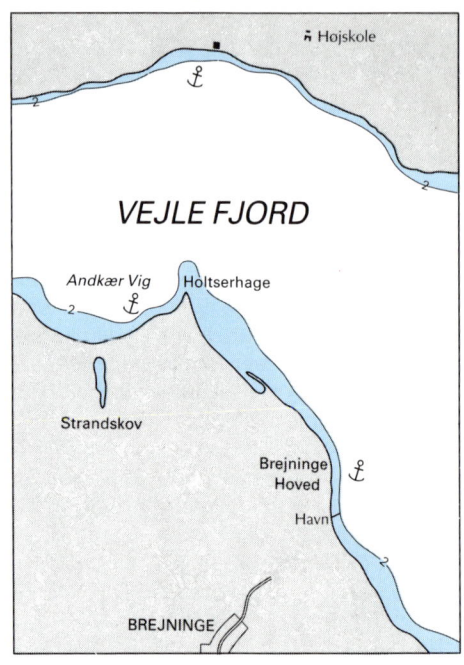

skole) ein Stück östlich von hier. Ein anderer Pfad führt entlang der Küste bis zu dem 35 Meter hohen Askebjerg südöstlich der Schule.

Kulvig

Karten:
D 16, 18
DK 157, 114

In der kleinen Bucht außen an der Nordseite von Trelde Næs war früher ein kleiner Hafen, der zur Verschiffung von Holzkohle benutzt wurde. Die Bucht ist nach Norden hin ziemlich offen und ungeschützt, doch weht der Wind aus südlichen Richtungen, kann man diesen Platz gut für einen Aufenthalt benutzen.

Trelde Næs ist von einem alten Hochwald, bestehend aus Buchen und Farn, bedeckt, der als einer der besterhaltenen im ganzen Land gilt. Aufgrund des umliegenden Wassers ist das Klima recht mild, und deswegen wachsen hier sogar Efeu, Christdorn und Taxus. Der Wald ist der einzige im Land, wo

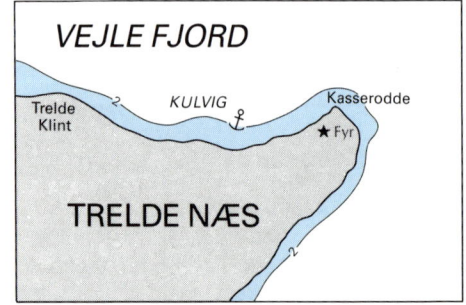

der Taxus nicht künstlich gepflanzt wurde, sondern in seiner ursprünglichen wilden Form wächst.

Bei der Einfahrt in den Vejle Fjord sollte man sich vor dem Steinriff in acht nehmen, das in der Verlängerung von Trelde Næs liegt. Es gibt eine Passage dicht unter Land, aber ohne Ortskenntnis ist sie schwer zu finden. Die sichere Passage von Kasserodde Flak erfordert jedoch in jedem Fall 1,2 sm Abstand von der Küste, bis es wieder so tief ist, daß man in den Fjord hineinsteuern kann (es muß die nördliche Küste von Trelde Næs zu sehen sein).

Entlang der äußeren, südöstlichen Seite von Trelde Næs liegen vereinzelt große Steine innerhalb der 4-m-Linie.

Æbelø

Karten:
D 18
DK 114

Die Mehrzahl der kleinen dänischen Inseln haben längst den Wald eingebüßt, der sie vor langer Zeit bedeckt hat. Die Bauern haben oft die Axt geschwungen, um sich Bau- und Brennmaterial zu beschaffen, und da die Inseln alle so klein sind, war es bald aus mit den vielen Bäumen.

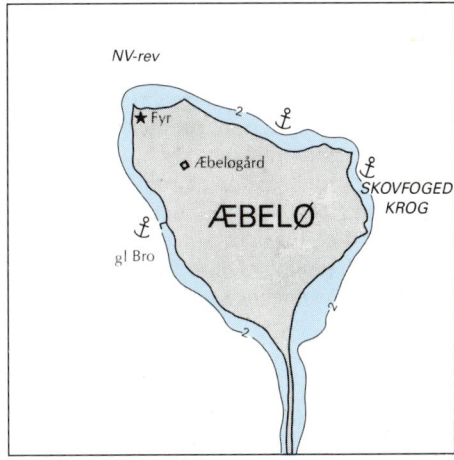

Eine Ausnahme bilden die sogenannten Herrengutsinseln, die von alters her zu einem großen Gut gehörten. Die Besitzer benutzten diese Inseln in der Regel nur für die Jagd, und da sie oft andere und leichter zugängliche Wälder besaßen, bezogen sie von dort ihr Nutzholz. Æbelø ist eine von diesen bewaldeten Herrengutsinseln, die noch immer zur Jagd benutzt wird.

Odense Fjord: Ein Boot auf dem Weg durch Gabet hindurch hat soeben den Leuchtturm auf Enebærodde passiert. Der am besten geschützte Ankerplatz befindet sich im Fjord. Kommt der Wind aus Südwest, liegt man besser auf der Außenseite (siehe Seite 90).

Das bedeutet aber auch, daß man den Zugang zur Insel mit dem Hinweis verhindert, daß kein öffentlicher Weg durch den Wald führt. Das Ufer und der Strand sind jedoch mittlerweile für jeden zugänglich.

Rund um die Insel kann man dicht unter dem waldbewachsenen Ufer ankern, und drei Plätze sind besonders beliebt. Das ist einmal Skovfogedkrog im Osten der Insel, der bei den vorherrschenden Windverhältnissen in Dänemark auch der meist benutzte ist. Der dänische Seglerverband hat hier eine Ankerboje ausgelegt. Zum zweiten liegt eine andere Boje auf der Westseite der Insel. Hier befand sich auch seinerzeit die Anlegebrücke der Insel, und Reste davon findet man heute noch in Form eines großen Feldsteines und einiger Pfahlreste.

An der Nordküste der Insel findet man den dritten und vielleicht hübschesten Ankerplatz mit der Aussicht auf das kleine, aus Feldsteinen gebaute Feuer auf der Norwestspitze der Insel. Hier liegt man besser ge-schützt, als es von weitem den Anschein hat, selbst wenn der Wind aus West kommt. Am besten liegt man hier natürlich bei Winden aus Süd bis Südwest.

Der Wald auf Æbelø ist gemischt, es wechselt alter Eichenbewuchs mit hochstämmigem Buchenwald und ausgedehnten Flächen von dichtwachsendem Farn. Man muß immer darauf gefaßt sein, im Unterholz auf Blindschleichen zu stoßen, obwohl deren Bestand, vielleicht aufgrund der dort lebenden Igel, in den letzten Jahren stark zurückgegangen ist.

An dieser offenen Küste ist es sicher beruhigend, wenn man zum Übernachten an einer der Ankerbojen des dänischen Seglerverbands liegen kann. Der Grund bietet keinen guten Halt – im Osten und Westen der Insel besteht er aus Sand und im Norden ist er steinig.

Hier sollte man sich im übrigen vorsichtig dem Ufer nähern und wegen einiger großer Steine gut Ausschau halten.

Odense Fjord

Karten:
D 21
DK 114, 115

Kurz nachdem man die Einfahrt Gabet passiert hat, findet man den besten – und viele würden sagen den einzigen – Ankerplatz. Er ist auf der inneren Seite von Enebærodde, dem Abschluß der über 5 km langen Insel Hals.

Enebærodde ist eines von den sehr wenigen Gebieten auf Fünen mit Heidekraut und Wacholdersträuchen. Wacholder hat nämlich einen Geschmack, den Rinder nicht mögen, und deshalb wurden die grünen Triebe im Frühjahr nicht abgefressen, bis dann Ende des 19. Jahrhunderts hier überhaupt keine Viehzucht mehr betrieben wurde. Auch andere seltene Pflanzen haben sich seitdem angesiedelt, und so ist diese friedliche Halbinsel ein Stück ganz besonderer Natur.

Hals ist für den Autoverkehr gesperrt, und daher ist es hier sehr einsam. Als Segler kann

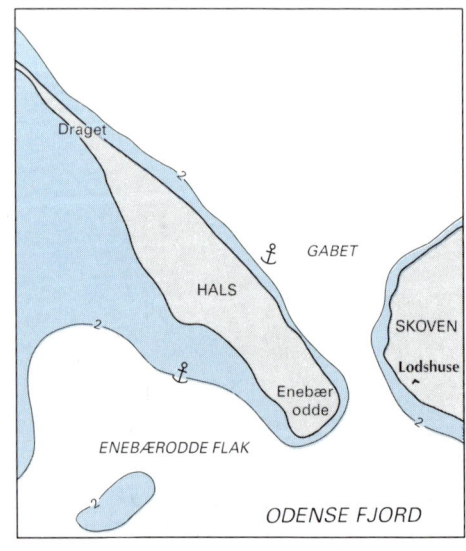

man auf der Insel herumstreichen, die abseits jeglicher Zivilisation liegt – wenn man nicht gerade Richtung Süden über den Fjord schaut, wo die Lindø-Werft wie ein riesiger Koloß steht. Tastet man sich entlang der Halbinsel ca. 1/2 sm nach innen, so kann man – wegen des flachen Wassers in einigem Abstand – ankern, aber es ist doch ein bißchen unbehaglich, weil man keinen Windschutz hat. Diesen hat man auf jeden Fall an der äußeren Seite von Enebærodde, besonders, wenn der Wind aus südwestlichen Richtungen kommt. Um etwas abseits des Verkehrs und des kräftigen Stromes, der durch Gabet hindurchläuft, zu liegen, ist es empfehlenswert, sich eine halbe bis eine Meile nordwestlich der Durchfahrt vor Anker zu legen. Zum Übernachten ist jedoch der innere Ankerplatz sicherer.

Die lange, schmale Rinne Egense Dyb im nordwestlichen Teil des Fjordes bietet auch einen guten Ankerplatz, aber seitdem der Sportboothafen von Otterup hier angelegt ist, werden die meisten doch diesen in An-

spruch nehmen. Folgt man dem Weg über den Damm westlich des Sportboothafens, sind es nur 1,5 Kilometer bis zu dem kleinen Gut Hofmansgave. Das Gut gehört einer Stiftung, und der kleine Park mit öffentlichem Zugang ist einer der schönsten in ganz Dänemark.

Auf dem Weg hinein nach Odense durch die teilweise ausgebaggerte Rinne passiert man Vigelsø, das im Nordosten mit einer schmalen Landzunge endet. Hinter der Landzunge ist es durch den hier laufenden Strom sehr tief, so daß man sich vorsichtig hineintasten und ankern kann. Ein paar Motorboote aus Odense pflegen an einer kleinen Brücke zu liegen, an der man dann auch mit dem Beiboot anlanden kann. Die anderen, die hier vorbeikommen, um Odense zu besuchen, haben kein großes Interesse an der flachen, teilweise eingedämmten Insel Vigelsø, und eigentlich sind auch die Plätze in Egense Dyb, in dem kleinen Fischereihafen Bregnør etwas östlich von hier und bei Enebærodde viel schöner.

Korshavn

Karten:
D 11, 18
DK 114, 141

Alle, die einmal an der großen jährlichen Regatta „Rund Fünen" teilgenommen haben, kennen Korshavn als einen von Booten überfüllten Hafen. Die große Lagune des Naturhafens ist voll von den über 1000 teilnehmenden Booten, und auf der Landspitze Korsøre wimmelt es von Seglern und Zuschauern. Meistens stellt sich der Odense Segelclub auch noch gut mit dem Wetter, und der schöne Sommerhimmel setzt noch einen Extra-Farbtupfer auf das bunte Treiben.

Die Gegend um Fyns Hoved ist eine sehr merkwürdige Küstenlandschaft, voll von Kontrasten zwischen hoch und flach. Im Norden liegt zunächst der hohe Hügel Jøvet, von wo man einen hervorragenden Blick über Korshavn und weiter über das große, seichte Gebiet mit den Inseln Mejlø, Vejlø und Bogø und weiter westlich die Halbinsel Langø hat.

Von Jøvet aus kann man noch auf die große, grasbewachsene Halbinsel Bæsbanke gehen, von wo die Aussicht über das Wasser manchmal unbeschreiblich ist.

Den Sommer über nimmt der Odense Segelclub meist Korshavn in Beschlag, hier verbringt zum Beispiel die Optimistenabteilung ihre Ferienzeit. Der Club hat auch eine Brückenanlage errichtet, außerdem befindet sich eine kleinere Brücke weiter innen in der Bucht vor dem Jägerhotel. Möchte man trotzdem vor Anker liegen, sollte man berücksichtigen, daß der Grund hier sehr weich und modderig ist.

Hat man ein Beiboot, kann man, je nachdem, ob es mit Rudern oder mit einem Außenbordmotor ausgerüstet ist, spannende Expeditionen in das flache Wasser rund um die Insel im Süden machen. Direkt gegenüber von Korshavn zeigt die Insel Mejlø eine gelbe Klippe, und sowohl Bogø als auch Mejlø erheben sich hoch über ihre umliegenden Strandwiesen – alles zusammen Reste einer alten Hügellandschaft, die überschwemmt und teilweise auch fortgeschwemmt wurde.

Nördlich von Mejlø liegen einige Steine, die prompt jedes Jahr von ein paar Booten erwischt werden, die hier bei „Rund Fünen" vor dem Start manövrieren. Mit Vorsicht kann man auch östlich dieser Steine an Mejlø entlangfahren und dann querab der Nordspitze der Insel (je nach Tiefgang) ankern. Der Ankerplatz hier drinnen ist gut geschützt.

Am östlichsten Punkt von Korsøre (das den gleichnamigen Naturhafen umschließt) ist es sehr tief, so daß man die Spitze ganz dicht umrunden kann. Der Grund fällt so steil ab, daß selbst Kielboote mit dem Bug am Strand und mit dem Heck vor Anker liegen können.

Mejlø hat den Status eines Naturschutzreservates für Küstenvögel, und das Betreten ist vom 1. April bis 15. Juni verboten.

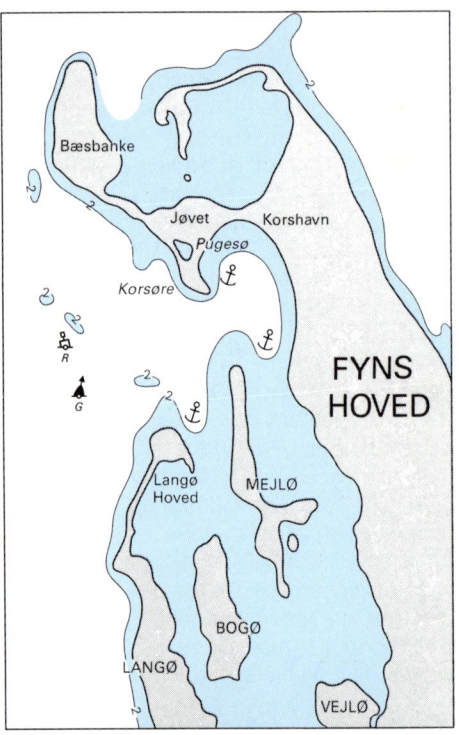

Korshavns große natürliche Lagune ist hier mit Booten überfüllt, die an der alljährlichen Regatta „Fyn Rundt" teilnehmen.

In der Einfahrt zum Horsens Fjord liegt Hjarnø mit seinem Sandufer, wo man mit dem Steven eines Kielbootes direkt an Land liegen kann (siehe Seite 94).

Karten:
D 18
DK 114

Asvig

Diese große, fast halbkreisförmige Bucht liegt südlich von der Einfahrt in den Horsens Fjord und ist ein beliebtes Ziel der örtlichen Segler.

Der innerste Teil der Küste – Sønderby Strand – ist total überfüllt mit Sommerhäusern, doch etwas weiter nördlich bei dem Wald Sønderby Skov ist es friedlich. Die bewaldeten Ufer fallen steil zum Wasser ab, und so kann man dicht unter der Küste mit perfektem Schutz vor Westwinden gut ankern.

Das Waldstück Nederskov weiter nördlich ist größer und weniger bevölkert, die Küste ist steinig und man sollte sich ihr nur mit größter Vorsicht nähern. Zum Einkaufen ankert man am besten im Süden der Bucht vor dem kleinen Dorf Kirkholm und geht genau beim Campingplatz an Land.

Man kann auch um Ashoved herumfahren, dessen gleichnamiger Wald die ganze Landspitze zwischen Asvig und Sandbjerg Vig bedeckt. An den meisten Stellen fällt auch hier das baumbewachsene Ufer steil zum Wasser hin ab.

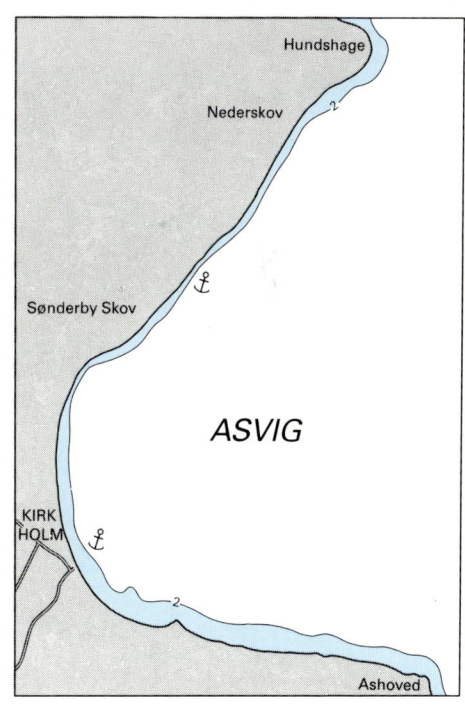

Horsens Fjord

Im äußeren Teil des Fjordes in der Umgebung von Alrø und Hjarnø und der Halbinsel Borren befinden sich einige gute Ankerplätze – jedoch vorzugsweise für ruhiges Wetter, denn der Grund ist weich, und es kann auch manchmal an Windschutz mangeln.

Am interessantesten ist die Insel Hjarnø, doch hier benötigt man besonders ruhiges Wetter – oder Ostwind –, um an der Spitze bei Odden zu ankern. Odden ist die flache Strandwiese, die die Insel im Süden be-

grenzt, und hier hat der Strom im Hjarnø Sund eine der seltenen Stellen geschaffen, wo selbst große Kielboote mit dem Steven ganz am Strand liegen können. Der Grund fällt von der Strandkante in einem Winkel von ca. 45 Grad auf eine Tiefe von 20 m ab, also braucht man am Heckanker eine lange Leine. Noch besser wäre ein Kettenvorläufer, damit der Anker nicht ausbricht, wenn das Schiff im starken Strom etwas schwojt. Der Wald und das Land auf der anderen Seite dieses

schmalen Sundes bieten auch bei Westwind einen gewissen Schutz, und mit dem Heckanker weit draußen liegt man hier gut – aber man sollte das Boot nie für eine längere Zeit sich selbst überlassen.

Die landwirtschaftlich genutzte Insel bietet nicht viele Sehenwürdigkeiten – das Interessanteste ist die kleine Kirche, die gegenüber von Odden liegt. Hier ist, recht unkonventionell, ein Modell eines heidnischen Wikingerschiffes ausgestellt, in Erinnerung daran, daß auf Hjarnø einige Schiffssetzungen waren, die jedoch zu Beginn dieses Jahrhunderts gesprengt wurden, weil man die Steine für Bauarbeiten brauchte. An ruhigen Sommertagen entfaltet sich reges Badeleben auf Odden. Sehr praktisch ist übrigens die kleine Holzbrücke über die flache Bucht, über sie erreicht man schnell die Kirche oder das Dorf mit dem Kaufmann.

Das größte Ereignis in der Geschichte von Hjarnø begab sich 1770, als ein riesiger Wal auf der gegenüberliegenden Insel Alrø strandete. Die Bauern von Hjarnø entdeckten ihn als erste und töteten das Tier unter großen Anstrengungen. Was blieb, war eine enorme Menge an Speck und Fleisch, aber die Bauern von Alrø meinten, zumindest die Hälfte des Wales gehöre ihnen. Es kam zu einem Prozeß, in dem die Bauern von Hjarnø den Wal zugesprochen bekamen, weil sie glaubhaft machen konnten, der Wal habe kurz vor seiner Strandung noch Kurs auf Hjarnø nehmen wollen.

Im Horsens Fjord wird sehr viel Buntgarnfischerei betrieben, aber es ist trotzdem recht einfach, zwischen den Pfählen einen Ankerplatz zu finden. Zum Beispiel in der kleinen Bucht nördlich von Snaptun, die von Westen her durch die Halbinsel Borre gut geschützt ist. Je nach Windrichtung kann man auch im Alrø Sund ankern, am besten auf der nördlichen Seite, doch die flache Küste bietet nicht sehr viel Windschutz.

Besser ist das Ankern südlich der unter Naturschutz stehenden Insel Vårsø, doch da auch das umgebende Wasser der Insel geschützt ist, sollte man die gelben Tonnen re-

spektieren und nicht näher an die Insel heranfahren.

Vårsø gehört der Universität von Kopenhagen, die hier seit 1936 ein Experiment unter der Fragestellung durchführt: „Was passiert, wenn man die Natur ganz und gar sich selbst überläßt?" Es zeigte sich, daß die alten Landwirtschaftsgebiete schnell mit Gebüsch zuwuchsen, das sich bald zu einem Wald entwickelte, und die alten Waldflächen sind wieder dicht und kräftig. Seit 1944 gibt es hier eine Krähenkolonie, die seitdem kräftig gewachsen ist. Ihre Nester befinden sich in einigen hohen Bäumen, die man dadurch erkennen kann, daß sie einen Großteil ihres Laubes verloren haben, denn die Exkremente der Krähen verätzen die Blätter. Die Vögel halten sich hier auf, weil sie in anderen Wäldern sehr unwillkommen sind, und dieser besondere Schutz von Vårsø ist deshalb sehr wichtig für sie.

Man kann die Krähen überall im Fjord auf den Buntgarnpfählen sitzen sehen, oft mit ausgebreiteten Flügeln, so daß sie manchmal aussehen wie eine große Fledermaus. Diese besondere Stellung bedeutet, daß die Krähen wenig natürlichen Fettgehalt in ihren Federn haben, so daß sie sich, nachdem sie nach Fisch getaucht sind, zum Trocknen in die Sonne setzen müssen. Die Fischer mögen diese Vögel nicht, nicht etwa, weil sie den Aal wegfangen, sondern weil sie, wenn ihre Silhouette über dem Wasser auftaucht, alle Fische verjagen.

Von Vårsø aus hat man zusätzlich eine wunderschöne Aussicht auf das große, unter Naturschutz stehende Gebiet nördlich des Fjordes. Richtung Osten liegt Uldrup Bakker, und weiter im Landesinneren sieht man den 92 m hohen Berg Bavnehøj. Der Wald Skablund Skov zieht sich zwischen den flachen Strandwiesen entlang bis fast an den Fjord. Wenn man in den Sund nördlich von Alrø hineinsegelt, ist hier die beste Möglichkeit, an Land zu gehen.

Der Ankergrund ist weich, doch bei ruhigem Wetter ist Amstrup Red ein ruhiger und sehr friedlicher Platz zum Ankern.

Die Århus-Bucht

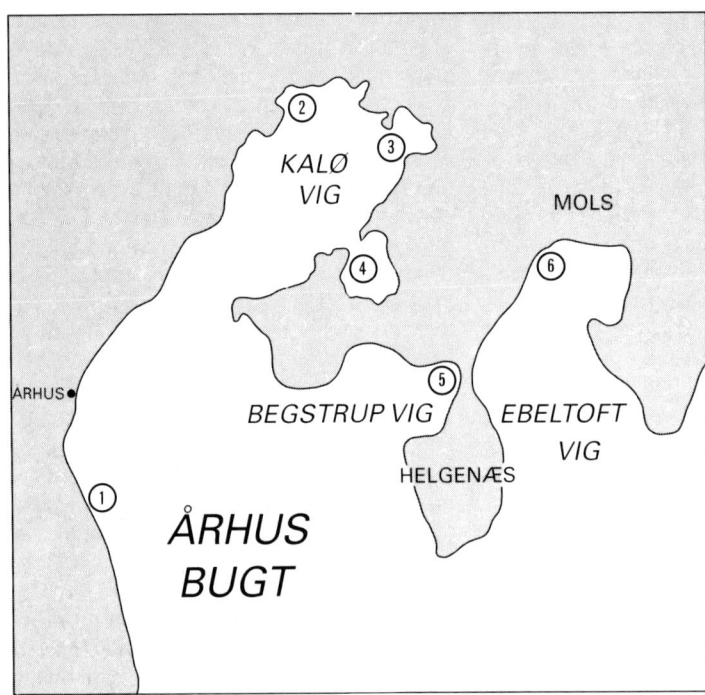

Die Landschaft, die die Århus-Bucht umgibt, ist hübsch und sehr abwechslungsreich. Am stärksten fallen die Berge bei Mols und die Halbinsel Helgenæs ins Auge, aber es lohnt sich, auch alle anderen Winkel zu besuchen, wenn man einen Törn von Ebeltoft nach Kalø Vig plant. Auch die steile Küste südlich von Århus – eine der hübschesten in ganz Dänemark – ist einen Besuch wert sowie das ausgedehnte offene Hinterland, das sich zwischen der Løgten-Bucht und Kalø Vig erstreckt.

Die kleine Insel mit der Ruine, die Kalø Vig ihren Namen gegeben hat, könnte nicht hübscher gelegen sein, und ein Sommerabend hier draußen ist ein Erlebnis. Man denke an die vielen verschiedenen Schiffe, die durch die Jahrhunderte hindurch zu dieser Burg gekommen sind und genau an dieser Stelle geankert haben, wo man jetzt selber liegt. Eines dieser Schiffe hielt auch den 23jährigen Gustav Vasa bei sich an Bord gefangen, und dieser Mann, der für Schweden so viel bedeutete, wird auch an einem Sommerabend hier gesessen und über die Berge von Mols geblickt haben, wenn er vor sich hin träumte.

In dieser Gegend liegen gute Ankerplätze sehr dicht beisammen und haben eine Menge zu bieten, insbesondere wenn man Landausflüge plant.

Die Schloßruine auf Kalø mit ihrem wuchtigen Turm bewacht die nördliche Einfahrt nach Egens Vig. Hier kann man außen vor der Ostspitze, rechts im Bild, ankern (siehe Seite 99).

Moesgaard Strand

Dieser bewaldete Küstenabschnitt, der bei Århus beginnt und sich dann gut 5 sm bis nach Norsminde erstreckt, ist einer der hübschesten in ganz Dänemark. Die großen Buchen stehen dicht am Ufer, so daß man hier gut geschützt liegen und den Westwind in den Baumkronen rauschen hören kann. Bei ablandigem Wind ist die ganze Küste ein langer, perfekter Ankerplatz, aber es gibt einen guten Grund, gerade Moesgaard Strand zu besuchen.

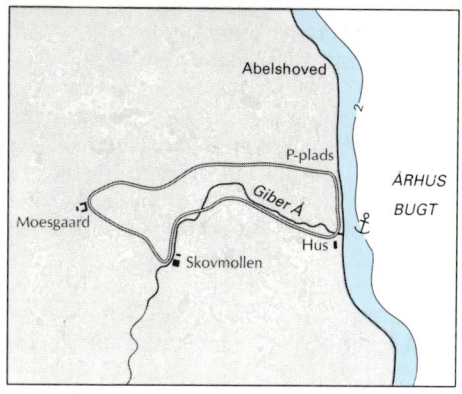

Der Strand hat seinen Namen nach einem alten Herrenhaus, das heute ein frühgeschichtliches Museum ist, und in dem Gebiet zwischen dem Haus und dem Strand gibt es viele Zeugnisse aus der Vorzeit, die aus dem einen oder anderen Grund von ihren ursprünglichen Plätzen im Land weggeholt wurden – hier ist also ein Freilichtmuseum der Vorzeit.

Die beste Stelle zum Ankern ist ca. 1/2 sm südlich von Abelshoved, wo der Bach Giber Å in die Århus-Bucht mündet. Dieser Platz ist schon von weitem durch das idyllische, weiß gekalkte Fischerhaus zu erkennen, das unmittelbar südlich des Baches liegt. Ein kleiner, waldbewachsener Vorsprung etwas südlich von hier gibt im übrigen Schutz, selbst wenn der Wind aus Süden kommen sollte.

Nördlich des Baches befindet sich ein hervorragender Badestrand, der an schönen Sommertagen auch gut besucht ist. An dem dazugehörigen Parkplatz befinden sich ein Kiosk und eine Cafeteria, und direkt am Bach liegt das idyllischste Toilettenhäuschen, was man sich denken kann – echtes Fachwerk mit einem Strohdach.

Das Museum von Moesgaard ist ungewöhnlich interessant, und selbst Besucher, die vielleicht ein bißchen widerwillig hierher geführt werden, müssen dies zugeben. Doch muß man Moesgaard erstmal finden, denn es ist vom Wasser aus nicht zu sehen.

Am einfachsten ist es, dem Bach zu folgen, an dem entlang der „Vorzeitpfad" mit weißen Steinen markiert ist. Schon das Bachtal ist außergewöhnlich hübsch, und allein aus diesem Grund lohnt sich ein Spaziergang. Hier herrscht ein reges Pflanzen- und Tierleben, und man kann hier Raben oder Ottern beobachten. Ein bißchen weiter kommt man an eine Lichtung, wo einige der Zeugnisse aus der Vorzeit stehen, man sollte jedoch dem Weg am Bach entlang bis zum Restaurant Skovmøllen folgen. Diese idyllische alte Wassermühle ist ein bekanntes Ausflugsziel, wo es Kaffee und Kuchen gibt.

Von der Mühle aus folgt man dem asphaltierten Weg ein kleines Stück, bis ein Pfad nach links abbiegt, und kurz darauf steht man im Park vom Moesgaard. Das wunderschöne Haupthaus wurde 1776 bis 1778 von dem dänischen Gesandten in Stockholm Chr. Fr. Güldencrone gebaut und ist seit 1970 Museum. Der ganze Weg nach Moesgaard hinauf ist ca. 2 km lang, den Rückweg kann man jedoch abkürzen, wenn man den nördlichen Weg wählt, der direkt zurück zum Parkplatz am Strand führt.

Ein bißchen südlich des Fischerhauses steht der Nachbau eines Wikingerhauses, das den Namen „Imme Aros" trägt. So hieß ein Wikingerschiff, das zum Kundschaften benutzt wurde.

Da es in Moesgaard Strand so viel zu sehen gibt, wird mancher mehr als einen Tag bleiben wollen. Kommt der Wind konstant aus Westen, liegt das Boot vollkommen geschützt, selbst bei Starkwind oder Sturm. Der Ankergrund besteht aus Kies, Sand und Steinen und gibt guten Halt.

Karten:
D 19
DK 112

Løgten-Bucht

Diese kleine Bucht am nordwestlichen Ende von Kalø Vig gibt bei allen Windrichtungen außer bei Südostwind einen hervorragend geschützten Ankerplatz ab. Der Seglerverband hat hier eine Ankerboje ausgelegt, und zwar an der besten Stelle der Bucht, nämlich an der Südseite, nahe am Land.

Die Küste ist hier hoch und bewaldet, weiter innen in der Bucht ist jedoch sowohl das Wasser als auch die Küste flach – und außerdem sehr steinig. Auffallend ist das Skovfogedhus (Försterhaus) mit seinem weißen Treppengiebel, an dem ein Weg vorbei Richtung Vosnæsgård, einem Gut zwischen Wäldern und Feldern, führt. Man kann entweder einen 1 km langen Spaziergang hinauf zum Gut machen oder einem markierten Weg Richtung Süden nach Vosnæsgård Skrænt folgen. Hier hat man eine hervorragende Aussicht über die ganze Bucht, auch der Rückweg am Wasser entlang ist wunderschön.

Das ganze landwirtschaftlich genutzte Gebiet nördlich der Løgten-Bucht steht unter Naturschutz, besonders um den Ausblick

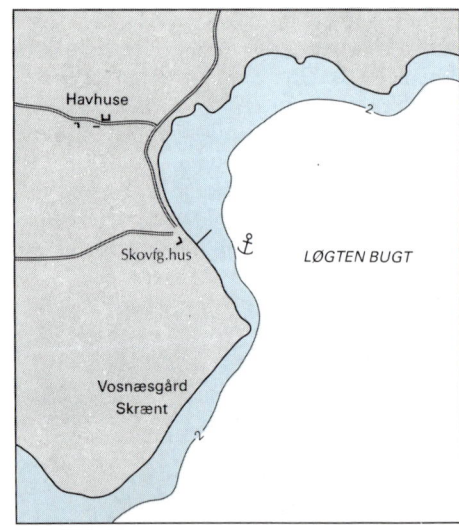

vom Hauptweg über Kalø Vig zu bewahren. Wenn die Ankerboje an der besten Stelle der Bucht besetzt ist, ist es am besten, mit einem Anker für weichen Grund und Sand, hier und da mit Steinen versetzt, zu ankern.

Egens Vig

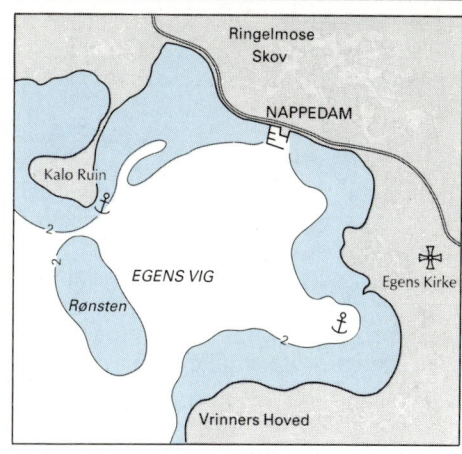

Diese Bucht hinter Kalø und dem langge-
streckten Steinriff Rønsten ist ein sicherer
Naturhafen, der schon seit ewigen Zeiten benutzt wird. Zuerst von den Schiffen, die Auf-
träge für das alte Königsschloß zu erledigen
hatten, und seither von kleinen Yachten und
Galeassen, die von der Anlegebrücke in Nappedam aus Korn und Holz verschifften. Dieser Verkehr hat natürlich längst aufgehört,
aber die Bootsvereinigung von Nappedam
hat rund um die alte Brücke einen Sportboothafen eingerichtet und sorgt nun dafür, daß
man in der Bucht genausoviele Segel wie
früher sieht.

Vom Sportboothafen sind es mehr als 2 km
hinaus nach Kalø Vig, und daher ist es praktischer, direkt draußen, dicht unter der südöstlichen Spitze von Kalø zu ankern. Es gibt
eine tiefe, vom Strom eingeschnittene Rinne
nördlich der Untiefe Rønsten, die gut zu finden ist – sie ist jedoch dichter unter Kalø als
es in der Seekarte den Anschein hat. Südlich
von Rønsten ist auch eine kleine Untiefe mit
nur 1,5 m Wassertiefe, so daß man, um ganz
sicher zu gehen, die ausgetonnte Rinne benutzen sollte.

Die Burg auf Kalø wurde zu Beginn des
14. Jahrhunderts von Erik Menved und Chri-
stoffer II. gebaut, und später wurde sie – genauso wie Hammerhus auf Bornholm – für
prominente Gefangene benutzt. Am bekann-
testen war der schwedische Adelige und
spätere König Gustav Vasa, den Christian II.
aus Stockholm entführte, obwohl er eigentlich freies Geleit hatte.

Gustav Vasa war hier 1518 bis 1519 gefangen. Später verfiel die Burg, vielleicht weil sie
ein wenig abseits liegt, und in der Zeit der
großen Renaissancebauten wurde sie, weil
man Baumaterial brauchte, größtenteils ab-
getragen. Ulrik Fr. Gyldenløve sandte

Schiffsladung für Schiffsladung mit Steinen
nach Kopenhagen, wo er das heute noch
bestehende Schloß Charlottenborg auf Kon-
gens Nytorv baute.

Heute sind nur noch die Fundamente und
der untere Teil des einst mächtigen Turmes
übrig. Er ragt einsam zwischen knorrigem
Gebüsch hervor, und es herrscht schon eine
eigenartige Stimmung auf dieser kleinen Insel, die mit dem Land nur durch einen alten
Damm verbunden ist. Im übrigen ist die Aussicht vom Ankerplatz wunderschön – im Westen der Höhenzug bei Vosnæsgård und
Løgten, im Südwesten die offene Bucht Kalø
Vig und gegenüber, auf der anderen Seite
von Egens Vig, liegt die hübsche kleine Kirche von Egens.

Der Grund ist meist steinig, und der Ankerplatz ist gut geschützt, sowohl durch Kalø als
auch durch Rønsten. Sollte der Wind aus
Süd oder Ost wehen, gibt es im übrigen auch
noch einen anderen hübschen Ankerplatz
am südöstlichen Ende der Bucht zwischen
Egens und der hohen Landspitze Vrinners
Hoved.

Knebel Vig

Als Naturhafen ist Knebel Vig ein bißchen zu groß für ein normales Sportboot, aber früher wurde diese Bucht viel von der Marine benutzt.

Im Südosten der Bucht ist ein alter Anleger, wo früher das Dampfschiff aus Århus festmachte. Heute kommen hier nur noch Sportboote her, obwohl es bei frischem Westwind sehr unruhig werden kann.

Ein paar gute Ankerplätze gibt es auf der anderen Seite der Bucht. Ganz im Norden kann man bis weit in die Bucht bei Rolsøgård fahren, wo man hinter dem baumbewachsenen Hügel auf Næsset gut geschützt vor Westwind liegt.

Bei Südwestwind sollte man im südlichen Teil der Bucht ankern, wo man am dichtesten unter dem vorspringenden Höhenzug in Richtung des Dorfes Dejret unter Land fahren kann – aber nehmen Sie sich in acht vor Steinen!

Hübscher ist wahrscheinlich der Platz genau vor der kleinen Kirche von Tved. Mit dem großen und sehr hübschen Pfarrhaus aus Fachwerk liegt diese Kirche direkt an der Bucht. Tved selbst liegt einen halben Kilometer entfernt.

Die südliche Seite der Einfahrt nach Knebel Vig ist mit einer grünen Tonne markiert, so daß es keine Probleme gibt. Man sollte sich

aber vor der Nordseite der Einfahrt in acht nehmen, weil sich von dort eine kleine Untiefe Richtung Westen erstreckt. Kommt man von Norden, sollte man nie direkt auf die grüne Tonne zuhalten, denn dann trifft man unweigerlich die Untiefe. Man fährt also besser in einem Bogen um Næsset herum und steuert dann in südöstlicher Richtung in die Bucht hinein. Der dänische Seglerverband hat vor Rolsøgård und vor Tved je eine Ankerboje ausgelegt.

Begtrup Vig

Mit einem schnellen Blick in die Seekarte ist es wahrscheinlich schwer, sich vorzustellen, daß die offene Bucht Begtrup Vig ein guter Naturhafen sein soll. Die Bucht ist ja nach Westen offen, doch in der innersten nördlichsten Spitze findet man diesen Naturhafen, durch die Sand- und Steinbank Rønnen gut vor Seen von außen geschützt.

Der dänische Seglerverband hat eine Ankerboje ausgelegt, und hat man sein Boot hieran festgemacht (oder liegt man hier mit seinem großen Ankergeschirr), ist dies selbst bei Westwind ein schöner Platz. Hier findet man guten Schutz vor Wellen, jedoch nicht so guten Windschutz, und deswegen ist dieser Platz – so sicher er auch sein mag – bei stürmischem Wetter nicht sehr zu empfehlen.

Richtung Nordosten erstreckt sich ein kleines Sommerhausgebiet entlang der Küste, wo man, folgt man dem Weg am Wasser entlang, Fahrräder für eine Tour nach Helgenæs mieten sollte, das mit seiner abwechslungsreichen Landschaft einen Ausflug wert ist. Kleine Bauernhöfe schmiegen sich hier an die Hügel, und vier kleine Dörfer verbergen sich in den Tälern. Immer wieder wird der Blick aufs Wasser frei, mal von einer Hügelspitze aus, mal durch eine malerische Schlucht hindurch.

Auf Helgenæs spielte sich auch ein Stück von Dänemarks Geschichte ab: Während des Ersten Schleswigschen Krieges 1848 bis 1850 wurden die dänischen Truppen unter General Rye auf Jütland immer weiter zurückgedrängt, und zuletzt zogen sie sich nach Helgenæs zurück und bauten quer über Draget einen Befestigungswall.

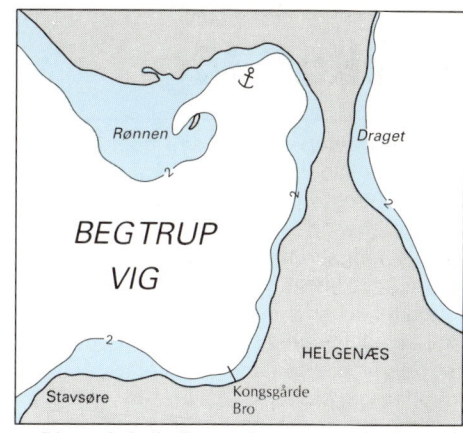

Ohne daß die Deutschen es merkten, wurden die Truppen von Kongsgårde aus zur Festung nach Fredericia verschifft, und dadurch konnten die Dänen am 16. Juli 1849 den berühmten Sieg über diese Stadt erringen und später die Schlacht bei Idsted für sich entscheiden.

Auf der Westseite von Ebeltoft Vig ankert man dicht unter den Molsbergen. Das Bild zeigt das ganze Gebiet mit dem Weg, der vom Strand hinauf zu Øvre Strandkær, dem Gut auf der linken Seite, führt.

Ebeltoft Vig

Abgesehen von der großen Untiefe vor Ahl Hage westlich von Ebeltoft kann man in der ganzen Bucht bis dicht unter die Küste fahren, und besonders im Norden und Westen gibt es sehr schöne Ankerplätze. Auf der anderen Seite liegt Ebeltoft, welches mit seiner Fregatte „Jylland" eine so niedliche Stadt ist, daß eigentlich kein Grund besteht, den Hafen dort nicht anzulaufen – der einzige Grund könnten die Molsberge sein.

Gegen Ende der letzten Eiszeit gab es eine kurzzeitige Klimaverschlechterung, und zwei große Eiszungen schoben sich in das Gebiet der heutigen Århus-Bucht. Die eine Zunge hinterließ Kalø Vig, die andere Ebeltoft Vig und zwischen sich schoben sie die Erde so zusammen, daß die heutigen Molsberge entstanden.

Hat man Lust, sich als Bergsteiger zu betätigen und eine von Dänemarks hübschesten und am meisten ausgeprägten Landschaften von der Seeseite zu sehen, findet man den besten Ankerplatz in einer der zwei kleinen Buchten nördlich von Bogens Hoved auf der Position 56°13′25″ Nord, 10°35′60″ Ost. Hier ist ein öffentlicher Badestrand, eine wunderbare Aussicht über die Bucht und guter Schutz hinter den hohen Bäumen dicht am Wasser. Durch eine Lücke zwischen den Bäumen kann man die Berge sehen, und hier findet man auch (nachdem man den Strandweg überquert hat) einen Kiesweg hinauf zum Strandkær (Strandmoor).

In dem kleinen Hof Øvre Strandkær hat das naturhistorische Museum von Århus sein Molslaboratorium eingerichtet, von wo man das Pflanzenleben und die Entwicklung der Hügel verfolgt. Eine Zeit lang waren die Berge völlig mit Wald und Gebüsch überwuchert, doch nun ist man wieder dabei, eine teilweise offene Hügellandschaft zu schaffen, unter anderem mit Hilfe von staatlichen Viehbeständen (deshalb sind Hunde hier nicht willkommen).

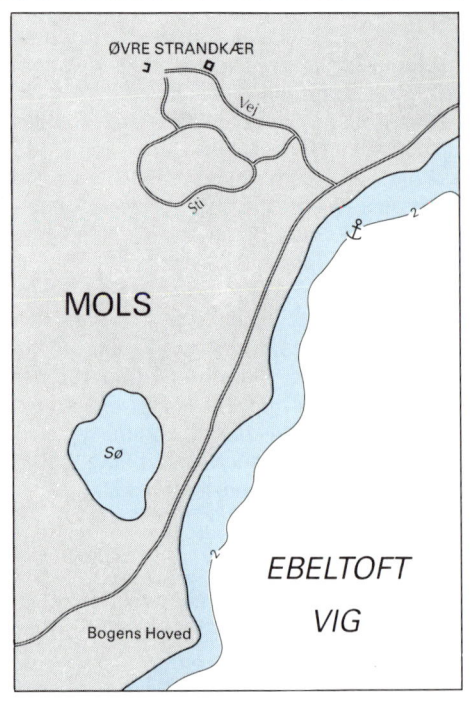

Auf Øvre Strandkær kann man Prospekte über die vielen interessanten Wandertouren durch die Berge bekommen, und in einem Ausstellungsraum erfährt man eine Menge über diese ausgeprägte Landschaft. Der höchste Punkt ist Agri Bavnehøj, 137 m über dem Meer, mit einer großartigen Aussicht. Vom Strand aus ist die Wandertour hier hinauf 7 km lang, wenn man dem Weg Richtung Øvre Strandkær folgt und sich dort eine Karte über den weiteren Weg beschafft.

Möchte man lediglich eine Rundtour von 2 bis 3 km machen, gibt es einen bezeichneten Pfad, der vom Strandkærweg aus gleich hinter dem ersten Hügel abgeht (hier ist in der Steinzeit noch der Strand gewesen). Der Pfad führt zuerst zwischen großen Wacholdersträuchern hindurch, wo man sorgfältig auf die Wegmarkierungen achten sollte.

Der Große Belt
und Samsø

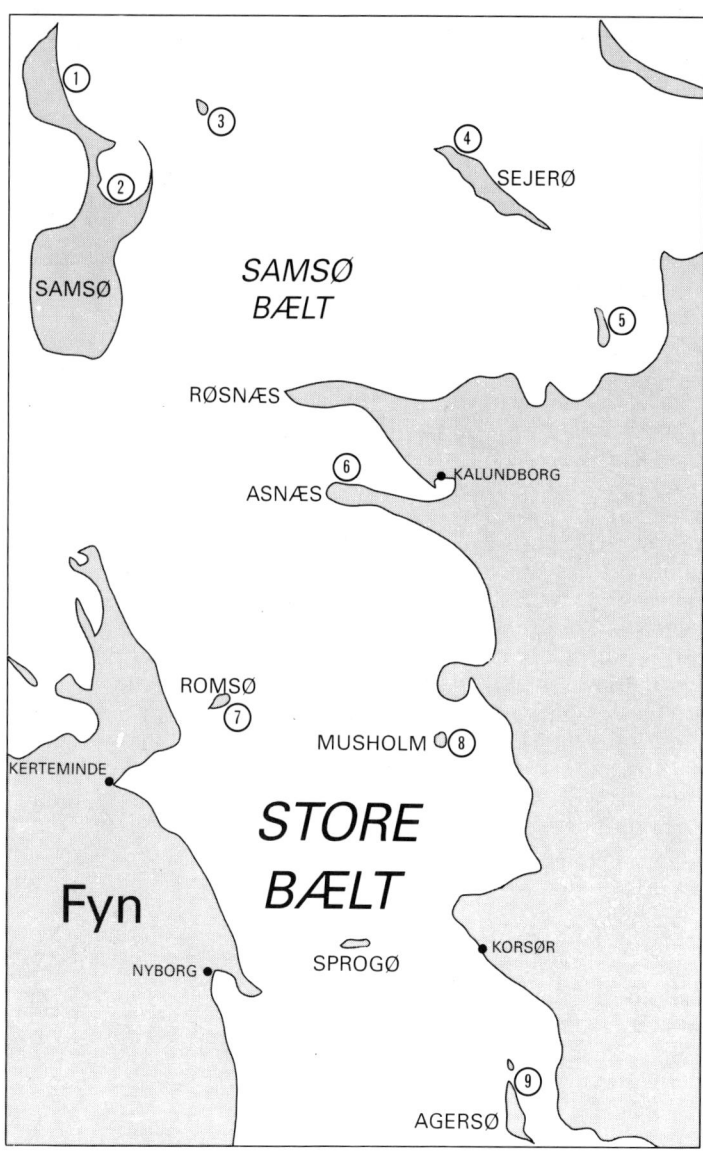

Der Große Belt und der Samsø-Belt sind offene Strecken mit sehr viel Schiffsverkehr, aber auch mit guten Ankerplätzen.

In einem so großen Gebiet wie diesen zwei Belten gibt es selbstverständlich mehr Ankerplätze als in diesem Buch Platz haben. Zum Beispiel unter der Ostküste von Samsø südlich von Ballen, falls man bei stürmischem Wetter eine Pause braucht, bevor man Lushage rundet und dann den Seegang abbekommt, der ganz von Jütland heranläuft.

Die Küsten im Großen Belt sind fast überall bis unter Land tief, und an vielen Stellen geben Böschungen oder Wälder guten Schutz. Das gilt auch für große Teile der Ostküste von Fünen, und sollte der Wind zu stark wehen, kann man zum Beispiel immer sehr gut hinter den hübschen, hohen Klippen von Reersø ankern.

Nordby-Bucht

Karten:
D 19, 20
DK 112

In dieser offenen Bucht auf der Ostseite des nördlichen Teils von Samsø gibt es gute Ankerplätze, wenn der Wind stetig aus West weht. Der Strand und das Wasser sind sauber, und ein Sommertag in der kleinen Bucht direkt hinter Issehoved kann prachtvoll sein. Neben baden und sonnen kann man auch die imponierenden Hügel erklimmen, die die letzte Eiszeit hier hinterlassen hat.

Das Klima auf Samsø ist für dänische Verhältnisse sehr trocken. Das liegt daran, daß die feuchte Nordseeluft, die von Westen kommt, über Jütland austrocknet. Die Hügel von Nordby (Nordby Bakker) haben deshalb eine spezielle Flora, besonders an den warmen Südhängen, wo sich richtige Steppenlandschaften befinden, die sonst in Dänemark nicht vorkommen.

Die imponierendste Hügelpartie befindet sich mit dem 64 m hohen Ballebjerg südwestlich von hier, wo auch ein kleiner Turm steht. Von hier hat man eine hervorragende Aussicht über Tunø, Jütland und Helgenæs, und bei klarem Wetter kann man sogar Røsnæs auf Seeland erkennen. Bei Ostwind kann man selbstverständlich gut vor dem Ballebjerg ankern, man sollte sich jedoch gut von den Telefonkabeln nach Jütland, die mit Baken markiert sind, freihalten. Man hat mehr von dieser imponierenden Landschaft, wenn man in der Nordby-Bucht, genau öst-

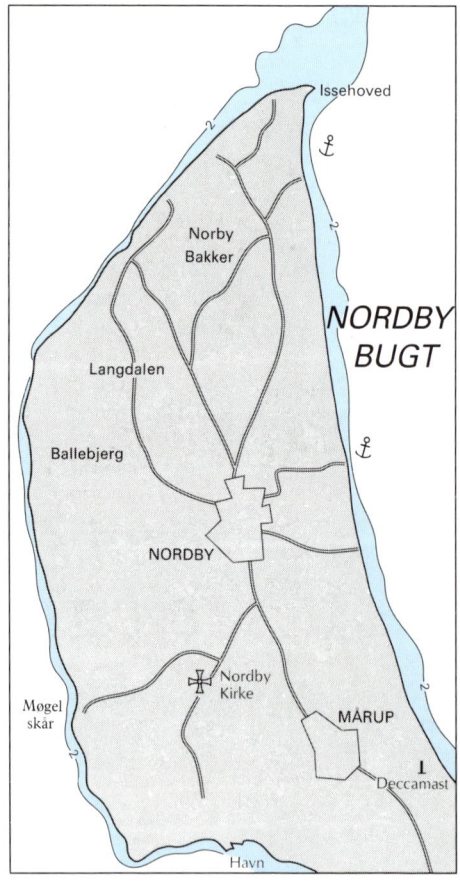

lich des Dorfes Nordby, das ca. 1 km vom Strand entfernt ist, ankert. In Nordby kann man auch Fahrräder ausleihen und einkaufen. Nachdem man oben auf dem Ballebjerg gewesen ist, kann man zum Beispiel noch mit dem Fahrrad die Nordspitze von Samsø erkunden.

Nordby ist ein großes altes Dorf, wo die Fachwerkhäuser dicht beieinander stehen. Die engen Gäßchen sind sehr eindrucksvoll, und zusätzlich hat Nordby etwas ganz Spezielles: eine Glocke, die in einem drolligen kleinen, sehr orientalisch aussehendem Turm aufgehängt ist. Dieser Glockenturm ist ein kleiner Ableger der Kirche von Nordby, die selbst einsam ca. 1,5 km südlich des Dorfes liegt. An der Kirche von Nordby vorbei führt ein Weg Richtung Westen nach Møgelskår. Hier zieht sich eine Schlucht zwischen den Hügeln entlang hinunter zum Wasser.

Falls es Anzeichen dafür gibt, daß das Wetter umschlägt, ist es nicht zu empfehlen, in der Nordby-Bucht zu übernachten. In diesem Fall ist es besser, den Hafen von Langør oder einen besser geschützten Ankerplatz, wie er nachfolgend beschrieben wird, aufzusuchen.

Der Ankergrund in der ganzen Nordby-Bucht besteht aus Sand.

Stavns-Fjord und Kyholm

Der Stavns-Fjord auf Samsø ist eine von Dänemarks hübschesten und am meisten ausgeprägten Fjordlandschaften. Streng genommen ist es eine überflutete Moränenlandschaft, deren Hügelspitzen als elf kleine Inseln aus dem Wasser ragen. Alle Inseln sind unbebaut und unbenutzt, und da das auch früher weitgehend so war, findet man diese Fjordgegend in einem sehr seltenen, ursprünglichen Zustand. Auch die Tatsache, daß die Wellen des Kattegats sich auf der Ostseite des Fjordes am Besser Rev brechen, gibt dem Stavns-Fjord eine besondere Note. Besteigt man die Spitze des kleinen Hügels Grønnehoved dicht nordwestlich des Hafens von Langør, wird diese Kombination aus Meer, Fjord und Inseln vielleicht am besten deutlich. Das Licht und die Farben wechseln je nach Wetter und Jahreszeit und sind auch abhängig vom Zustand des offenen Meeres im Hintergrund.

Die eigentümlichen Naturverhältnisse lassen den Stavns-Fjord zu einem sehr wichtigen Brutplatz für Eidergänse und eine Reihe anderer Wasservögel wie Austernfischer und Strandläufer werden. Hier finden sie eine Menge Futter, friedliche Brutplätze auf den Inseln und ideale Lebensbedingungen.

Schon 1926 bekam dieses Gebiet den Status eines Wildreservates, und 1981 wurden große Flächen um den Fjord herum unter Naturschutz gestellt. 1984 wurde der Stavns-Fjord im Hinblick auf seine Funktion als Rastplatz für Wasservögel zum internationalen Naturschutzgebiet erklärt, und all dies macht natürlich den Besuch des Fjordes ein wenig schwierig.

Seit 1988 darf man im Fjord zwar segeln (im innersten Teil jedoch nicht über 5 kn), aber nicht windsurfen. Die Inseln im Fjord dürfen das ganze Jahr hindurch nicht betreten werden, ausgenommen die kleine Insel Sværm, die nur in der Zeit vom 1. April bis 30. Juni gesperrt ist; das gleiche gilt auch für das Besser Rev und die Insel Lindholm.

Es ist eine sehr spannende Fahrt, wenn man an der roten Backbordtonne vorbei an Langør Havn in die Stromrinne hineinsegelt. Hier ist keine Betonnung, aber man sieht zu beiden Seiten das flache Wasser, so daß man bei langsamer Fahrt keine Probleme bekommt. Vor der Insel Sværm liegt eine kleine Barre mit ca. 1,8 m Wassertiefe. Kann diese nicht passiert werden, ist hier ein schöner Ankerplatz in Lee der Insel, die man nach dem 30. Juni auch betreten darf.

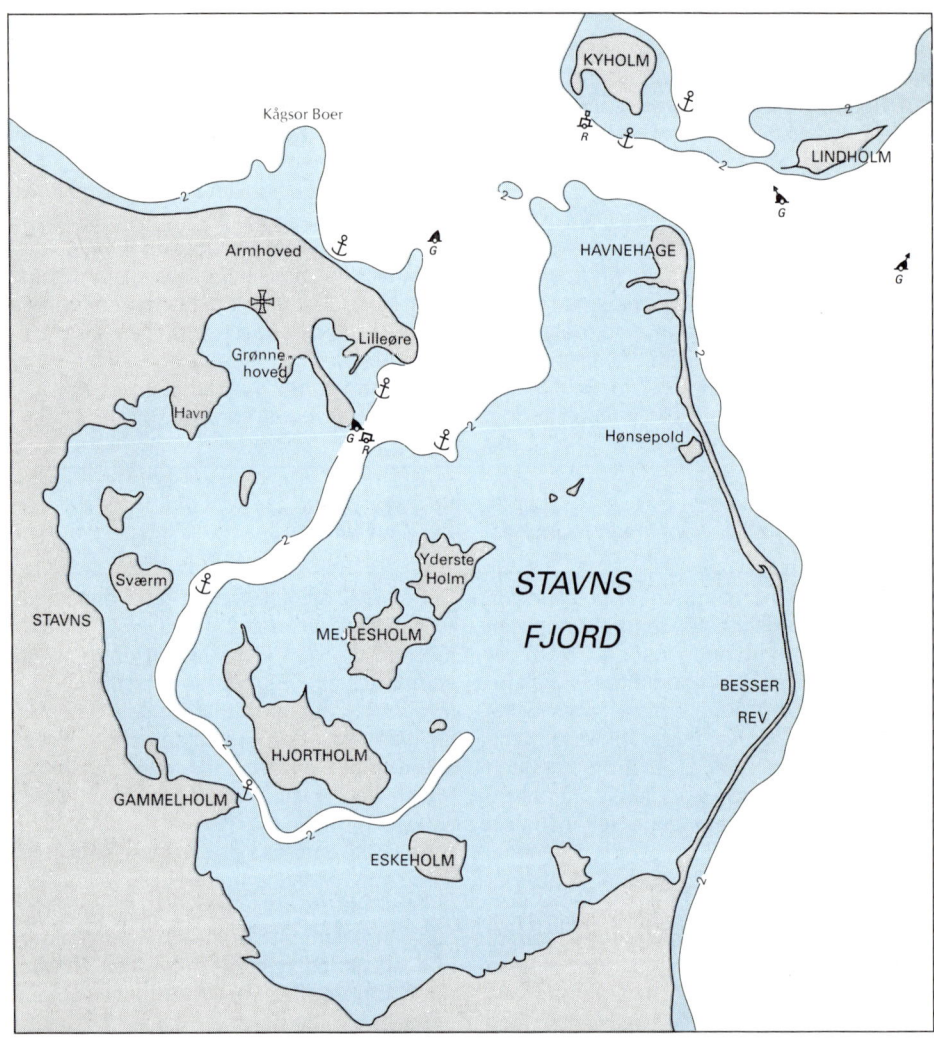

Kommt man weiter in die Bucht hinein, ist es am besten, in den schmalen Sund zwischen Hjortholm und dem 13 Meter hohen Hügel an Land, der Gammelholm heißt, zu fahren. Hier gibt einen sehr idyllischen Ankerplatz, doch kann nur bei sehr ruhigem Wetter empfohlen werden, hier zu übernachten, denn falls es aufbrist und man sich einen anderen Ankerplatz suchen will, findet man bei Dunkelheit nur schlecht wieder hinaus.

Von Gammelholm führt ein kleiner Weg zum Dorf Stavns. Hjortholm darf nicht betreten werden. Doch auch vom Ankerplatz aus hat man die Möglichkeit, die alte Ruine auf dem höchsten Punkt der Insel zu betrachten. Über die Ruine weiß man nicht sehr viel, außer, daß sie irgendwann im Mittelalter entstand. Eine alte Überlieferung spricht davon, daß Marsk Stig sie gebaut habe.

Nach einem Ausflug in den Stavns-Fjord kann man entweder den Hafen von Langør anlaufen oder sich einen guten Ankerplatz zum Übernachten suchen. In der Hochsaison liegen manchmal über 50 Schiffe in der Bucht zwischen dem Hafen und der Halbinsel Lilleøre, wo die 2-Meter-Linie weiter hineingeht, als in der Seekarte zu erkennen ist – und die meisten Yachten können dann ja noch ein gutes Stück weiter innen liegen. Bei ruhigem Wetter kann man auch gegenüber, wo die 2-Meter-Linie eine Einbuchtung nach Osten macht, liegen, hier ist es auch in der Saison nicht so überfüllt.

Ein viel ungestörterer Platz – und ideal bei Winden aus westlichen Richtungen – befindet sich westlich der grünen Tonne, die nördlich von Lilleøre liegt. Hier kann man ganz dicht an Land direkt unter dem 15 Meter hohen Hügel Armhoved liegen. Das Flach Kågsør Boer schützt vor Wellen aus Westen.

Wie auch aus der Seekarte hervorgeht, liegt die kleine, malerische Kapelle von Langør direkt auf der anderen Seite des Hügels, und nicht weit davon entfernt hat die Kommune Århus eine Naturschule eingerichtet, wo man eine Ausstellung über die Vogelwelt im Fjord besichtigen kann. Kyholm liegt mit seinen Untiefen fast genau vor der Einfahrt in den Stavns-Fjord. Die Insel steht unter Naturschutz.

Viele Schiffe liegen jedoch an dem eigentlich besten Ankerplatz ein Stück östlich der roten Tonne. Hier hat man, dank der Untiefe im Südwesten, immer ruhiges Wasser. Eine andere Möglichkeit – wenn Wind und See nicht gerade aus Norden kommen – ist, um Kyholm herumzusegeln und in dem Flachwassergebiet (2 – 3 Meter) zwischen Kyholm und Lindholm zu ankern. Bei richtigen Wind-verhältnissen liegt man hier gut, und das Wasser ist mit seinem reinen Sandgrund klar und sauber.

Während der großen Pest 1709 – 1711 wurde Kyholm als Quarantänestation benutzt, es standen sogar verschiedene Häuser auf der Insel. Ihre größte Zeit hatte die Insel jedoch während des Krieges gegen die Engländer 1807 – 1814, als es eine große Zahl von Kaperschiffen gab, die nur darauf warteten, englische Handelsschiffe zu überfallen. Wegen seiner zentralen Lage war Langør eine ausgesprochene Kaperschiffstation, zu deren Schutz Kyholm befestigt wurde, nachdem sowohl auf Havnehage (der Spitze von Besser Rev) als auch auf Lilleøre Schanzen gebaut worden waren. Es galt als eine ganz feste Regel im Kapergeschäft, die Beute auf öffentlichen Auktionen zu verkaufen. In Langør fanden solche Auktionen statt, und oft wechselten hier beträchtliche Werte ihre Besitzer – zuerst die Ladungen, danach die Schiffe selbst.

Nach dem Krieg wurde es still um Kyholm, bis 1831, als im Zuge der Verordnung über den Øresundzoll die Quarantänestation für fremde Schiffe wieder eröffnet wurde, die unter dem Verdacht standen, ansteckende Krankheiten an Bord zu haben. Es wurde ein kleines Dorf auf der Insel errichtet, und auch ein Friedhof angelegt.

Ein Jahr nachdem 1858 der Øresundzoll aufgehoben wurde, schloß man die Quarantänestation auf Kyholm, seitdem ist die Insel unbewohnt. Die Häuser verfielen, und heute ist von der Station fast keine Spur mehr zu sehen. Lediglich auf dem nördlichen Teil der Insel gibt es noch Reste der alten Befestigungsanlagen.

Vejrø

Karten:
D 19, 20
DK 112

Dieser Name bedeutet: „Die Insel, die weit draußen liegt". Dänemark hat zwei dieser Inseln, diese hier bei Samsø und Vejrø im Smålandsfahrwasser – und die Schweden haben ihr Hallands Väderö. Mit seinen knapp 50 Hektar ist Vejrø eine von Dänemarks größten unbebauten Inseln. Das Gut Brattingsborg wurde von Hirten gegründet, die hier den

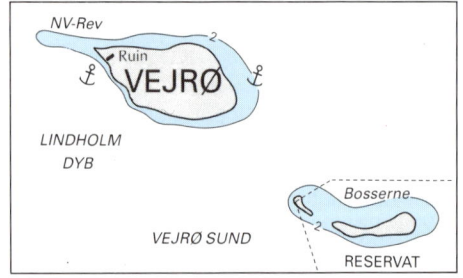

Die Stromrinne im Stavns-Fjord, die vor der Insel Sværm, in der Mitte des Bildes, einen Knick macht (siehe Seite 105).

Sommer über ihr Vieh hüteten. Manchmal kam dann das eine oder andere Schiff vorbei, um sich als Abwechslung zu der kargen Schiffskost ein ordentliches Ochsensteak zu holen.

Die Ruine des kleinen, aus schweren Feldsteinen gebauten Hauses liegt ganz außen auf der westlichen Spitze der Insel, doch die letzten Hirten verließen es zu Beginn dieses Jahrhunderts, als sie die Einsamkeit hier nicht mehr ertragen konnten. Seitdem wurde hier keine Viehzucht mehr betrieben, und durch die Jahre hindurch ist Vejrø zu einem wahren „Kaninchen-Königreich" geworden. Überall findet man ihre Löcher, und das Gras ist so kurzgefressen, daß es eine ideale Golfbahn abgeben würde.

Überall auf der Insel hört man die Brandung, die an den Kiesstrand schlägt. Man findet kleine lauschige Plätzchen zwischen den Büschen oder an einem der Wasserlöcher, von denen es einige auf dem flachen Teil der Insel gibt. Nach Norden und Osten hat die Insel steile Klippen, von denen aus man bei klarem Wetter einen schönen Blick über den Samsø-Belt hat. Im Norden sieht man Hjelm,

im Nordosten schimmern Helgenæs und die Molsberge, und im Osten ist Sejrø als Vorposten Seelands zu erkennen.

Um die ganze Insel herum kann man dicht unter Land ankern, nur an der Nordwestspitze sollte man sich vor einigen großen Steinen in acht nehmen. Auf der Ostseite ist der Grund am reinsten, und hier ist es auch am geschütztesten – außer bei rauhem Wetter, wenn sowohl der Wind als auch die See um die Insel laufen. Die Fähre Kalundborg – Århus fährt direkt südlich der Insel durch das Lindholm Dyb, und sie macht einen unangenehmen hohen Schwell. Der Ankergrund besteht aus Steinen und Kies.

Sejrø

Karten:
D 20
DK 128

Auf der Nordseite von Sejrø, ca. 1,3 Seemeilen östlich des Leuchtturms Gniben Huk, ist ein markanter Vorsprung, der Skagelese Huk nach dem gleichnamigen Berg im Landesinneren heißt. Die Ostseite der Huk verläuft in Nord-Süd-Richtung, dadurch ergibt sich eine kleine Bucht mit hervorragendem Schutz vor Westwind. Im Inneren der Bucht liegt die Anhöhe Stenkistehøj, und von ihrer Westseite aus führt ein kleiner Weg ins Innere der Insel.

Von See her kann Sejrø sehr unnahbar wirken, aber drinnen im Tal öffnet sich eine neue, friedliche Welt. Dieses Tal jedoch das „glückliche Tal" zu nennen, wie es so mancher Märchenerzähler tut, ist vielleicht doch etwas zu viel. Die Bauern von Sejrø waren schon sehr früh Eigenbesitzer ihrer Höfe, und sie galten als sehr streitsüchtig und schwierig. Während der letzten 100 Jahre hatten sie einen permanenten Streit mit den Pfarrern der Insel, von denen auch zwei oder drei deswegen ihr Leben lassen mußten. Der Großvater von Grundtvig eröffnete in der Mitte des 18. Jahrhunderts ein Kirchenbuch, in dem er die Bauern von Sejrø als faule, schweigsame und mehr an Frauen als am Kirchenleben interessierte Menschen darstellte. . . Später änderte sich die Haltung der Bevölkerung, man wurde sehr missionarisch und hatte eine Zeitlang, noch in diesem Jahrhundert, zwei Fähren, die die Insel anliefen: die eine war dem „bekehrten" Volk vorbehalten, die andere war zur freien Benutzung.

Der Ankerplatz hinter Skagelse Huk bietet die Möglichkeit, einen Teil der Insel zu sehen, der vom Hafen nur durch eine Wandertour von acht bis zehn Kilometern zu erreichen wäre. Außerdem ist hier ein guter Platz, um schweres Wetter aus West und besonders aus Südwest abzuwarten. Der Hafen der Insel ist unter diesen Verhältnissen nämlich äußerst schwierig anzulaufen. In der Bucht ist guter steiniger Ankergrund.

Nekselø

Karten:
D 20
DK 128

In der kleinen Bucht auf der Ostseite der Insel ragt ein Damm bis über die 2-Meter-Linie hinaus ins Wasser. Hier legt das Postboot an, es ist jedoch auch immer noch Platz für ein oder zwei andere Schiffe. Hat man ein Beiboot dabei, kann man, anstatt an der Brücke festzumachen, auch sehr gut ankern. Solange der Wind aus westlichen Richtungen kommt, liegt man hier gut geschützt, denn die Insel bietet ausgezeichnete Windabdeckung. Weht der Wind aus Ost, kann man genau gegenüber von hier an der Westküste ankern, an den meisten Stellen sogar ganz dicht am Ufer.

Die Ost- und Westseite von Nekselø sind so verschieden, daß es kaum zu glauben ist, daß es sich um ein und dieselbe Insel handelt. Auf der Ostseite sind Strandwiesen, und der Abhang südlich der Anlegebrücke ist bewaldet. Die Westküste ist hingegen steil und schroff, und der spärliche Bewuchs ist vom Wind zerzaust.

Nekselø liegt in dem abgelegenen Gebiet des nördlichen Großen Beltes, und oft müssen die Klippen dem stürmischen Regen standhalten. Deshalb gedeihen hier seltene Steppenpflanzen, die mit ihren Wurzeln das Land in dem rauhen Wetter halten.

Früher war die Insel zum größten Teil landwirtschaftlich genutzt, aber heute sind die trockenen, dürren Stellen wieder sich selbst überlassen. Auf der Nordseite grasen viele Schafe, und die alten Steinwälle, die früher die Felder begrenzten, sind entlang der Wege von Norden nach Süden noch vorhanden. Ein Teil davon stammt noch aus dem Mittelalter.

Die Insel besteht aus einem langen Hügelkamm, dessen höchste Punkte im Norden der Elmebjerg und im Süden der Gadebjerg sind. Die Aussicht von diesen „Bergen" aus ist großartig, sie steht der Aussicht von den großen Hügelformationen bei Vejrhøj auf Seeland in nichts nach.

Es ist ein schönes Erlebnis, Nekselø zu besuchen und auf der „Hauptstraße" einmal die Insel von Norden nach Süden, vorbei an den alten Steinwällen, die schon ganz mit Brombeeren und wilden Rosen bewachsen sind,

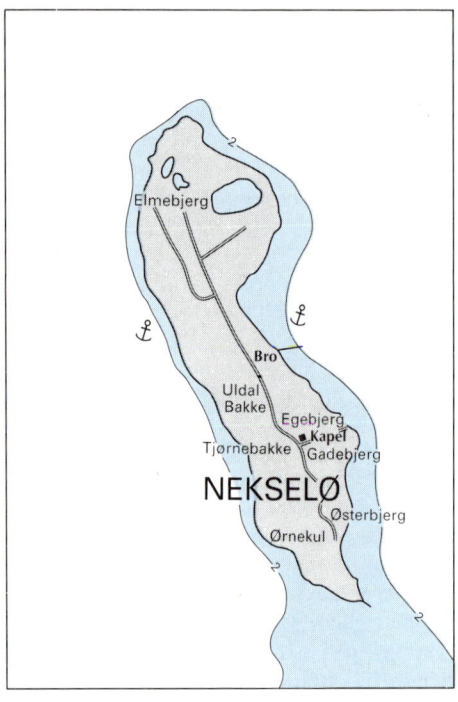

zu durchqueren. Die Landschaft wechselt ständig, von den Hügeln hat man schöne Ausblicke über die einprägsame Insel und das Meer.

Ganz Nekselø steht unter Naturschutz, es ist streng verboten, irgendwelche Pflanzen abzupflücken oder gar auszugraben.

Havnemark Vig

Karten:
D 11, 19, 20
DK 141, 145

Der Kalundborg-Fjord öffnet sich wie ein Trichter nach Nordwesten. Man liegt hier nicht allzu geschützt, selbst wenn das hohe Land von Røsnæs sehr einladend wirkt, und es hier auch bis dicht unter Land tief ist. Besser ist es, bei Asnæs zu ankern und wo der Name Havnemark (Hafen und Felder) schon andeutet, daß hier von alters her ein beliebter Ankerplatz war. Wenn der Wind nicht gerade aus Nordwest weht, ankert man am besten

hinter der kleinen Landspitze, wo einige kleine Häuser stehen. Selbst bei Westwind ist es hier ruhig.

Der Wald Vesterskov zieht sich die ganze Landspitze entlang und gibt hervorragenden Windschutz. Dem Wald vorgelagert ist noch ein kleiner Streifen mit feinem Sandstrand. Im Inneren der Bucht bei Havnemark liegen Fischerjollen, und von hier kann man dem Weg Richtung Süden mitten hinein in den hochstämmigen Buchenwald folgen. Ca. einen halben Kilometer entfernt liegt das hübsch gelegene Gut Asnæsgård mitten im Wald. Die ganze Landspitze vom Gut steht unter Naturschutz. Sie ist sehr weit und offen, und in den Niederungen bedeckt mit kleinen Moorflächen und Teichen. Von drei Seiten mit Wasser umgeben, herrscht hier immer eine eigentümliche Stimmung, fast wie auf einer Insel, und es ist verständlich, daß man diese Idylle nicht mit einer Sommerhaussiedlung oder einem Grillplatz zerstören will.

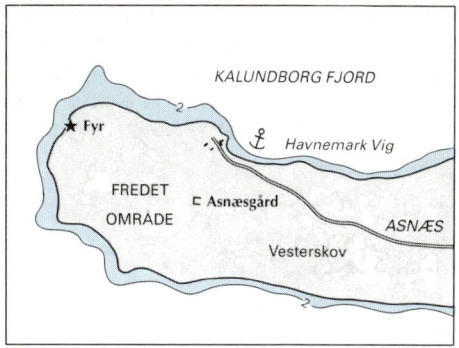

Romsø

Karten:
D 11
DK 141

Schon von weiterem erkennt man Romsø an seinem dunklen Profil, denn die Insel hat sehr viel Waldbestand. Dichter herangekommen, wird sie immer grüner und wandelt sich, wenn man unter der Küste ankert, in eine wunderschöne, freundliche Naturlandschaft – am schönsten an einem zarten Sommertag, denn der Wind, der Strom und die See pflegen meist ganz um die runde Insel herumzulaufen, so daß man immer leicht in der Dünung rollt. Romsø ist kein Ort, wo man gut geschützt ankern, sondern wo man etwas erleben kann.

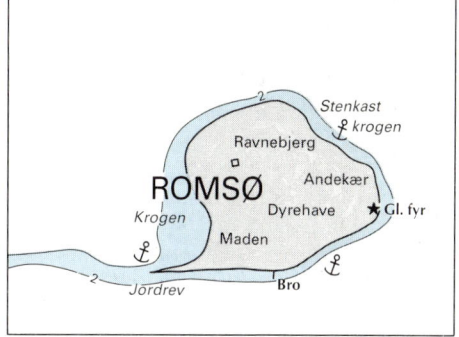

Am besten liegt man an der Ostseite der Insel, direkt vor Stenkastkrogen nördlich des Leuchtturms, oder südlich davon, wo man schön dicht unter Land liegen kann (in der Umgebung des Leuchtturmes ist es sehr steinig). An der Südküste befindet sich eine private Anlegebrücke, die kleinere Boote auch für einen kurzen Aufenthalt benutzen dürfen. Vor Anker liegt man jedoch besser und freier in der Dünung.

Die ganze Insel steht unter Naturschutz, doch vom 1. Mai bis zum 1. September darf man hier an Land gehen, aber nur von Sonnenaufgang bis Sonnenuntergang.

Romsø gehört zu den „Herrengutsinseln" (siehe auch unter Æbelø) und war deshalb nie von seinen Besitzern bewohnt. Der Wald wurde nie abgeholzt und als Brenn- oder Bauholz verwendet, vielmehr wurde die Insel vom Gut Hverringe auf Fünen als Freigehege benutzt. Hier lebte – und lebt – ein großer Bestand an Damhirschen in friedlicher Umgebung, die Jagdsaison vielleicht ausgenommen.

Dyrehaven ist einer der Buchenwälder, wie sie in der dänischen Inselwelt so oft vorkommen. Ursprünglich wurde Forstwirtschaft betrieben – wie sollten die Bauern sonst im Winter genügend Brennholz bekommen –, doch heute werden die Wälder ganz der Natur überlassen. Außer Buchen findet man Eichen, Eschen, Kastanien, Pappeln, Linden und Birken, und einige flache Gebiete sind ganz mit Erlengebüsch bewachsen.

Auf dem flachen Teil der Insel – besonders im Südwesten – ist die Landschaft offener, mit großen Weißdornbüschen auf den feuchten Strandwiesen, wo sich viele Wasservögel tummeln. Rundherum befinden sich noch Reste alter Steinwälle, die die einzelnen Grundstücke markiert haben, und die Höfe dazu stehen teilweise auch noch. Die Insel ist zwar nicht hoch, hat aber zum Großen Belt hin eine Steilküste.

Musholm

Karten:
D 11
DK 141

Diese Insel wird meist nur von kleinen Yachten besucht, die hier jedoch einen ausgezeichneten Naturhafen vorfinden. Die Seekarte bezeichnet die Bucht auf der Ostseite als Musholm Havn, doch den wirklichen Hafen findet man südlich in der Bucht hinter der gebogenen Halbinsel Sønderholm. Die Einfahrt ist, wenn man sie nicht kennt, etwas knifflig, und man tut gut daran, einfach mit genau westlichem Kurs in die große Bucht hineinzufahren, bis man mit genau südlichem Kurs in den kleinen Naturhafen abbiegen kann.

Der Musholm Bootsclub, ansässig in Mullerup, hat hier einen kleinen Steg gebaut, wo eigentlich nur Mitglieder Liegerecht haben, aber sie rücken für Gastboote auch zusammen. Außerdem sind hier noch einige feste

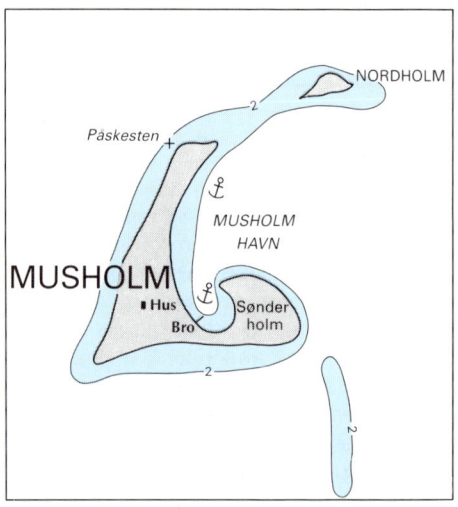

Der hervorragende Naturhafen von Musholm mit dem Anleger des Bootsklubs.

Ankerbojen. Der Grund besteht aus weichem Sand und Schlick, so daß man bei viel Wind viel Leine stecken sollte. Da der Hafen hier sehr beliebt ist, kann es mit Platz zum Schwojen etwas knapp werden, deshalb bietet es sich an, bei stabiler Westwind-Wetterlage draußen in der Havnebucht zu ankern. Schweres Wetter, besonders aus Südwest, kann jedoch Seegang und Schwell verursachen, dann wiederum muß man sich in die kleine Bucht zurückziehen.

Die grasbewachsene Insel gehört zum Gut Mullerup auf Seeland. Das einzige Haus wurde einst von einer Familie gebaut, die für ihren Aufenthalt dort draußen 400 Kronen jährlich (in den 20er Jahren) bekam – dafür, daß sie das Vieh hütete und zusätzlich noch acht Kronen für 1000 Möweneier, die sie einsammelte.

Heute wird das Haus nur noch zeitweise genutzt. Zwischen Musholm und der kleinen Insel Nordholm ist zwischen Pfählen eine Lachsfarm angelegt, die von Fischern aus Reersø betrieben wird. Die Lachse gedeihen hier gut, denn sie haben durch die Strömung immer frisches Wasser.

Bøgevig

Karten:
D 12, 13, 480
DK 142

Der Name Bøgevig (Buchenbucht) erweckt die Vorstellung einer waldumkränzten Bucht, wo sich die Baumwipfel im Wasser widerspiegeln – also eine richtige dänische Fjordlandschaft. Typisch dänisch ist es hier auch, aber auf ganz andere Art und Weise: ausgedehnte flache Strandwiesen, die gerade eben ihre kleinen Hügelchen über Wasser halten können, wenn der Große Belt mehr Wasser als gewöhnlich führt. Nach Wald kann man hier lange suchen, aber auf Egholm gibt es immerhin eine kleine Ansammlung von Bäumen.

Wir sind in der Bucht zwischen Agersø und seinem kleinen nördlichen Nachbarn, und selbst wenn das Land im Westen nicht sehr hoch ist, ist hier ein hervorragender Ankerplatz. In Bøgevig hat der dänische Seglerverband eine Ankerboje ausgelegt, und solange der Wind aus westlichen Richtungen weht, liegt man hier gut.

Am allerbesten ist es bei Nordwestwind, denn da bietet die Insel Egholm etwas Windschutz, was man von den flachen Strandwiesen auf Agersø nicht behaupten kann. Der Ankergrund besteht aus Sand und gibt guten Halt. Das Wasser in Bøgevig ist aufgrund der Strömung im Agersøsund immer sauber und frisch. Ein Spaziergang auf Egholm zeigt die sehr abwechslungsreiche Natur: Im Westen

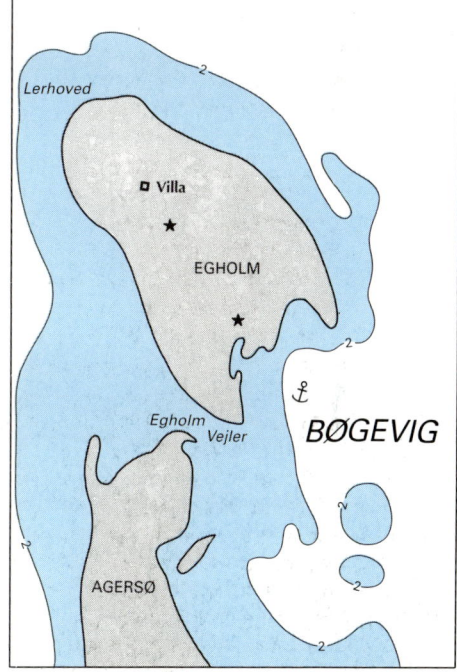

ist die Küste rauh mit sehr spärlicher Vegetation, weiter innen wächst ein kleiner Eichenwald mit knorrigen, gebogenen Stämmen, wie man sie auch aus den Trollwäldern auf Seeland kennt.

Isefjord, Roskildefjord

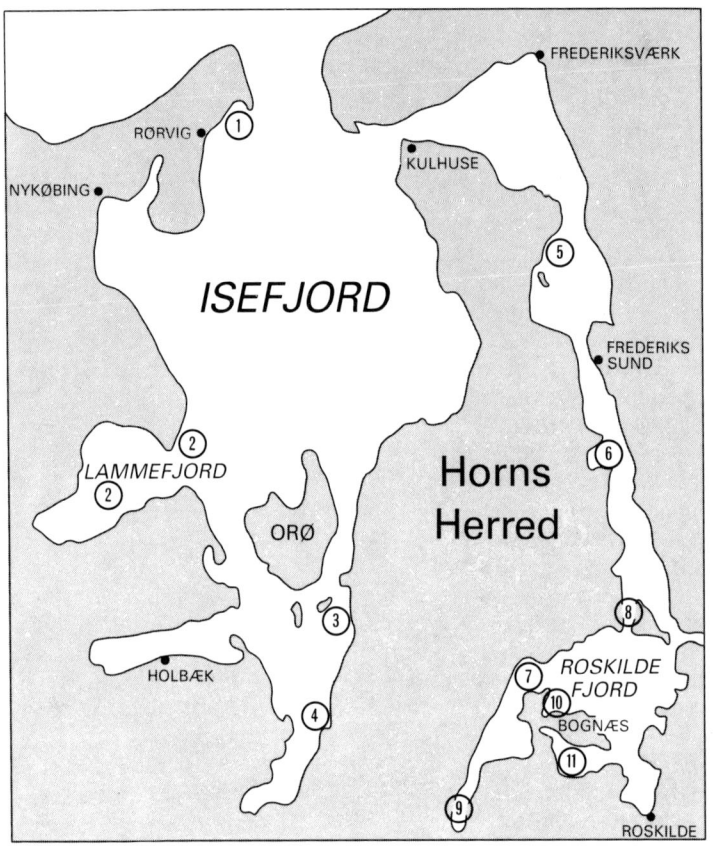

Merkwürdigerweise werden diese beiden Fjorde von Fahrtenseglern nicht viel besucht, obwohl man hier die dänische Fjordlandschaft in nahezu allen Variationen sieht – von den offenen Buchten im nördlichen Teil des Isefjords bis zu den intimen, waldumsäumten Plätzen im Süden.

Im Isefjord kann manchmal eine unangenehme kurze See stehen, doch südlich von Orø ist das Fahrwasser so eng, daß man vor allen Winden gut geschützt ist. Hier wird man nicht vom Seegang belästigt, doch der Ankergrund ist sehr weich und es empfiehlt sich, nur mit schwerem Geschirr zu ankern.

Das gleiche gilt für den Roskilde Fjord, wo man praktisch überall entlang der Küste ankern kann. In diesem Buch sind nur jene Plätze beschrieben, die am meisten Windschutz bieten und die fast alle in der Nähe von Roskilde liegen. Auch Kattinge Vig ist einen Besuch wert, und wenn man gern Restaurants besucht, kann man hier Abend für Abend gut einkehren.

Skansehage

Karten:
D 20, 22
DK 116

Auf der Westseite der Einfahrt in den Isefjord liegt die kleine Landzunge Skansehage. Die Bucht dahinter – ein bißchen nördlich von Rørvig – ist ein hervorragender Ankerplatz, der fast den Charakter eines Naturhafens hat. Bei den Seglern aus dem Fjord ist er sehr beliebt, und an einem schönen Sommerwochenende liegen hier manchmal 60 – 70 Boote, doch die Bucht ist so groß, daß kein Gedränge entsteht.

An Skansehage entlang fällt der Grund so steil ab, daß selbst große Kielboote hier einen Sprung weit zum Strand liegen können. Am besten ist es, einen Heckanker auszubringen und einen zweiten Anker einfach mit an Land zu nehmen und dort im Sand zu befestigen. Im übrigen sollte man sich natürlich immer den Platz nach der Windrichtung aussuchen. Lediglich starker Südwind wird ein wenig Unruhe in die Bucht bringen, obwohl die Untiefe vor Rørvig schon vor dem Schlimmsten schützt.

Die große Landzunge nördlich der Bucht hat von alters her den Namen Isøre, wahrscheinlich hat der Isefjord danach seinen Namen bekommen. Hier war – wie auch zum Beispiel in Albuen im Nakskov Fjord – eine der Stellen, wo die Wikingerschiffe sich versammelten, bevor sie gemeinsam auf Beutezug ausfuhren, und hier wurden auch Könige gewählt. Saxo schreibt, daß Høder mit einer großen Flotte nach Isøre kam, wo er das Dänenvolk traf und von ihm zum König gewählt wurde. Historisch untermauerter ist die Tat-

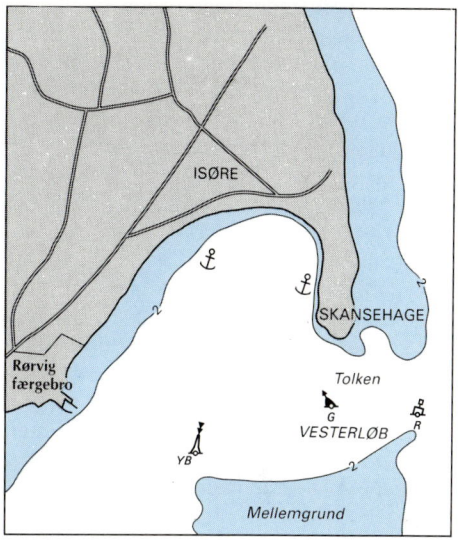

sache, daß Harald Hen auf dem Isøre Thing im Jahre 1076 zum König ernannt wurde und zwar vor seinem Bruder Knud (dem Heiligen), worüber Knud sehr verbittert war. Zum Gedenken an dieses Ereignis wurde vor einiger Zeit ein großer Stein gesetzt.

Abgesehen von Skansehage und dem kleinen, heidebewachsenen Gebiet unten an der Bucht ist fast das ganze alte Isøre dicht mit Sommerhäusern bebaut. Sowohl innen in der Bucht als auch auf der Außenseite zum Isefjord und zum Kattegat hin gibt es schöne Badestrände.

Lammefjord und Kongsøre

Karten:
D 20,22
DK 116

Landschaftlich ist der Lammefjord sicherlich nicht sehr aufregend. Die Küste ist, abgesehen von der Einfahrt, wo der Wald Kongsøre Skov sich bis zur Torpedostation mit ihrem kleinen Turm erstreckt, flach und baumlos.

Entlang des Waldes – also am Eingang des Lammefjordes – gibt es gute Ankermöglichkeiten, wo man dicht unter Land unter den hochstämmigen Buchen guten Windschutz findet. Das Gebiet von der Torpedostation aus bis eine halbe Seemeile südlich von hier ist Sperrgebiet, doch darum herum gibt es noch reichlich Platz.

Draußen bei Kongsøre Næbbe gibt es einen schönen Badestrand, doch friedlicher ist es entlang des großen Waldes und der hübschen Küstenpartie. Bei Ostwind kann man sich auf die andere Seite von Kongsøre Næbbe zurückziehen und dort in der Nähe der Untiefe zwischen Buntgarnpfählen ankern. Wenn der Tiefgang des Schiffes es zuläßt, ankert man am besten innerhalb der 2-m-Linie, wo der Grund nur langsam ansteigt.

Im Inneren des Lammefjordes kann man dicht bei dem großen Damm ankern, der ausgezeichneten Schutz bietet. Bei der Schleuse ist ein kleiner Bootshafen mit 1,0 m Wassertiefe eingerichtet, und landet man hier mit dem Beiboot an, kann man einen schönen Spaziergang zum Gundestrup Færgekro machen. Vom Damm aus hat man eine hervorragende Aussicht über den großen, trockengelegten Teil des Lammefjordes.

An der schmalsten Stelle der Landzunge liegt Dragsholm, das frühere Adelersborg. Das Gut gehörte dem Lehnsherren Zyphthen-Adeler, als der Staat 1842 begann, den kleinen Sidinge Fjord trockenzulegen, der sich vom Lammefjord aus bis zu dem Dorf Vig erstreckte. Zyphthen-Adeler setzte sich an die Spitze einer Gemeinschaft, die 1874 damit

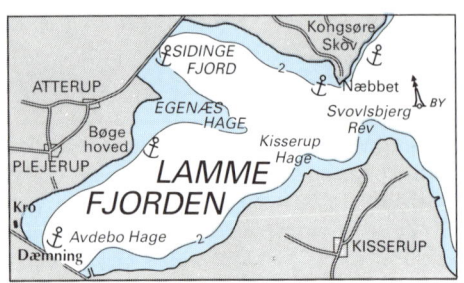

begann, den 2300 m langen Damm zwischen Gundestrup und Tuse Næs zu bauen. Der Damm schloß ein Fjordareal von ca. 56 Quadratkilometer ein, und um dieses Areal herum wurde ein 40 km langer Kanal gegraben. Von hier wurde das Wasser in den äußeren Teil des Fjordes gepumpt und somit alles trockengelegt. 1940 senkte man den Wasserstand nochmals um 7 Meter, so daß auch der Lammefjordsee in der Mitte des trockengelegten Gebietes verschwand.

Der befahrbare Teil des Lammefjordes ist nicht betonnt, aber man kann sich nach den Buntgarnpfählen richten, die überall stehen. Besonders aufpassen sollte man jedoch in den steinigen Gebieten um Avdebo Hage und Egenæs Hage.

Genauso gut kann man vor dem Damm im Sidinge Fjord ankern, wo auch ein privater Anleger ist. Dicht unter Bøgehoved findet man bei Starkwind aus westlichen Richtungen ausgezeichneten Windschutz.

Im Vordergrund Rørvig mit dem Fähranleger, dahinter in der Bildmitte Skansehage. Auf der anderen Seite der Einfahrt zum Isefjord liegt Hundested (siehe Seite 115).

Ankerlieger in der Bucht Bramsnæs Vig. Der hübscheste Platz liegt jedoch etwas weiter draußen hinter dem kleinen Hafen Ejby Havn.

Bramsnæsvig und Munkholm

Karten:
D 20, 22
DK 116

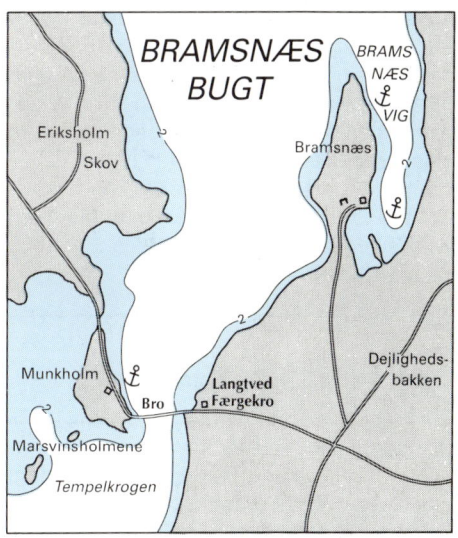

Eine Fjordlandschaft von unbeschreiblicher Schönheit wurde 1952 brutal zerstört, als die Munkholmbrücke gebaut wurde. Es wurden tiefe Schneisen in den Wald auf beiden Seiten des Fjordes geschlagen, desgleichen auf der kleinen, einsamen Insel Munkholm – und das alles nur, um den Weg zwischen Holbæk und Roskilde ganze 4 km kürzer zu machen. Die Landschaftsschützer kamen leider zu spät, um dieses unnütze Werk zu verhindern. Doch für den Segelsport bleibt immer noch die kleine, wunderschöne und bis auf ein paar Sommerhäuser ganz unberührte Bucht Bramsnæsvig. Hier liegen oft eine Menge Boote vor Anker, und man kann von Glück sagen, daß die Landschaftsschützer wenigstens den Bau eines „richtigen" Hafens verhindern konnten.

Für einen Gast kann es manchmal schwierig sein, in der Bucht überhaupt einen Platz zu finden, und die meisten ziehen es vor – oder sie sind dazu gezwungen –, draußen an der äußersten Spitze von Bramsnæs, ein bißchen nördlich des großen Steines, der in der Seekarte mit einem Kreuz markiert ist, zu ankern. Die Aussicht von hier über die grasbewachsenen Ufer ist wunderschön.

Bramsnæs mit dem einsamen Bauernhof in der Nähe der Landenge bildet eine charmante Mischung aus Landwirtschaft und Waldflächen. Es ist auch bekannt für die vielen Nachtigallen, die den ganzen Fjord mit ihrem Gesang versorgen. Von der Landenge aus kann man einem Pfad folgen, der entlang der Bramsnæs Bucht nach ca. 1,5 km zum Langtved Færgekro führt.

Bis zum Bau der Brücke war Tempelkrogen ein beliebter Ankerplatz. Heute muß man vor der Brücke bei der kleinen Insel Munkholm haltmachen, die der Brücke ihren Namen gegeben hat. Der Name bedeutet im übrigen, daß die Insel früher zu einem Kloster gehörte.

Wenn man über die Brücke geht, hat man einen hübschen Blick über Tempelkrogen mit den Marsvinsholmene (Tümmlerinsel). Hier wurden die kleinen Wale getötet und zerlegt, die die Fischer in den Fjord trieben – auf die gleiche Weise, wie im Gamborg Fjord bei Middelfart. Die Tümmlerjagd hatte bis in die 80er Jahre des letzten Jahrhunderts große ökonomische Bedeutung.

Dicht an der Brücke liegt der Langtved Færgekro, der bis 1952 seinem Namen als Fährlokal für die dortige Fährverbindung noch alle Ehre machte. Von hier kann man seinen Spaziergang nach Süden an Tempelkrogen entlang machen, wo man auch eine hübsche Küstenpartie geboten bekommt.

Geht man von Munkholm hinüber zum Festland, liegt hier der hübsche Herrensitz Eriksholm auf der linken Seite. Nicht weit von hier (bei dem Parkplatz mit Kiosk) kann man in den Eriksholm Skov (Wald) abbiegen, der sich an vielen Stellen zum Fjord hin öffnet.

Vellerup Vig

Karten:
D 20, 22
DK 116

Südlich von Orø – direkt gegenüber vom Holbæk Fjord – schmiegt sich die kleine Bucht Vellerup Vig in die Halbinsel Hornsherred. Bei reinem Westwind können hier Wellen hineinstehen, doch bei allen anderen Windrichtungen liegt man so gut geschützt wie in einem richtigen Hafen.

Am allerbesten liegt man bei Winden aus Ost bis Süd, dann kann man sich bis dicht unter die bewaldete Küste des Engholm Skov verholen.

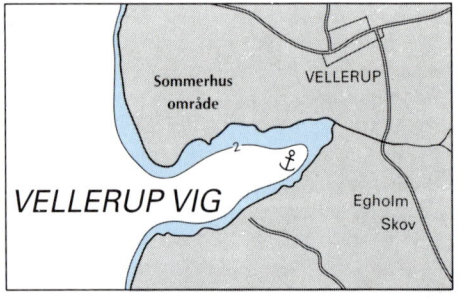

Dyrnæs Hage

Karten
D 20, 22, 23
DK 117

Der nördliche Teil des Roskildefjordes zwischen Kulhuse und Frederikssund besteht aus zwei Haffs, Frederiksværk und Dråby. Zwischen ihnen dehnt sich Dyrnæs Hage auf der Hornsherred-Seite aus und endet mit einer zusammengefallenen Steinmole, die einst zu einer Ziegelei gehörte.

Die Mole war ein beliebtes Ausflugsziel bei Fahrtenseglern, doch mittlerweile ist es um sie herum so versandet, daß man besser etwas südlich von ihr vor Anker geht. In der Seekarte macht es sicher nicht den Eindruck, daß man hier gut liegt, denn das flache Wasser erlaubt nicht, dicht unter Land zu fahren. Doch der Wald schützt gut vor Westwinden. Bei reinem Westwind kann man auch dicht unter der Insel Øksneholm ankern, wenn man sich vor dem in der Seekarte mit 0,9 Meter angegebenen Stein in acht nimmt.

Der Wald bei Nordskov besteht eigentlich aus zwei Wäldern, dem Fællesskov bei Kulhuse und dem Studehaven bei Dråby. Hier findet sich eines von Dänemarks abwechslungsreichsten Waldgebieten, nicht so gepflegt und geordnet wie viele andere. Offene und enge Moorstrecken wechseln ab mit altem Baumbestand, größtenteils Eichen. Sie wurden gepflanzt, um Baumaterial für neue Schiffe zu haben, nachdem die Engländer 1807 die dänische Flotte entführt hatten. Hier stehen auch noch ein paar tausendjährige Eichen, zum Beispiel die berühmte Königseiche. Heute ist sie nur noch eine Baumruine, aber sehr imponierend. Sie steht in der Nähe der Strandwiesen von Brovig, an dem Weg, der vom Skovfogedhus (Försterhaus) nach Dyrnæs Hage führt.

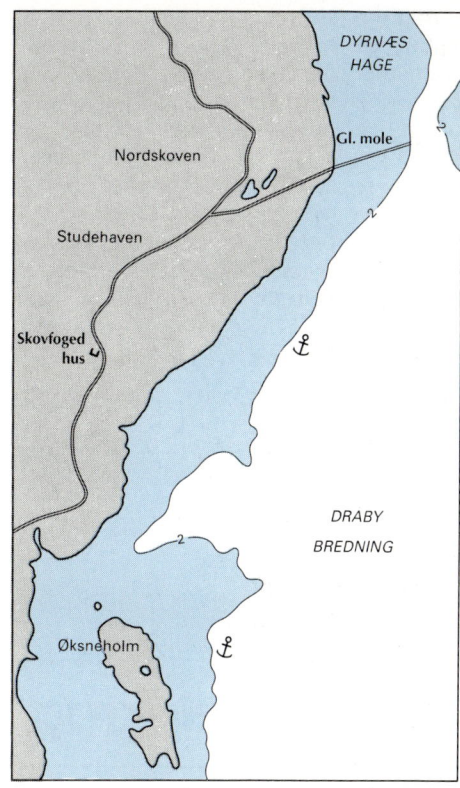

Skuldelev

Karten:
D 20, 23
DK 118

Ein paar Seemeilen südlich von Frederikssund kommt man an das schmale Fahrwasser Højrende und die Untiefe Vævergrund. Hier befinden sich zwei Reihen Hochspannungsmasten (Durchfahrtshöhe 22 m), einer der Masten steht auf der kleinen Insel Hyldeholm. Westlich von Hyldeholm liegt der kleine Hafen Skuldelev Havn, der jedoch lediglich am äußeren Ende seiner Mole 2 Meter Wassertiefe hat, und der Platz ist hier knapp.

Da dieser Ort sehr beliebt ist, pflegen sich die meisten Segler vor Anker zu legen. Hier empfiehlt es sich auch zu übernachten,

wenn die Dunkelheit hereinbricht, denn man sollte nachts nicht ohne Ortskenntnis durch das enge Fahrwasser südlich von hier fahren.

Vom Hafen aus verläuft ein steiler Höhenzug Richtung Süden ins Landesinnere. Er heißt Skuldelev Ås und bietet hervorragenden Windschutz. Weht es nicht zu hart aus West, reicht der Windschutz sogar bis Hyldeholm. Im übrigen ist der Fjord hier so schmal, daß auch bei Sturm kein Seegang aufkommen kann, und sollte der Wind auf Nord drehen, kann man sich gut hinter Hyldeholm zurückziehen.

Trotz des neuen Sportboothafens herrscht in Skuldelev immer noch eine charmante Fischerdorfstimmung, und die Aussicht von dem Höhenzug aus über den Fjord ist sehr schön. Im Norden sieht man Kølholm, und dahinter befindet sich ein altes Fahrwasser, in dem man das Wrack gefunden hat, das nun in der Wikingerschiffshalle in Roskilde steht. Das Schiff wurde seinerzeit mit Steinen vollgeladen und versenkt, um den Fjord gegen Feinde zu schützen.

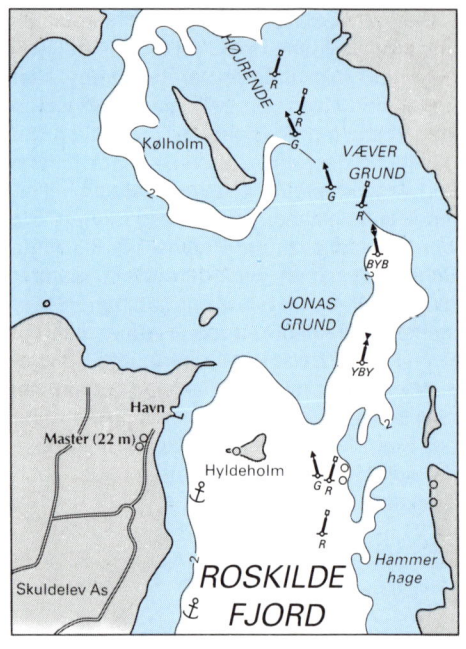

Selsø Møllekrog

Karten:
D 20, 23
DK 118

Wenn man auf der westlichen Seite der großen Breite des Roskildefjordes entlangfährt, öffnet sich nach Norden hin eine hübsche Landschaft. Auf der linken Seite erkennt man das markante Profil von Klinten mit seinen grünen Ufern und vereinzelten Bäumen, und plötzlich taucht der alte Herrensitz Selsø hinter einem Wäldchen auf.

Bei der Einfahrt nach Bredvig muß man unbedingt darauf achten, nicht eher Nordkurs zu steuern, bis man Gershoj Rev passiert hat. In der Seekarte ist zwar auch eine Durchfahrt ein Stück westlich der Gershøj Kirche zu erkennen, doch hier gibt es keine Betonnung, und die Wassertiefe beträgt nicht mehr als 1,5 m. Es ist also erforderlich, das betonnte, tiefe Fahrwasser etwas weiter südlich zu nehmen. Die Buntgarnpfähle stehen bis dicht an das Fahrwasser, doch wenn man sich in Peilung der roten Tonnen hält, kann nichts passieren.

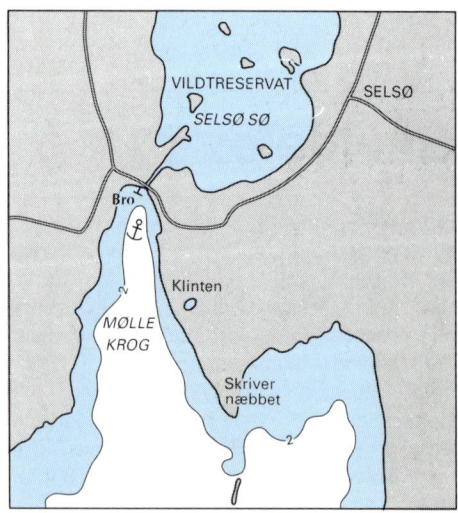

Nördlich von Bredvig befindet sich die Bucht Møllekrog. Hier haben die Segler von

Skibby ihre Boote an Bojen liegen, und es gibt einen kleinen Anleger, an dem Kielboote liegen können, doch man liegt hier besser vor Anker. Besonders auf der Ostseite der Bucht kann man bis dicht unter das hohe Ufer fahren.

In der Verlängerung von Møllekrog befindet sich der große, flache See Selsø Sø, der Wildreservat ist. Eine schöne Tour ist es, wenn man am See entlang hinauf zum Herrensitz geht, der einsam und allein in der Landschaft liegt. Nicht weit von hier ist auch eine Kirche, die wahrscheinlich einst im Zusammenhang mit einer Burg gebaut wurde. Das heutige Selsø wurde um 1570 gebaut, größtenteils aus Backsteinen des alten St.-Clara-Klosters in Roskilde.

Der neue Herrensitz ist einer der frühesten Renaissancebauten in dieser Gegend, und das Haus ist ausgestattet mit geschwungenen Giebeln und einem Treppenturm, auf dessen Spitze goldene Flügel sind. Der frühere Prunk ist jedoch verschwunden. Das Geschlecht derer von Plessen wohnte hier bis 1829, dann zog die Familie auf die Insel Lindholm westlich von Roskilde. Da das Herrenhaus auf Lindholm jedoch voll eingerichtet war, blieben fast alle Möbel und Bilder auf Selsø. Die Möbel verschwanden zwar nach und nach, aber da kein normales Zimmer die riesigen Gemälde fassen kann, hängen diese noch heute hier.

Selsø hat zusätzlich den Ruf eines Spukschlosses. Am aktivsten ist eine weiße Dame, die das Gespenst einer Frau Elisabeth sein soll, die ihren Ehemann ermordet und dann aus dem Fenster geworfen hat. Zwar gibt es keinen Beweis für diesen Mord, aber der Spuk scheint so gewaltig, daß ein früherer Inspektor des Wirtschaftshofes seine Schlafzimmerfenster zumauern ließ, weil sie in Richtung des Hauptgebäudes lagen.

Østskov und Eskilsø

Karten:
D 20, 23
D 118

In der Enge zwischen Østskov und Eskilsø – kurz bevor der Roskildefjord wieder breiter wird – sollte man sich sorgfältig an die Betonnung halten. Es gibt ein paar gute Ankerplätze in Lee des Waldes Østskov, und es kann hier so windstill sein, daß das Wasser spiegelglatt ist. An der nördlichen Seite des Østskov bei Langøre liegt am Waldrand eine kleine Fischersiedlung, und davor ist ein sehr guter Ankerplatz. Er liegt nördlich der Untiefe mit 0,9 m Wassertiefe (dort pflegen Buntgarnpfähle zu stehen) und recht dicht an der un-

Vellerup Vig, eine Bucht im Holbæk Fjord. Bei Nordwind ankert man vor der Sommerhauskolonie, doch der beste Platz ist weiter innen vor dem Wald Egholm Skov (siehe Seite 118).

gewöhnlich häßlichen Fabrik, die auf einer Mole draußen im Wasser liegt.

Die ausgiebig landwirtschaftlich genutzte Insel Eskilsø hat eine Seilfährenverbindung an der engsten Stelle der Durchfahrt zwischen Insel und Festland. Es ist verboten, an der Fährmole anzulegen (ca. 1,5 Meter Wassertiefe), doch etwas nördlich des Fähranlegers gibt es einen guten Ankerplatz im vollkommenen Schutz des Waldes.

Der Ankergrund ist hier jedoch sehr weich. Von Norden kommend folgt man dem betonnten Fahrwasser und fährt dann gleich nach der ersten grünen Tonne auf den Wald zu. Je nach Tiefgang sucht man sich nun einen Ankerplatz, und der entweder nord- oder südgehende Strom wird immer dafür sorgen, daß das Boot parallel zum Ufer liegt.

Kleinere Boote können auch südlich der Mole ankern, wo sich eine kleine Bucht befindet, doch es ist hier nicht viel Platz. Außerdem liegt man sehr dicht am Fahrwasser, das während des Wochenendes stark befahren ist.

Auf Eskilsø befand sich bis 1175 ein Mönchskloster des Augustinerordens. Einige Ruinenreste des alten Klosters findet man heute noch etwas zugewachsen in der Mitte des Nordteils der Insel.

Lejre Vig

Karten:
D 20, 23
DK 118

Lejre Vig ist der Fjord, der am weitesten ins Landesinnere von Seeland reicht.

Hier hat man allerdings nicht mehr das Gefühl, sich in einem Fjord zu befinden, denn Lejre Vig gleicht mehr einem mittelgroßen See mit grünen Ufern anstatt Sandstränden. Man meint, sich schon in Mittelseeland zu befinden, und der Wind ist immer lau und gewürzt mit ländlichen Düften: Im Frühjahr der süßliche Duft der blühenden Rapsfelder, dann der würzige Duft der Kornernte und

schließlich der scharfe Geruch, wenn die Bauern die Gülle auf ihre Felder bringen.

Die Bucht hat ihren Namen nach dem Lejre Bach (Lejre Å), der an ihrer Ostseite mit einem kleinen Delta mündet. Sowohl nördlich als auch südlich des Deltas besteht das Ufer aus niedrigen Böschungen, die guten Schutz gewähren. Das gleiche gilt für das gegenüberliegende Ufer. Im Norden stehen ein paar Sommerhäuser, doch vor der Lyndby Kirche liegen offene, grasbewachsene Hügel die auch bei starkem Westwind gute Abdeckung geben.

Die ganze Bucht ist ein idealer Platz, um einen ruhigen Sommerabend zu verleben, wenn die Sonne gerade untergeht und die Wärme des Tages noch über der Landschaft liegt.

Lyndby ist ein ziemlich großes Dorf, dessen winklige Gassen bis hinunter zum Fjord reichen. 1987 wurde hier ein kleiner Sportboothafen angelegt, so daß man hier ohne Gebrauch eines Beibootes an Land gehen kann.

Querab der Inseln Skovholmene liegt das Borrevejle Sportzentrum (Idrætscenter). Zwischen den Inseln und dem Sportzentrum ist ein ausgezeichneter Ankerplatz. Bei Ostwind ist es auch empfehlenswert, nördlich des Sportzentrums unter der Böschung zu liegen, denn hier ist es bis dicht unter Land tief.

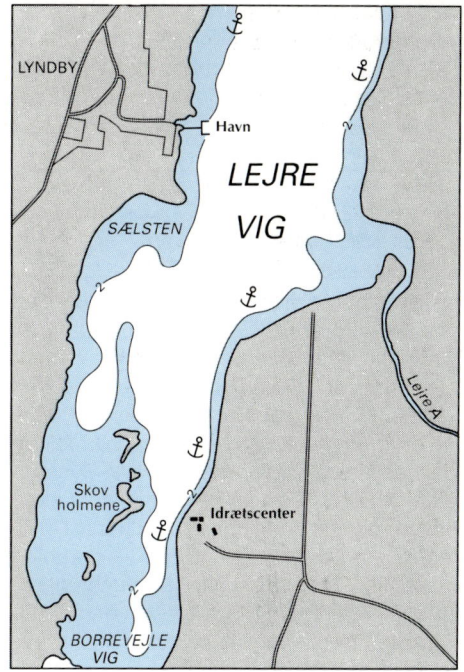

Bognæs

Karten:
D 20,23
DK 118

Die friedliche Halbinsel Bognæs umschließt Kattinge Vig und hat noch einen Ausläufer nach Norden. Er endet mit dem schmalen Færgebrorev, in dessen Verlängerung noch das Gershøj Rev (siehe auch unter Selsø Møllekrog) liegt.

Auf beiden Seiten der Halbinsel gibt es ausgezeichnete Ankerplätze. Im Osten in der Bucht Ølvig, wo der Wald guten Schutz bietet, und im Westen bei Uglekrog. Hier schützen hohe Buchen vor starkem Ostwind. Man kann dicht unter Land ankern und genau wie in Ølvig ist es sehr friedlich. Im Wald gibt es reges Tierleben, zum Beispiel Edelwild, das man oft auf den Wiesen zwischen Wald und Wasser sehen kann.

Im südlichen Teil von Uglekrog ist es um die winzige Insel Uglen herum sehr flach. Eine rote Tonne bezeichnet den äußersten

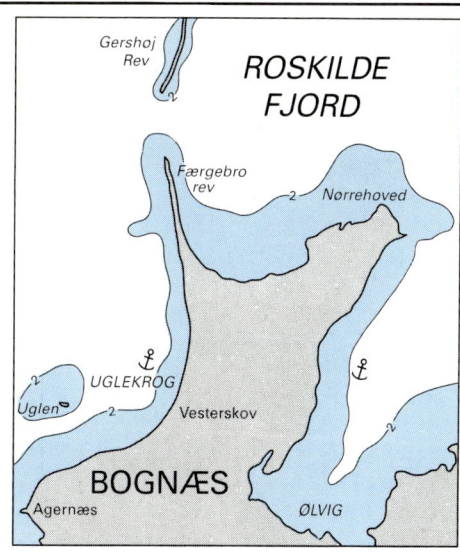

Punkt des Flachs, doch zwischen der Untiefe und dem Land ist es nicht betonnt.

Am Anfang des Færgebrorev gibt es auch eine Untiefe, die alle aufhalten wird, die direkt vom Gershøj Rev aus an der Küste nach Uglekrog segeln wollen. Ein paar hundert Meter sollte man sich schon von der Küste freihalten.

Kattinge Vig

Karten:
D 20, 23
DK 118

Viele von den in diesem Buch beschriebenen Plätzen sind enge Fjordarme, die fast den Eindruck eines Binnensees machen, doch hier haben wir einen richtigen Waldsee, den selbst größere Yachten befahren können. Kattinge Vig wird von der waldbedeckten Halbinsel Bognæs und dem Wald Boserup Skov umschlossen. Im Westen gibt es auch offene Felder. Was in hohem Maße zum Charme dieser Bucht beiträgt, ist die unruhige Küstenlinie mit ihren kleinen Einbuchtungen, so daß man stets – von wo auch immer der Wind kommen mag – einen guten Ankerplatz finden kann.

Die Einfahrt erfolgt durch das schmale Fahrwasser Dejsund im Osten. Es ist betonnt, und im übrigen stehen rechts und links Buntgarnfelder, an deren Ende es immer tief ist. Der Grund in der ganzen Bucht ist weich, doch das ist weiter kein Problem, denn das Wasser ist hier immer ruhig.

Vier der beliebtesten Plätze: Kragevig mit dem bekannten Skovfogedhus (Försterhaus). Im Westen dieser Bucht liegt man unter majestätischen Eichen ideal.

Die große Bucht südlich von Ringøen, die nach dem gelben Kliff direkt in der Mitte Lerskrænten (Lehmböschung) heißt. Das

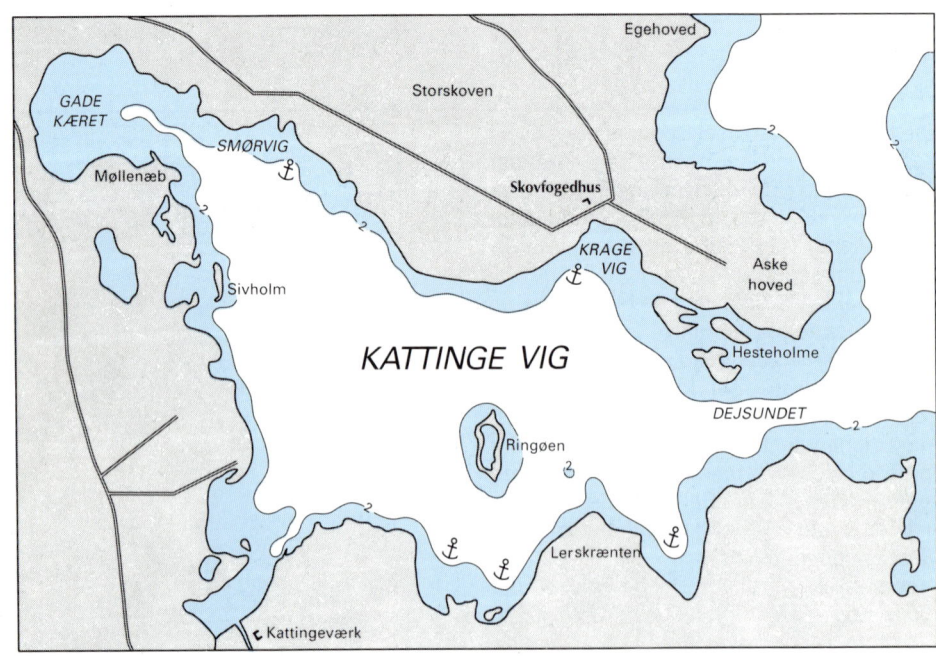

Land rundum ist hoch und von einem Buchenwald gekrönt, der perfekten Schutz vor südlichen Winden gewährt. Entsprechend gute Verhältnisse bestehen auch in der kleinen namenlosen Bucht etwas weiter östlich. Doch ein Gewehrschießstand quer über dem Ende der Bucht kann den Aufenthalt an manchen Tagen etwas geräuschvoll gestalten.

Bei Ostwind sollte man Smørvig anlaufen. Die Bucht Gadekær sollte man, selbst wenn die Seekarte in der Mitte eine tiefe Stelle verzeichnet, nicht anlaufen, denn das endet doch immer mit einer Grundberührung.

Boserup ist der Wald der Roskilder, und die meisten pflegen einen Spaziergang nach Lerskrænten zu machen, von wo der Blick über Kattinge Vig herrlich ist.

In der Mitte von Kattinge Vig liegt die Insel Ringøen, die sich am besten von Lerskrænten überschauen läßt. Es ist eine ringförmige Insel mit einem kleinen See in der Mitte – wie eine Koralleninsel.

Ringøen ist, wie alle anderen unbebauten Inseln im Roskildefjord, Brutreservat für Küstenvögel, und das Betreten ist vom 1. April bis 15. Juli verboten.

In Kattinge Vig bei Roskilde kann es an einem schönen Sommertag schon mal Gedränge geben, wie hier auf der Nordseite in der kleinen Bucht Kragevig, wo der Wald auf Bognæs Schutz bietet.

Kattegat
mit Randers- und Mariager-Fjord

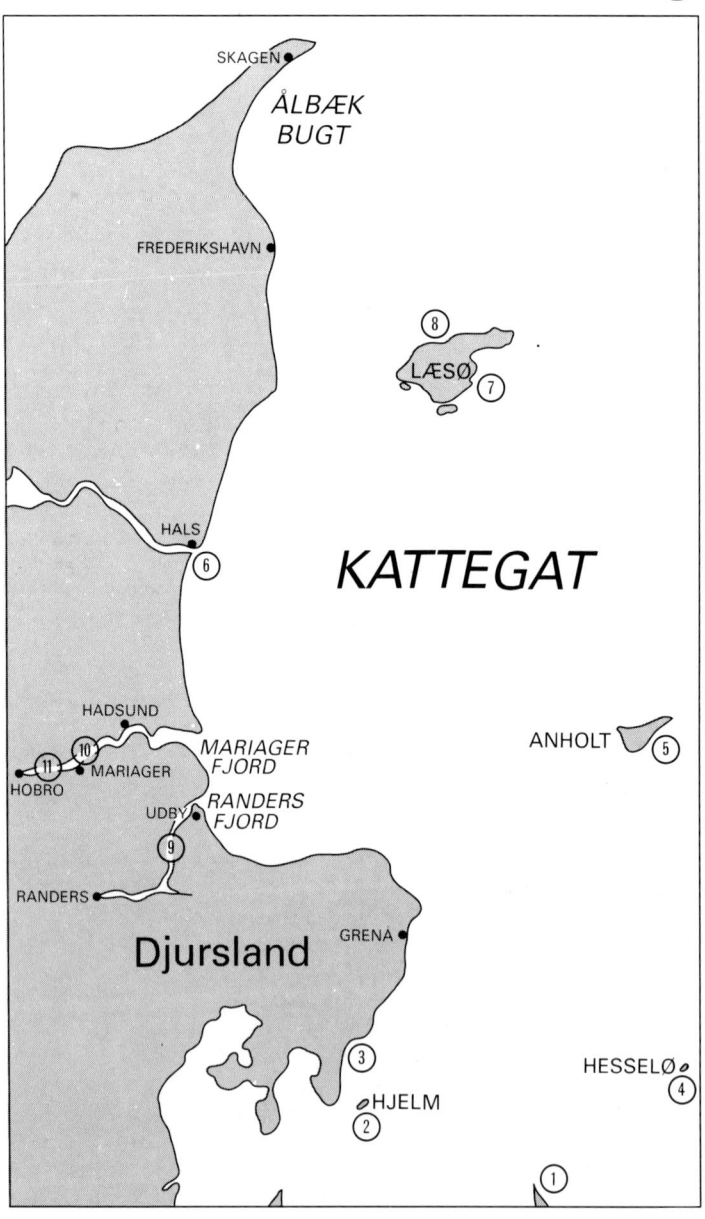

Im dänischen Teil des Kattegats gibt es nur einen einzigen gut geschützten Ankerplatz, und zwar Vejdyb in der Einfahrt des Limfjordes, und hier drinnen ist man dann eigentlich schon nicht mehr im Kattegat. Man könnte noch Hirsholm nennen, ein mit einer Mole befestigter Naturhafen. Die übrigen Ankerplätze im Kattegat sind alle nach einer Seite hin offen, bei stetig ablandigem Wind sind sie dennoch gut zu nutzen.

Vor allem Hjelm und Hesselø sind als Inseln sehr interessant, und Jernhatten im Djursland ist ein hervorragender Ort, um bei hartem Wetter Schutz zu suchen.

Im Randers-Fjord segelt man an flachen Wiesen und hübschen Hügeln im Hintergrund vorüber. Das Fahrwasser ist sehr schmal, doch ca. 2 sm nach Udbyhøj verbreitet es sich etwas, und man kann nordwestlich von Udby ankern. Der beste Platz des Fjordes ist jedoch bei Raden, wo die Schiffahrt durch einen Kanal geführt wird und der Fjord frei von Verkehr ist.

Der Mariager-Fjord beginnt ebenfalls mit einer schmalen Rinne, die sich durch große Buchten hindurchschlängelt, sie hat weit ausgedehnte Flachwassergebiete auf beiden Seiten.

Sjællands Rev

Karten:
D 20, 24
DK 128

Die äußerste Spitze von Sjællands Rev heißt Rønnen. Selbst wenn es aus der Seekarte nicht eindeutig hervorgeht, liegt dort ein Steinriff über Wasser. Es verläuft fast genau in Nord-Süd-Richtung und ist ein bißchen geschwungen. Dadurch bildet sich auf der Ostseite eine kleine Bucht mit stillem Wasser – wenn der Wind aus Westen kommt.

Die wenigsten würden auf die Idee kommen, hier zu ankern, doch an einem nicht zu stürmischen Tag ist es ein spannender und eindrucksvoller Platz.

Rønnen ist ein 3 – 5 m breiter Steinwall, und der Grund fällt an beiden Seiten, besonders im Westen, steil ab. Nur 100 m weiter draußen ist es schon 10 – 15 m tief. Man muß also ziemlich dicht an den Steinen ankern. Die Reste eines gesunkenen Betonleichters liegen hier noch, doch sie sind schon von weitem zu sehen.

Auf der Nordspitze von Rønnen steht die Redningsbake, ein kleiner Turm mit schwerem Betonfundament. Als man noch nicht so viele Navigationshilfsmittel hatte, strandeten

128

auf dem Riff öfters Schiffe, und die Besatzung konnte Zuflucht auf der Bake suchen. Sie wird auch heute noch unterhalten, und seit 1970 sind sogar ein Teppich, ein Kocher, eine Notration und ein Dannebro vorhanden, um damit zu signalisieren, daß hier jemand unfreiwillig „zu Hause" ist.

Wichtig zu wissen ist, daß 50 – 60 m in nord- bis nordöstlicher Richtung an dem kleinen Leuchtturm an der Spitze des Riffs ein großer Stein ca. 1 m unter der Wasseroberfläche liegt. Er ist in der Seekarte nicht verzeichnet und wird öfters angefahren, besonders bei der Regatta „Sjælland Rundt".

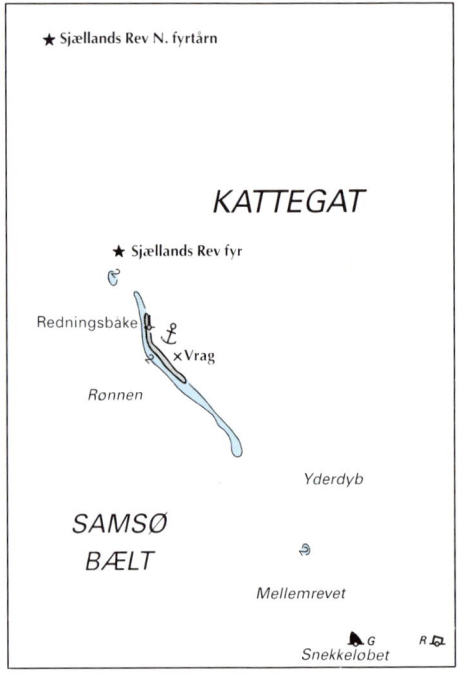

Hjelm

Karten:
D 19, 20, 24
DK 112, 128

Von weitem sieht diese Insel wirklich aus wie ein Helm. Sowohl von Samsø als auch von Sjællands Rev aus kann man diesen Helm sehen, und erst beim Näherkommen entdeckt man die flachen Strandwiesen, die um den 45 m hohen Teil der Insel liegen. Im Nordwesten ist eine Bucht mit feinem Sand.

Diese Bucht ist nach Westen hin offen, und da hier der einzig wirklich gute Ankerplatz der Insel ist, sollte man nur bei einer stabilen Ostwindwetterlage hinfahren. Man kann zwar auch an der Ostseite der Insel ankern, doch ist es hier sehr steinig, so daß es schwierig ist, an Land zu kommen. Außerdem erstreckt sich in Richtung Nordosten eine Untiefe, in deren Verlängerung die Untiefe NØ-Pulle liegt. Kommt man von Norden, ist es am sichersten, die schwarzgelbe Tonne zu respektieren.

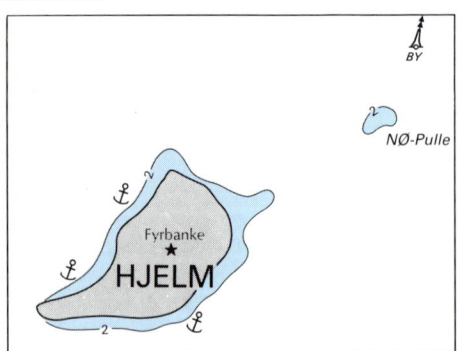

Hjelm ist besonders bekannt als Zufluchtsstätte von Marsk Stig, der nach dem Mord an Erik Klipping in Finderup Lade 1286 vogelfrei erklärt wurde. Zunächst suchte er Zuflucht in Norwegen und ging dort in den Dienst des Königs, der später den Beinamen Erik Præ-

Die charakteristische Vegetation auf den Hügeln von Hjelm.

stehader (Priesterhasser) bekam. Er unterhielt eine richtige Seeräuberflotte, die lustig in Dänemark plünderte, und um sich die lange Segeltour nach Hause zu ersparen, besetzte er kurzerhand Hjelm. Hier befand sich von alters her eine Burg, die Marsk Stig gut zur Festung umbauen konnte. Die Festung wurde 1290 fertig, doch schon drei Jahre später starb Marsk Stig, und ein Teil seines Gefolges wurde nun gefangengenommen und gehenkt.

Auf Hjelm wächst natürliche Vegetation, darunter auch einige seltene, wärmeliebende Pflanzen, die auf trockenem Boden gut gedeihen.

Nur bei ganz ruhigem Wetter kann empfohlen werden, bei Hjelm zu übernachten, doch ein Tagesbesuch ist ganz gewiß ein Erlebnis.

Der Grund rund um die Insel besteht aus Sand und Kies, auf der Westseite auch aus Steinen.

Jernhatten

Karten:
D 19, 20, 24
DK 112, 128

Jernhatten ist mit seinen 49 Metern Höhe die höchste Erhebung an Jütlands Ostküste, und der Abstand zu Hjelm beträgt 6 Seemeilen.

Rund um Jernhatten beschreibt die Küstenlinie einen winkligen Knick, so daß sich eine Bucht mit gutem Schutz vor Nord- und Westwinden ergibt. Je nach Windrichtung kann man hier dicht unter Land entweder vor dem weißen Haus mit dem Flaggenmast oder weiter innen bei der alten Schanze ankern.

Das ganze Gebiet um Jernhatten bis ein paar Kilometer nördlich von hier steht unter Naturschutz. Von dem Haus mit dem Flaggenmast führt ein Pfad zu der Spitze des Berges, den ein Grabhügel krönt. Bei klarem Wetter kann man von hier sogar Anholt sehen.

Bei stabiler West- bis Nordwestwetterlage ist Jernhatten auch ein guter Ankerplatz zum Übernachten. Bei der Annäherung sollte man jedoch auf die Untiefe Blak achten, wo einige Steine liegen.

Der Ankergrund besteht aus Kies und Steinen, die guten Halt geben.

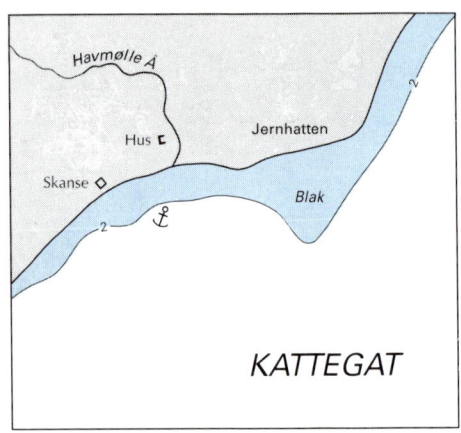

KATTEGAT

Hesselø

Karten:
D 20, 24
DK 102

Diese Insel ist eine der eigentümlichsten in ganz Dänemark. Ein gewaltiger Stein mit ein wenig Erde darüber, windzerzaustes Gebüsch, ein paar Bäume um den Leuchtturm und wenige Häuser – aber auch grasendes Vieh und ein paar Niederungen, wo sich Teiche mit Seerosen finden. Überall auf der Insel hört man die Brandung rauschen.

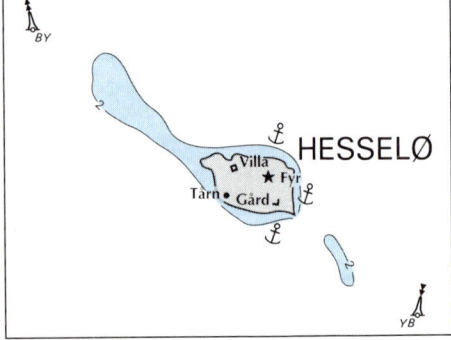

HESSELØ

Hesselø liegt so einsam, daß man schon den höchsten Punkt der Insel erklimmen muß, um im Süden die Klippen von Spodsbjerg zu erkennen. Doch öde ist es hier trotzdem nicht, denn der F.-L.-Smith-Konzern benutzt diese Insel als Ferienkolonie für seine Mitarbeiter, und es gibt einen festen Aufseher, der hier das ganze Jahr über lebt. Er hat die Aufgabe, allen Seglern mitzuteilen, daß sie auf der Insel nirgendwo anders als am Strand willkommen sind. Doch leider ist gerade der innerste Teil der Insel der interessanteste.

Die Insel wurde im Seekrieg 1807 – 1814 von den Engländern besetzt, und danach hauste hier der berühmte Kaperkapitän Sorte Robert.

Am besten ankert man bei Winden aus Nordost oder Südwest, wenn die Untiefe im Nordwesten der Insel Wellenabdeckung gibt.

Man ankert dann genau nördlich oder südlich des Leuchtturms, und bei nicht zu starkem Westwind liegt man auch an der Ostküste der Insel nicht schlecht. Bei stürmischem Wetter sollte man bei Hesselø jedoch nicht unbedingt ankern.

Der Grund ist steinig, und man kann sich gut bis dicht an die Insel herantasten, wenn man nach den paar Steinen Ausschau hält, die vornehmlich an der Nord- und Ostseite der Insel liegen. Ist es zu unruhig, um bis auf den Grund zu schauen, ankert man am besten auf 4 m Wassertiefe.

Anholt

Bevor der große Staatshafen der Insel 1902 fertiggestellt wurde, wurde der bescheidene Verkehr zu der Insel in der Pakhusbugt abgewickelt. Die Fischer zogen ihre Boote an den Strand, und hier stand auch ein Lagerhaus (Pakhus) zur Aufbewahrung der Waren, die umgeschlagen wurden. Heute sind die Boote und das Lagerhaus längst verschwunden, doch die Bucht hat ihren Namen behalten, und es wird immer beliebter, Anholt von dieser Seite zu besuchen. Und wenn es nur deshalb ist, weil der Hafen, wie so oft, in der Hochsaison total überfüllt ist.

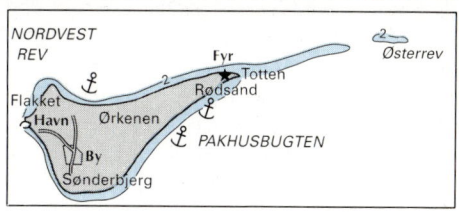

Bei Winden aus West oder Nord ist die Pakhusbugt ideal, man liegt hier sogar bei Sturm ruhig. Bei reinem Westwind kann man auch an der Nordseite der Insel ankern.

Der ganze westliche Teil von Anholt besteht aus einer Sandwüste (Ørkenen), die dadurch entstanden ist, daß man hier alle Bäume abgeholzt hat.

Bei Starkwind empfiehlt es sich, in Lee der höchsten Düne zu ankern, doch sollte man sich nicht zwischen die vereinzelten Sandbänke wagen, weil man dort nicht so leicht wieder herauskommt.

Rødsand ist eine große, sehr markante Hügelformation, wo der Sand eine rötliche Farbe hat. Er liegt nicht weit vom Leuchtturm, den die Engländer 1809 befestigten. Die Dänen versuchten 1811, ihn zurückzuerobern, doch das mißglückte und kostete 40 Mann das Leben.

Als der Hafen gebaut wurde, änderten sich die Stromverhältnisse um die Insel, und es bildete sich die Landnase Flakket. Hier ankert man sehr gut bei West- bis Südwestwind. Das Problem ist hier der Schutz vor Wellen, doch die flachen Klippen von Flakket geben guten Windschutz.

Besonders in der Pakhusbugt sollte man das Schiff nicht längere Zeit sich selbst überlassen, denn eine Winddrehung macht den Wechsel des Ankerplatzes notwendig.

Der Grund besteht aus festem Sand, wo ein Anker benötigt wird, der sich tief in den Sand eingräbt.

Selbst wenn Anholt den Anschein unberührter Natur bietet, ist die Insel doch in hohem Maße Kulturlandschaft, denn die Bewohner fällten große Teile des ursprünglichen Waldes. Hier im Bild eine charakteristische Partie an der Westküste mit Blick auf den Sønderbjerg.

Vejdyb

Karten:
D 24, 25, 80
DK 106

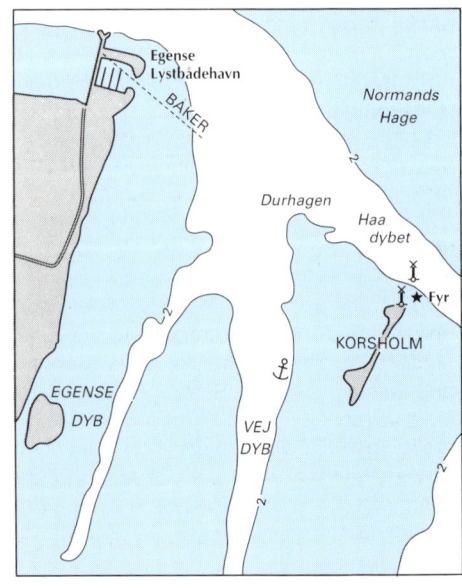

Der Hafen von Hals ist in der Hochsaison oft total überfüllt, deshalb ist es ein Segen, daß gleich um die Ecke noch ein Sportboothafen liegt: Egense Hage (doch der pflegt auch immer voll zu sein).

Man sollte einen gebührenden Abstand zu dem Flach vor Egense Hage halten, aber wenn man auf die flache Insel Korsholm, leicht zu erkennen an den zwei Baken, zuhält, kann nichts schiefgehen. An der Farbe des Wassers kann man leicht erkennen, wo es flach ist.

Im Süden hat der Strom eine Rinne gegraben, Egense Dyb, die sich jedoch als Sackgasse erweist und in die man sich auch nicht zu weit hineinwagen sollte. Weiter im Osten ist das breitere Vejdyb, das, obwohl es recht offen wirkt, doch ein hervorragender Naturhafen ist, wo das Boot gut geschützt liegt, egal, was draußen im Kattegat los ist. Der dänische Seglerverband hat hier ein paar feste Bojen ausgelegt, doch der feste Sandgrund bietet auch guten Halt, vorausgesetzt, man hat einen Danforth- oder Pflugscharanker.

Bei gutem Wetter ist es bei örtlichen Seglern sehr beliebt, einen Ausflug nach Korsholm zu machen und auf der Insel und in dem rundherum flachen Wasser herumzustreifen.

Zwar bieten die Insel und die Untiefen Schutz vor Wellen, doch ist hier kein Windschutz, und so liegt man im Vejdyb am besten bei ruhigem Wetter – obwohl man, wenn nötig, an den Ankerbojen sogar bei Sturm liegen kann. Ein Sommerabend hier ist zauberhaft, und für Frühaufsteher ist auch ein Sonnenaufgang über dem Kattegat ein Erlebnis.

Låen

Karten:
D 25
DK 101

Mit einem guten Ankerplatz verbinden die meisten eine waldumkränzte Bucht, doch zu dieser Vorstellung ist Låen südöstlich von Læsø ein absoluter Kontrast. Scheinbar liegt man hier im offenen Meer, im Westen kann man den flachen Teil Læsøs, Rønnen, sehen und im Norden beginnt bei Einbruch der Dämmerung der Leuchtturm Syrodde zu blinken.

Die Yacht liegt hier hervorragend, solange der Wind aus West oder Nord kommt. Die Ansteuerung kann von Norden oder Süden erfolgen, doch besser ist es von Süden, wo man von der schwarz-rot-schwarzen Tonne direkt auf den Syrodde-Leuchtturm zusteuern kann. Dann ankert man einfach da, von wo man die Byrum-Kirche genau in Nordwest peilt.

Kommt man von Norden, nimmt man die schwarz-gelb-schwarze Tonne beim Leuchtturm als Ausgangspunkt, doch sollte man sich vor dem Stein mit nur 0,3 Meter Wassertiefe in acht nehmen, der bei Ålebjerg Dyb liegt.

Rønnerne südlich von Læsø steht heute unter Naturschutz. Durch die Jahrhunderte hindurch wurde es als Weideland genutzt, und hier gewann man Salz. Dazu wurde das Meerwasser eingekocht, wofür natürlich große Teile des Waldes der Insel als Feuerholz verbraucht wurden. Rund um Rønnerne kann man heute noch die alten Gruben und Brandstätten sehen, wo das Salz gewonnen wurde.

Højsande Bucht

Karten:
D 25
DK 101

Auf der Nordseite von Læsø gibt es gute Ankerplätze in der Bucht, die von Westen her durch die Untiefe Rønnerev, von Osten durch Horneksodde begrenzt ist. Nur bei nördlichen Winden steht hier die See hinein, doch auch bei starkem Westwind ist es nicht sehr behaglich, denn das Rev gibt keinen Windschutz.

Achten sollte man auf den Phønix-Steingrund, $^{3}/_{4}$ Seemeilen nördlich von Horneksodde. Um ihn muß man einen großen Bogen machen.

Bis vor ein paar hundert Jahren war Læsø von dichtem Kiefernwald bedeckt, doch der wurde, genau wie auf Anholt, Opfer der Axt. Auf Anholt bildete sich eine Wüstenlandschaft, doch Læsø war so groß, daß der Sand nicht bis in den innersten Teil der Insel wanderte. Das große Dünengebiet Højsande erstreckt sich „nur" im Norden der Insel und zieht sich dann bis Danzigmanden, benannt nach einem gestrandeten Schiff. Die Versandung zwang viele der Bauern, ihre Höfe aufzugeben und sich der Fischerei zuzuwenden.

Erst in diesem Jahrhundert leitete der Staat eine große Anpflanzung ein, und heute bedeckt die Læsø-Dünenpflanzung ca. 1600 Hektar. Hier beginnen jetzt sogar Birken und Heide zu wachsen. Die Højsande-Bucht ist verhältnismäßig sicher zum Übernachten, und bei Bedarf kann man sich schnell nach Østerby zurückziehen.

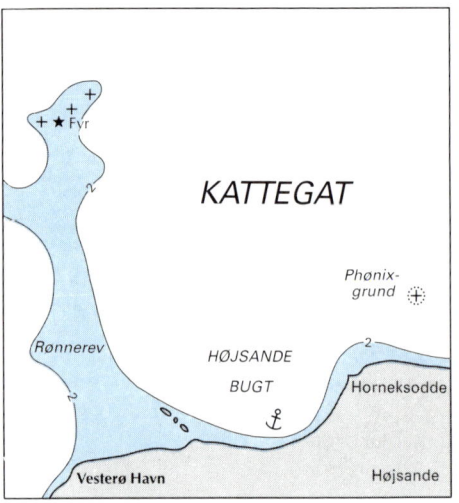

Randers-Fjord

Karten:
D 24, 78
DK 111

Fjord ist eine sehr gewagte Bezeichnung für dieses schmale Fahrwasser, das mehr an einen kleinen Fluß oder großen Bach erinnert. Doch Randers legt Wert auf die Bezeichnung „Fjord", was nichts an der Tatsache ändert, daß man die 10 Seemeilen vom Kattegat bis Randers durch eine schmale, ausgebaggerte Rinne in einem früheren Bachbett fährt.

Das Wasser ist hier fast süß, nur kräftiges Hochwasser im Kattegat kann Salzwasser hereinbringen. Doch das passiert so selten, daß hier sogar Süßwasserfische leben.

Auf der Hälfte des Fjordes verläßt das Fahrwasser die natürliche Rinne und geht durch einen 1,5 Seemeilen langen Kanal, wo das aufgegrabene Material zu einem schmalen Damm aufgeschüttet worden ist. In der natürlichen Rinne Raden sind immer noch 2,5 bis 3,0 Meter Wassertiefe.

Raden kann in seiner ganzen Länge befahren werden, man muß nur auf die vielen Buntgarnfelder achten. Die meisten Yachten ankern im Süden vor dem Dorf Mellerup, wo die einheimischen Fischer ihre Boote liegen haben, teils an Bojen, teils an einer kleinen Brückenanlage.

Von Mellerup aus fährt Dänemarks kleinste Fähre über den Fjord, und an der Fährbrücke befindet sich eine Cafeteria. Außerdem gibt es in Mellerup einen Kro, etwa einen Kilometer von der Fährbrücke entfernt. Der Hafen von Randers kann nicht besonders empfohlen werden, es ist besser, nachdem man sich das Städtchen angeguckt hat, in Raden zu übernachten. Man braucht jedoch schweres Ankergeschirr, denn der Grund ist weich.

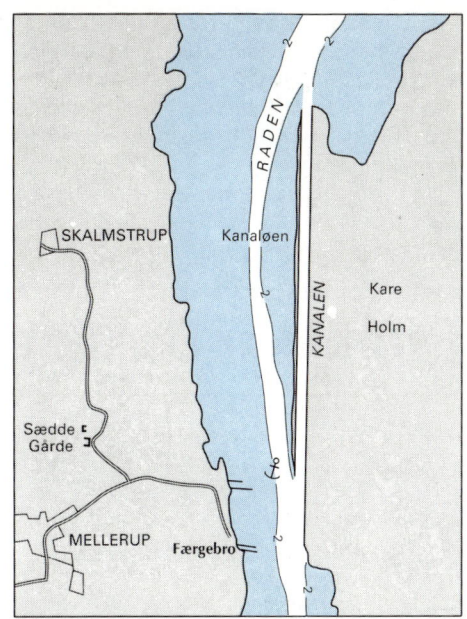

Høllet und Langsodde

Karten:
D 78
DK 110

Høllet ist der Name einer kleinen Bucht, die sich vom Mariagerfjord aus in Richtung Kielstrup Sø erstreckt. Mit dem hohen Land auf beiden Seiten kann man schon fast von einem Naturhafen sprechen und zum Anlanden auch die kleine Anlegebrücke benutzen, an derem äußeren Ende sogar Kielboote liegen. Doch Ankern hat den Vorteil, daß man sich je nach Windrichtung einen Platz suchen kann.

Bei Nord- oder Ostwind findet man besseren Schutz in der Bucht südlich von Landsodde. Diese Landspitze ist zwar flach und nicht bewachsen, doch weiter innen wird das Land höher.

Das ganze Gebiet um den Kielstrup Sø steht unter Naturschutz und bietet die Möglichkeit zu vielen schönen Spaziergängen. Von der Brücke in Høllet aus führt ein kleiner

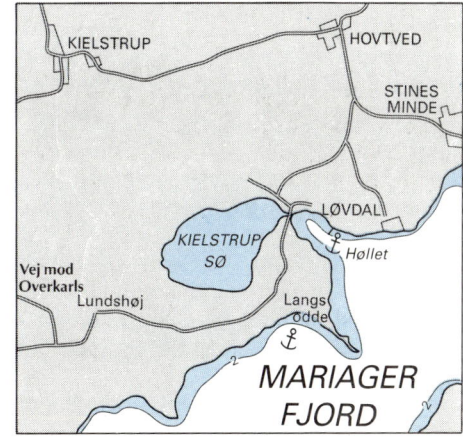

Weg die Küste entlang bis zu der alten Fischersiedlung Stinesminde, die früher eine Fährverbindung nach Mariager hatte. Von hier kann man in Richtung Hovtved gehen und dann nach ca. 800 Metern wieder nach Høllet abbiegen.

Die Landschaft zwischen dem Kielstrup Sø und Landsodde ist bewachsen mit Erika und Wacholder. Geht man den Weg dort entlang, ist es gut einen Kilometer in westlicher Richtung bis Lundshøj, von wo man eine gute Aussicht über den ganzen Fjord hat.

Gehört man zu den ganz Energischen, kann man diesen Spazierweg bis zu dem Gut fortsetzen, wo der Weg nach Overkarls abzweigt. Das kleine Gebäude liegt sehr malerisch an der Kante einer Schlucht, wo der Bach Karlsmølle Bæk in den Kielstrup Sø strömt.

Bramslev Bakker

Karten:
D 78
DK 110

Im Schutz der großen Hügelpartien auf der Nordseite des Mariager-Fjordes findet man viele gute Ankerplätze. Das Bild zeigt Himmerland, das am blauen Wasser des Fjordes liegt.

Eine hübsche Küstenpartie im Inneren des Mariager Fjordes bildet die Hügelkette Bramslev Bakker auf der Nordseite, zwei Seemeilen vor Hobro. Das Gebiet steht unter Naturschutz und ist mit einem Pfadsystem durchzogen, das auch bis zu der alten Wassermühle Hjerritsdal reicht, die noch sehr gut erhalten ist.

Selbst wenn die Küste nur kleinere Buchten bildet, findet man guten Schutz hinter den kleinen Vorsprüngen, an die man auch sehr dicht heranfahren kann. Eine Landspitze südlich von Skovsgård formt eine Bucht, in der selbst große Kielschiffe ganz dicht unter Land ankern können. Von diesem Ankerplatz aus hat man einen hervorragenden Blick über die Bramslev Bakker. Die Landspitze ist außerdem ein idealer Spielplatz für Kinder.

Die steilen, grasbewachsenen Hügel wurden seit Jahrhunderten als Weideland genutzt. Da dem Vieh Wacholderbüsche nicht schmecken, konnten diese hier ungehindert wachsen und prägen die Landschaft.

Eingerahmt von Wiesen, schmiegt sich der Bach Valsgård Bæk, der in den Mariager Fjord mündet, zwischen die Hügel. Folgt man dem Bach, ist es nur einen Kilometer weit bis zu der alten Wassermühle, die sehr hübsch in einer kleinen bewaldeten Schlucht liegt.

Der Limfjord

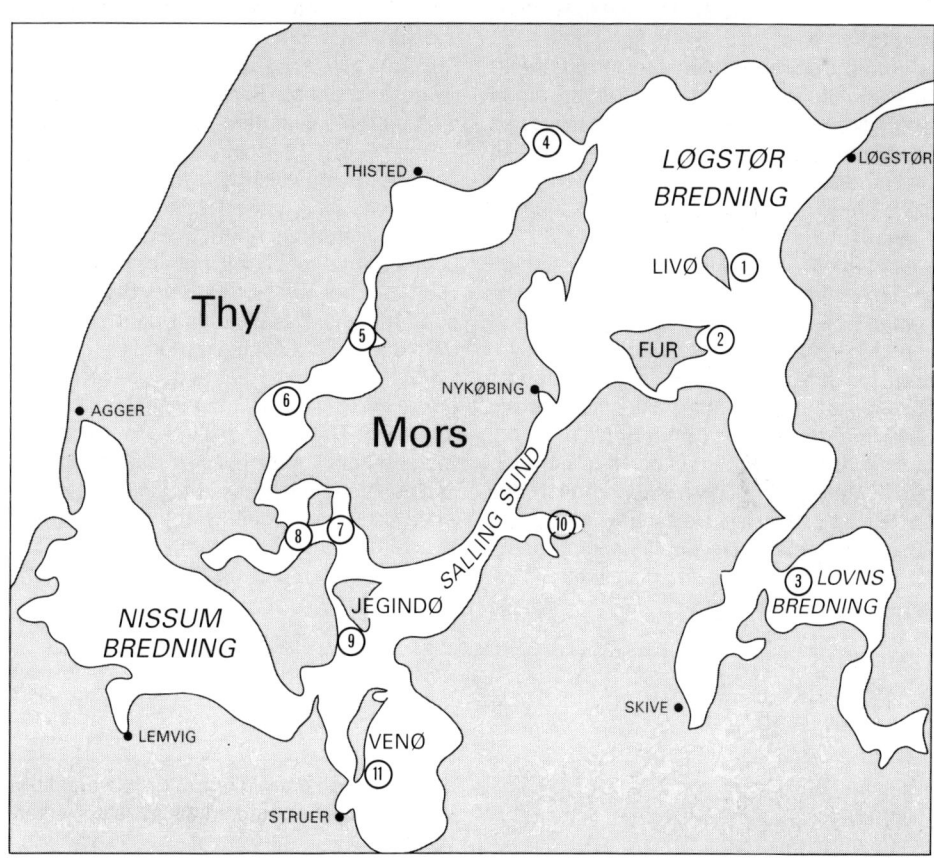

Mit seinen Haffs, schmalen Sunden und kleinen Fjordarmen ist der westliche Teil des Limfjordes eines der schönsten dänischen Gebiete für Fahrtensegler. Das läßt sich jedoch nicht von dem östlichen Teil zwischen Hals und Løgstør sagen, doch diese Strecke läßt sich leicht überstehen – zumal, wenn man weiß, was einen danach erwartet.

Am „langweiligsten" ist Langerak zwischen Hals und Ålborg. Die Küste ist flach und bietet keine guten Ankerplätze. Nur wenn man nach Vejdyb gleich am Anfang des Fjordes abbiegt, findet man einen guten

Platz, der im Kapitel „Kattegat" beschrieben ist. Hinter Ålborg verbreitert sich der Fjord an einigen Stellen, und die Landschaft wird abwechslungsreicher. Bei frischem Westwind konnte es früher eine lange Tour zum nächsten Hafen sein, doch heute kann man Nibe oder den Sportboothafen von Attrup anlaufen – und die meisten haben außerdem einen Motor, so daß der Westwind in dem schmalen Fahrwasser nicht mehr so problematisch ist. Gjøl hatte lange Zeit nur einen kleinen Hafen, doch wurde er inzwischen auch für Kielboote ausgebaut.

Der Segelklub von Ålborg hat in den letzten Jahren zahlreiche Ankerbojen ausgelegt. Die gelben Bojen waren 1987 am östlichen Rand von Dynen, 3,5 Seemeilen westlich von Ålborg, plaziert, des weiteren in Gjøl Bredning etwas westlich des Hafens, vor der Mündung des Binderup-Baches (Binderup Å, dicht bei den großen Windmühlen von Nibe nördlich des Dorfes) und in Storkehals nördlich des Dorfes Stavn. Dies sind je nach Windrichtung ausgezeichnete Plätze, doch für Fahrtensegler nicht so spannend wie die vielen Plätze, die weiter westlich liegen.

Mit seinen hohen Küstenpartien bietet der westliche Limfjord eine Unzahl an Möglichkeiten. Über die Ankerplätze hinaus, die in diesem Buch beschrieben werden, kann besonders die Küste nördlich von Ertebølle Hoved (bei Ostwind), die westliche Seite von Risgårde Bredning und die Westseite des Hvalpsund bis zu der kleinen Bucht Astrup Vig empfohlen werden.

Bei Thisted Bredning steht Han Klit mit seiner gewaltigen Hügelreihe, doch um hier zu ankern, ist Südwind erforderlich, selbst wenn Gullerup Vig etwas Schutz bietet. Die Legindberge liegen mit hohen, bewaldeten Ufern auf der westlichen Seite des Sallingsund an einer geschützten Bucht zwischen der Brücke und Gammelør Odde.

Nissum Bredning hat leider keine Ankerplätze, die bei Westwind geschützt sind. Die Küste von Thyland bei Krik Vig ist hoch und bietet guten Schutz bei östlichen Winden – und von den Hügeln aus hat man eine schöne Aussicht über Nissum Bredning und Agger Tange mit Vesterhavet dahinter. Über Nacht sollte man den Aggers Fischereihafen anlaufen.

Karten:
D 81
DK 109

Livø

Will man den kleinen und in der Regel überfüllten Hafen von Livø umgehen, gibt es hier einige gute Ankermöglichkeiten. Ankern hat auch den Vorteil, daß man sich an das nördliche Ende der Insel legen kann, das viel interessanter als das südliche ist. Hier findet man einen „Urwald" aus Eichen und Haselbäumen, der seit Jahrhunderten sich selbst überlassen wurde.

Bei Westwind liegt man am besten an der Ostküste genau vor dem großen, leicht zu erkennenden Stein am Strand. Das ist gleichzeitig der zentrale Ankerplatz, dicht an der schönen Landschaft und am Dorf mit dem Kro. Dreht der Wind mehr auf Nord, kann die See um die Nordspitze der Insel laufen – in diesem Fall liegt man besser in der kleinen

Bucht südlich des Hafens. Bei Ostwind ist es unter den hohen Hügeln der Westseite hervorragend.

Sowohl Livø Tap als auch große Teile des Wassers darum herum (markiert mit gelben Bojen) ist Schutzgebiet für Seehunde, und das Betreten oder das Befahren mit dem Boot ist das ganze Jahr über verboten.

Viele Jahre hindurch wurde Livø vom Kloster Vitskøl verpachtet. Nachdem das Klostergut 1826 in Konkurs ging, hatte Livø ständig wechselnde Besitzer, die sich alle mit mehr oder weniger Glück in Landwirtschaft, Kro-Betrieb für Seefahrer und der Ziegelei versuchten. 1911 war ein großer Umbruch für die Insel, als hier eine Nervenheilanstalt von Professor Christian Keller gegründet wurde.

Keller wollte neuere und freiere Methoden der Behandlung von Geisteskranken ausprobieren. Die Anstalt auf Livø war nur Männern vorbehalten, doch wurde später eine vergleichbare Institution für Frauen auf Sprogø eingerichtet.

Der letzte Teil der Anstalt wurde 1976 stillgelegt. Danach übernahm der Staat die Insel und stellte sie unter Naturschutz.

Folgt man dem Weg von Livøgård nach Norden, kommt man schnell in den Wald Nørreskov, der im Gegensatz zu dem verschwundenen Sønderskov überlebt hat. Hier findet man alte Eichen und dichten Haselbewuchs, doch auch vereinzelt Zitterespen und Birken. Noch weiter nördlich wird der Wald von Heide abgelöst, wo auch Brombeeren, wilde Rosen und Wacholder wachsen.

Im Westen endet die Insel mit einer von Schluchten durchzogenen Steilküste. Entlang der Kante führt ein Pfad, und von hier hat man eine schöne Aussicht über Løgstør Bredning und Mors. Folgt man dem Pfad weiter in Richtung Süden, wird der Wald von

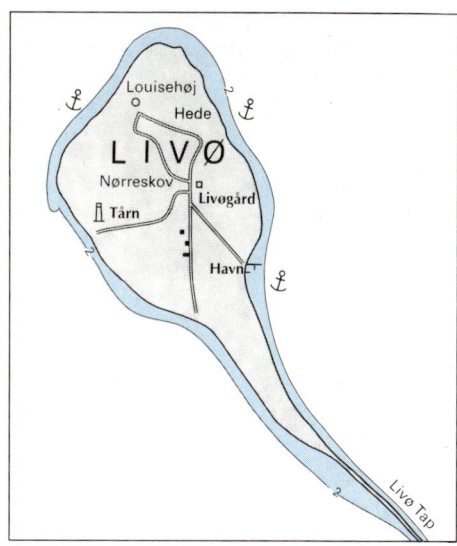

offenen Feldern abgelöst, die nun jedoch brach liegen. Am Ende der Steilküste steht ein kleiner Aussichtsturm aus Holz, von dem aus man eine wunderschöne Aussicht hat.

Færker Vig

Karten:
D 81
DK 109

Auf der Ostseite von Fur liegt Færker Vig, eine Bucht in Form eines Halbkreises. Außer an der Südküste ist es hier überall bis dicht unter Land tief; der Grund besteht fast überall aus Geröll und Kies und bietet guten Halt. Alles in allem ein hervorragender Ankerplatz, leider oft überfüllt.

Færker Hede zieht sich als Niederung bis in das Innere der Insel, und entlang der Nordküste erstreckt sich eine Hügelkette bis zum höchsten Punkt der Insel, Jenshøj. Es führt ein Weg an ein paar Höfen vorbei die Hügelkette entlang, doch nach einem kurzen Stück biegt er nach Süden ab, und dann sollte man einfach über die grasbewachsenen Hügel querfeldein gehen.

Nördlich von Jenshøj erstreckt sich eine tiefe Schlucht bis hinunter zum Strand, und

hier liegt der Rødsten (roter Stein) mit einem Umfang von ca. 40 Metern. Doch es ist kein richtiger Stein, sondern ein großer Klumpen aus Kies und Lehm mit einer rötlichen Farbe wegen des hohen Eisengehalts im Lehm.

Ein bißchen westlich der Schlucht mit dem Rødsten liegt Svenskehulen, ein alter Minenschacht, der 1808 – 1810 gegraben wurde, weil man glaubte, die dunklen Abzeichnungen im Lehmabhang seien Kohle. Doch in Wirklichkeit sind es Schlackenreste von einem Vulkanausbruch. Große Teile des Schachtes sind heute zusammengestürzt.

Im Lehm der Klippen hat man viele interessante Versteinerungen aus dem Tertiär gefunden, Fische, Pflanzen und eine große Schildkröte von ca. einem Meter Länge. Was man noch fand, war eine spezielle Diato-

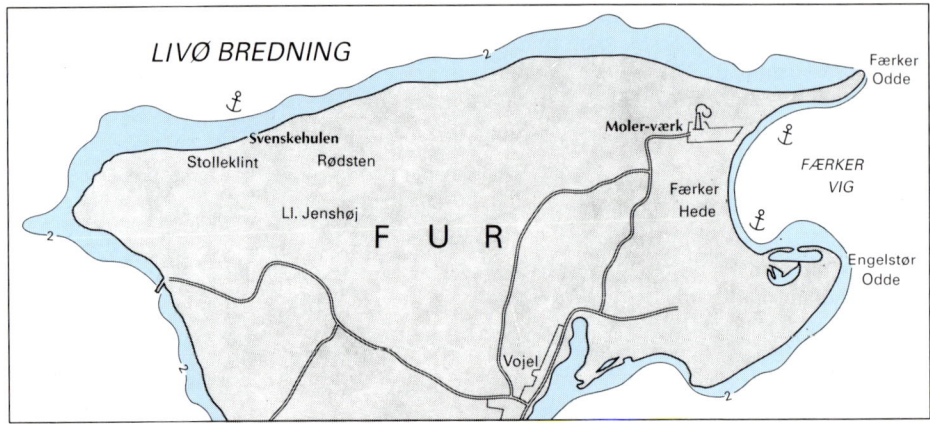

meenerde (Kieselgur), die besonders gut für Mauer- und Isoliersteine verwendet werden kann. Große Teile dieser Erde sind ab gebaut und über das Moler-Værk nördlich von Færker Vig verschifft worden. Naturschützer konnten den zentralen Teil der Küstenpartie retten, doch aus ökonomischen Gründen wird weiter abgebaut. Auf dem Rückweg von der Nordküste kann man durch das Sommerhausgebiet am Moler-Værk vorbeigehen, die ganze Tour ist 6 bis 7 Kilometer lang.

Den Ankerplatz von Svenskehulen findet man vor dem hohen Stolleklint, das fast genau auf 9,00° östlicher Länge liegt. Ca. 500 Meter weiter östlich folgt die Schlucht mit dem Rødsten und einem Pfad hinauf nach Lille Jenshøj.

Lovns Bredning

Dieses Haff ist vielleicht das schönste im ganzen Limfjord, umgeben von einer hohen Hügelkette mit unberührtem Bauernland. Die Küste wechselt zwischen ausgedehnten Strandwiesen und Steilküsten, die Schutz für Ankerlieger bieten. An einigen Stellen ist es jedoch problematisch, bis dicht an die Küste heranzufahren, denn es ist manchmal recht flach. Das gilt auch für die Ostküste, wo der einzige gute Ankerplatz direkt unter der Anhöhe Store Klinthøj ist.

Bei Westwind kann man hinter Jelse Odde oder weiter innen in der Lundø Bucht ankern. Die ganze Landspitze ist mit Sommerhäusern bebaut, und an der Außenseite von Jelse Odde befindet sich ein guter Badestrand.

An der hübschesten Küstenpartie von Lovns Bredning kommt man schon bei der Ansteuerung in den Hvalpsund vorbei: es sind die steilen, heidebewachsenen Anhöhen auf Melbjerg Hoved. Glücklicherweise steht der ganze äußere Teil dieser Insel unter Naturschutz. Zahlreiche Pfadsysteme, die zu ausgedehnten Spaziergängen einladen, schlängeln sich über die Hügel.

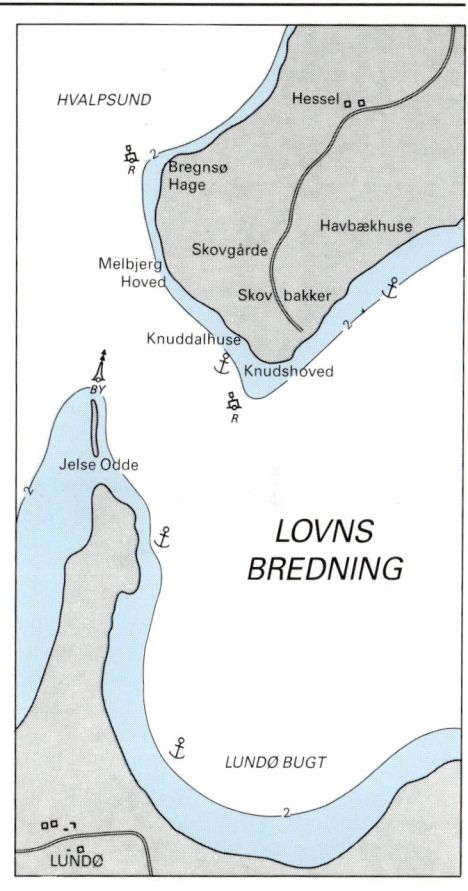

Der Tambosund mit Sandodde und dem kleinen Anleger in der Bildmitte. Vor dem Kro weht der Danebrog – hier trafen sich früher die Limfjordsegler (siehe Seite 145).

Ca. zwei Kilometer innerhalb der Skovbakker liegt der alte Herrensitz Hessel, der einzige im Land, der heute noch mit Stroh gedeckt ist. 1966 wurde er von der Ålborger Gemeinde gekauft, die hier ein Landwirtschaftsmuseum einrichtete. Die alten, sehr gut erhaltenen Ausstellungsstücke sind sehr sehenswert.

Unter Berücksichtigung der steinigen Untiefe vor Knudshoved, die mit einer roten Tonne markiert ist, kann man entlang von Melbjerg Hoved überall dicht unter Land ankern. Von Knuddalhuse aus führt ein Weg über die Hügel an der Küste entlang und von Havbækhuse aus einer ins Landesinnere. Auf ihm sind es ca. 1,8 Kilometer bis Hessel.

Hovsør Havn

Karten:
D 81
DK 109

Im Innersten dieser Bucht befindet sich ein kleiner Fischeranleger, doch Kielboote sollten lieber vor Anker liegen. Man kann hier von einem richtigen Naturhafen sprechen, früher bekannt und viel benutzt als Ankerplatz von der Kleinschiffahrt im Limfjord. Der Knudsbjerg und Hov Dås halten den Westwind ab, und das einzige, was drinnen etwas unangenehm werden kann, ist frischer Wind aus Südost.

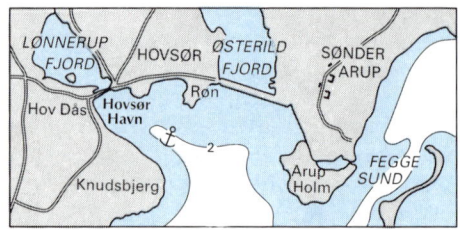

Geht man an Land, wirkt es hier ziemlich öde und gottverlassen, doch kennt man die speziellen Verhältnisse, wird es hier ganz interessant. Ursprünglich verlief der Limfjord weiter nördlich in einem verzweigten System von kleinen Fjorden auf beiden Seiten von Hannæs. Im Osten der Lund-Fjord, Selbjerg Vejle und Bygholm Vejle, und auf der anderen Seite der Tømmerby-Fjord, Vesløs Vejle, Arup Vejle, der Østerild-Fjord und der Lønnerup-Fjord. Die Reste der beiden letztgenannten Fjorde sind mit einem Damm von Hovsør Havn getrennt.

Noch in der Steinzeit waren all diese Sunde nach der Jammer-Bucht hin offen, doch dann schob sich die Landzunge zwischen die Sunde und das Meer. 1864 wurden große Entwässerungs- und Eindämmungsprojekte ins Leben gerufen. Zum offenen Limfjord hin wurden Deiche gebaut, doch es glückte nicht, die kleinen Sunde umzugestalten und Ackerland zu gewinnen. Statt dessen entstand eines der größten Sumpfgebiete in Europa.

Was also heute wie unberührte Natur wirkt, ist von Menschenhand geschaffen. Obendrein steht das ganze Gebiet unter Naturschutz und hat sich zu einem wichtigen Rast-und Brutplatz für Vögel entwickelt. Zu den seltenen Arten gehören Rohrdommeln, Zwergmöwen und schwarze Seeschwalben.

Der Eindruck, den man von diesem Gebiet bekommt, wenn man nur auf Hovsør an Land geht und über den Lønnerup-Fjord schaut, ist begrenzt, doch wenn man sich Fahrräder ausleiht, kann man hier spannende Ausflüge machen. Fahren Sie nach Osten über den Østerild-Damm und dann nach Amtoft und Øsløs zu dem riesigen Bygholm Vejle.

In dem kleinen Dorf Øsløs By lebte einst das segelnde Handelsvolk des Limfjordes. Die Menschen brachten in kleinen Segelfahrzeugen irdene Töpfe, Holzschuhe, handgemachte hölzerne Werkzeuge und Vogelfedern, die sie im Sumpfgebiet eingesammelt hatten, zum Handel in die größeren Städte.

Sie fuhren entweder von Øsløs nördlich über Tømmerby und Frøstrup oder die kürzere Route über Vestløs und Østerild nach Hovsør. Auf beiden dieser Routen bekommt man einen Eindruck vom Tømmerby-Fjord und Arup Vejle.

Rovvig und die Skyum-Berge

Karten:
D 81
DK 108

Der nördliche schmale Teil des Vilsund wird von hohem Land eingerahmt, und auf beiden Seiten des Fahrwassers findet man gute Ankerplätze. Außerdem ist hier die hübsche kleine Bucht vom Rovvig.

Leider ist das Land um Rovvig herum sehr flach, besonders im Süden erstreckt sich ein großes Wiesenland. Trotzdem ist die Bucht ein sehr guter Ankerplatz, speziell bei Winden aus Süd und Südost, wo man in Lee des kleinen Abhanges auf der Südseite liegen kann. Der Grund steigt hier gleichmäßig an, und so kann man langsam auf das Land zufahren und auf einer passenden Tiefe ankern. Hinter dem Wiesengebiet erkennt man Vester Jølby, und auf dem kleinen Weg in der Nähe des Abhanges sind es 1,5 Kilometer bis ins Dorf.

In Rovvig ist es sehr friedlich, ganz im Gegensatz zum Ankerplatz bei den Skyum-Bergen auf der anderen Seite des Sundes. Hier kann man auf der ganzen Strecke von Ørhale im Norden bis Dragstrup Vig dicht am Ufer ankern, doch will man an Land, geht das am besten an dem kleinen Vorsprung direkt gegenüber von Rovvig.

Das ganze Gebiet steht unter Naturschutz, und die tiefen Schluchten zwischen den heidebewachsenen Hügeln verleihen der Landschaft beinahe „Dramatik". Nachdem man die Skyum-Berge bestiegen hat, wird man verstehen, warum sie auch „falsche Berge" genannt werden. Sie sind keine selbständige Hügelpartie, sondern bilden den Rand eines großen Plateaus.

Dragstrup Vig

Karten:
D 81
DK 108

Abgesehen von ein paar Sommerhäusern bei Gudnæs Strand ziehen sich Felder bis hinunter nach Dragstrup Vig. Hier fährt man auf eigenem Kiel zwischen wogenden Kornfeldern und an grasendem Vieh entlang.

Gudnæs Vig ist ein gut geschützter Ankerplatz sowohl nach Norden, Westen als auch nach Süden hin, und die Aussicht öffnet sich Richtung Osten über Dragstrup Vig. Untiefen mit ca. 1,5 Meter Wassertiefe im Norden

144

und Süden mahnen zur Vorsicht, doch wie aus der Kartenskizze ersichtlich, kann man sich trotzdem bis dicht unter Land wagen. Eine der festen Ankerbojen des dänischen Seglerverbandes ist hier plaziert, jedoch außerhalb der Untiefen. Damit hat man eine lange Rudertour an Land.

Bei Süd- und Ostwind kann man im südlichen Teil der Bucht unter Torshøj ankern. An die Steilküste Richtung Westen kann man sehr dicht heranfahren. Mågeodde und das Flach davor bilden eine schöne kleine Bucht mit Schutz vor Wellen, wenn der Wind auf West umschlagen sollte. Von Torshøj aus hat man eine schöne Aussicht über Dragstrup und den Vilsund.

Agerø und Glomstrup Vig

Karten:
D 81
DK 108

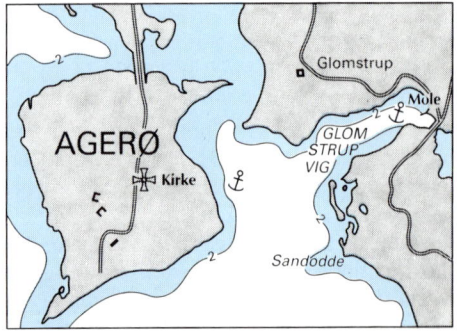

Die Insel Agerø ist auch bei dänischen Fahrtenseglern recht unbekannt, zumal sie, mit einem Damm mit Mors verbunden, gar keine „richtige" Insel ist.

Doch ob Agerø eine Insel ist oder nicht – es gibt auf jeden Fall einen wunderschönen Ankerplatz auf der Ostseite genau querab der Kirche. Eine friedliche Stelle mit Abstand vom Verkehr durch den Sund westlich von Mors und mit einer hübschen Umgebung mit den offenen Feldern, die bis hinunter an den Fjord reichen.

Agerø selbst ist ein gleichmäßiger Hügel, umgeben von flachen Strandwiesen. Die Bebauung hat nicht den Charakter eines Dorfes, weil die Höfe und Häuser nicht um die Kirche herum versammelt sind, sondern sich entlang des von Nord nach Süd verlaufenden Weges erstrecken. Will man hier einen Spaziergang machen, ist es das beste, dem Weg vom Gut aus zu folgen, das an der südlichen Kante der Strandwiesen östlich der Kirche liegt.

Bei Tissinghuse im Innersten von Glomstrup Vig liegt ein altes Gut, das auch eine alte Mole hat, die jedoch miserabel ist. Die ortsansässigen Fischer und Segler versuchen jedoch, sie in einem brauchbaren Zustand zu halten, und es ist sogar geplant, hier einen kleinen Sportboothafen zu errichten.

Glomstrup Vig hat seinen Namen nach einem kleinen Herrensitz, der ca. 1,5 Kilometer westlich von Tissinghuse auf der Anhöhe genau gegenüber von Agerø liegt. Das Hauptgebäude ist als Museum eingerichtet und zeigt alte Gerätschaften und Möbel aus dem 18. und 19. Jahrhundert. Die Bucht selbst ist ein guter Naturhafen, sogar bei frischem

Wind aus Südwest. In diesem Fall sollte man sich nur unter die Südseite zurückziehen – genau gegenüber der Mole –, wo eine kleine Landnase Schutz vor den Wellen bietet. Die Küste um Glomstrup Vig ist mit flachem Wasser umgeben, doch der Grund steigt gleichmäßig an, so daß man vor Überraschungen sicher ist. Lediglich auf die Untiefe eine halbe Seemeile südlich der Bucht Sandodde muß man achten.

Skibsted-Fjord und Lindholm

Karten:
D 81
DK 108

Möchte man in einem unbekannten Fahrwasser segeln, ist das im Skibsted-Fjord zwischen Thyland und Thyholm ideal. Bisher ist es noch nicht vielen geglückt, mit einem Kielboot bis in den letzten Teil des Fjordes zu gelangen, und auch der Verfasser hatte Schwierigkeiten, all diese Informationen einzusammeln.

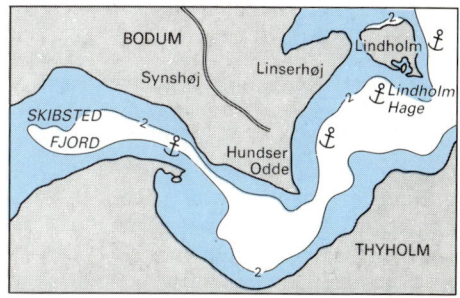

Ein allgemein bekannter Ankerplatz befindet sich im äußereren Teil des Fjordes, südlich von Lindholm. Hier kann man so dicht unter Land fahren, wie der Tiefgang es zuläßt. Laut Seekarte gibt es keine geeigneten Plätze mit Schutz vor Westwinden weiter innen im Fjord, doch die Küste von Bodum südlich von Synshøj ist so steil, daß sie idealen Schutz vor Nordwind bietet. Die Karte zeigt außerdem, daß man hier bis dicht unter Land fahren kann, doch bedarf dieser Platz näherer Erforschung.

Wie immer in unbekannten Fahrwassern, sollte man sich vorsichtig vorantasten, aber da im Inneren des Fjordes kein Strom läuft und der Grund gleichmäßig ansteigt, kann hier bei der Navigation mit einem Echolot nichts passieren.

Lindholm ist unbebaut und wird als Sommerweide für Vieh benutzt. Die flache Insel mit dem wenigen Gebüsch hat ein reiches Vogelleben, das sich von Lerchen und Spatzen bis zu den seltensten Arten von Schwimm- und Wasservögeln erstreckt. Man kann entweder an der Ostseite der Insel abseits des betonnten Fahrwassers oder auf der Südseite bei Lindholm Hage ankern.

Tambosund

Karten:
D 81
DK 108

In den 20er Jahren wurde Jegindø mit einem Damm und einer Brücke mit Thyholm verbunden, und so ist der schmale, doch ziemlich tiefe Tambosund für Schiffe über einen Meter Höhe versperrt. Die wunderschöne Durchfahrt durch die Sunde hinter Mors ging verloren, doch dafür entstand ein schöner Naturhafen nördlich des Damms.

Die kleine Landzunge Sandodde, die auf der Seekarte nur schwer zu erkennen ist, schafft südlich des Dammes ein Bassin, wo auch eine Mole ist, die zwar weder viel Platz noch viel Tiefgang hat, doch an ihrem Ende können Kielboote mit Heckanker liegen. Noch weiter zum Damm hin besitzt ein Bootsclub eine Pontonbrücke, doch hier ist es nur tief genug für Motorboote und kleine Segelyachten.

Bei der Ansteuerung sollte man sich in der Mitte des Sundes bis querab der Kirche auf Jegindø halten (diese kann man auch als Ansteuerung benutzen). Danach hält man auf Sandodde zu, doch wenn man diese Landzunge passiert hat, darf man noch nicht direkt auf die Mole zufahren. Eine Untiefe erstreckt sich ein wenig nach Norden, bis das Boot in einer Linie mit der größten Mole ist.

Ist am Molenkopf kein Platz, ankert man einfach ein Stückchen davor, so daß das Boot durch Sandodde geschützt ist. Der Sund ist so schmal, daß es selbst bei Ostwind ruhig ist, doch dieser Platz ist am besten bei Winden aus westlichen Richtungen.

Ende der 40er und Anfang der 50er Jahre hatten die Limfjordsegler ihr jährliches Treffen im Kro von Tambohuse, der auf der anderen Seite des Weges direkt gegenüber der Mole liegt. Hier war es Tradition, daß so lange Aal gegessen wurde, bis jeder die Gräten zweimal rund um seinen Teller legen konnte, und der Krowirt pflegte den fünften Schnaps auszugeben. Man kann den Tambosund

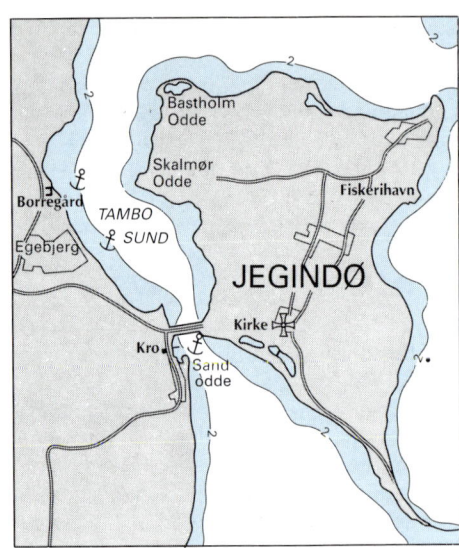

auch von Norden her befahren, doch mit Vorsicht! Vor dem kleinen Wald Egebjerg Skov auf Thyholm findet man Schutz vor Westwinden. Nördlich davon liegt das große Gut Borregård, und von hier sind es knapp drei Kilometer nach Hvidbjerg By, wo man eine alte Klosterkirche findet.

Harrevig

Karten:
D 81
DK 109

Trotz ihres schönen Namens ist Lysen Bredning (die leuchtende Bucht) nur eine Bucht, die als Sackgasse vom Sallingsund abzweigt. In der Seekarte heißt die Bucht nur Lysen.

Lysen endet mit einer schmalen Passage zwischen dem Hjerk Bjerg im Süden und dem Volbjerg im Norden, und dazwischen gleitet man hinein in die runde Bucht Harrevig, die genau eine Seemeile Durchmesser hat. Hier sind weder Häfen noch Brücken noch Bootsverkehr, und man liegt in einem See, eingerahmt von Sallings runden Hügeln mit vereinzelten Höfen, Dörfern und ein paar Kirchtürmen in der Ferne.

In Harrevig kann man überall gut ankern, und besonders an der Süd- und Ostküste

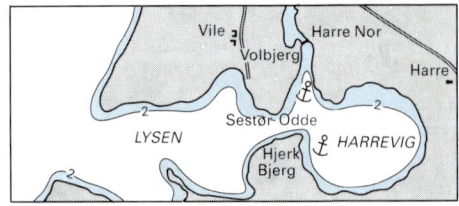

verläuft die 2-Meter-Linie dicht unter Land. Bei Westwind wird man selbstverständlich hinter den zwei hohen Bergen ankern, die das „Tor" der Bucht bilden.

Kommt der Wind aus West oder Nordwest, liegt man am besten in der Bucht hinter dem hohen Volbjerg auf der Nordseite, in die man ziemlich weit hineinfahren kann. Diese Bucht ist der äußerste, tiefe Teil vom Harre Nor, das mit einem Damm geschlossen und ausgetrocknet wurde. Der Bach Harre Å läuft auf der linken Seite in das frühere Nor, und mit seinen steilen Höhenzügen auf beiden Seiten ist dieses Gebiet sehr hübsch. Der Volbjerg ist heute mit Sommerhäusern bebaut, und die nächste Möglichkeit zum Einkaufen

besteht in dem Dorf Vile, knapp zwei Kilometer weit im Landesinneren.

Der Sund hinein nach Harrevig ist schmal, doch in der Mitte neun Meter tief, so daß sich bei der Ansteuerung keine Probleme ergeben. Der weiche Lehmgrund in der ganzen Bucht gibt guten Ankerhalt, besonders ein Pflugscharanker eignet sich hier gut.

Venø

Diese langgestreckte Insel nördlich von Struer konkurriert mit Livø um den Titel der „Perle des Limfjordes". Landschaftlich gesehen ist Livø zwar die schönere Perle in der Kette der Limfjordinseln, aber Venø hat im Gegensatz dazu ein typisches Dorfmilieu und einen hübschen Hafen.

Dieser Hafen jedoch ist so klein, daß in der Hochsaison der Platz immer knapp ist, außerdem richtet sich seine schmale Einfahrt nach Westen. Ohne gute Ortskenntnisse (und die Sicherheit, daß die Einfahrt nicht versandet ist) sollte man ihn bei hartem Westwind besser nicht anlaufen.

In diesem Fall fährt man auf die Ostseite von Venø, wo sich ein hervorragender Ankerplatz vor der Anhöhe mit dem Wald auf 56°33' N befindet. Genau vor dem Campingplatz ist ein Stück öffentlicher Strand, und von hier führt ein Weg die paar hundert Meter hinauf in das Dorf. Hier steht auch Dänemarks wahrscheinlich kleinste Kirche, doch leider fehlt ein Kro. Diesen erreicht man, wenn man hinunter zum Hafen geht und dem Weg dann noch ein kurzes Stück in nördlicher Richtung folgt.

Die alten Wälder der Insel sind verschwunden, und die Hügel im Norden sind teilweise mit Heidekraut bewachsen. Landschaftlich gesehen ist dieses der hübscheste Teil der Insel, und am besten ist es, ihn von der Seeseite her zu besuchen. In jedem Fall spart das einen Fußweg von ca. drei bis vier Kilometern hin und zurück.

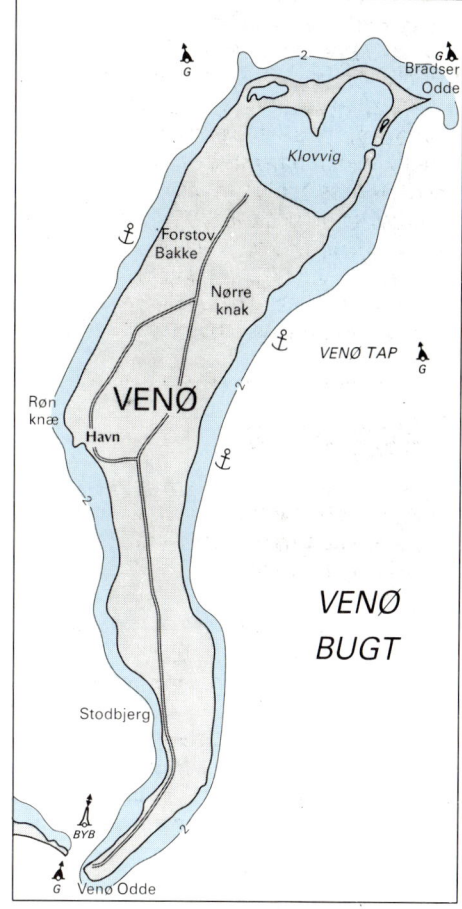

Vor dem 25 Meter hohen Hügel Nørreknak liegt das Venø Tap, wo die 2-Meter-Linie relativ dicht an der Küste verläuft. Die Aussicht vom Nørreknak über die Venø-Bucht bis hin zu den Hügelkuppen von Sallings ist sehr schön; auch der Blick über die Insel nach Norden mit dem Strandsee Klovvig ist beeindruckend. Einige Pfade führen hinauf zum Hauptweg, und von hier geht ein Stichweg hinaus nach Forstov Bakke an der Westseite der Insel. Von hier hat man eine gute Aussicht Richtung Westen. Bei Ostwind ist unter dem Forstov Bakke ein hervorragender Ankerplatz.

Der Blick über Harrevig mit der Hjerkkirche, deren Turm über die Bäume ragt. Diese Bucht ist nur eine von den kleinen Winkeln im Limfjord, in denen man oft ganz für sich allein liegen kann (siehe Seite 146).

Die Westküste

Die Westküste von Jütland hat keine brauchbaren Ankerplätze, und unter Segeln sollte man sich hier in einem respektvollen Abstand von der Küste halten. In einem Abstand von 5 bis 10 Seemeilen sind große Baken aufgestellt, die bei der Standortbestimmung entlang der gleichförmigen Küste helfen.

Der Ringkøbing-Fjord und besonders Vadehavet bieten für Fahrtensegler einige gute Ankermöglichkeiten. Legt man von der Ostsee aus seine Route durch den Nord-Ostsee-Kanal oder durch den Limfjord, braucht man bis hierher keine besonders langen offenen Strecken zurückzulegen. Von Helgoland aus kann man über Sylt nach Rømø und Fanø segeln, und damit sind die zwei längsten Strecken Fanø – Hvide Sande und Hvide Sande – Thyborøn ungefähr 40 bis 50 Seemeilen lang, vergleichbar mit einer Tour Gilleleje – Anholt – Læsø.

In Vadehavet ist eine Gezeitentafel nötig. Der Tidenhub beträgt hier ca. 1,5 Meter, und die Zeit zwischen zwei Tiden beträgt 12 Stunden und 25 Minuten. Es gibt also zweimal Hochwasser am Tag, doch mit ständiger Verschiebung, so daß eine Tabelle notwendig ist.

Der Strom in den Prielen läuft mit drei bis vier Knoten, und es ist wichtig zu wissen, ob er mit oder gegenan läuft. Besonders wenn man kreuzen muß, kommt man oft nicht vom Fleck. Boote mit weniger als 1,3 Meter Tiefgang können auch bei Niedrigwasser nach Vadehavet einlaufen, größere Boote müssen auf höheres Wasser warten. Dann ist es auch möglich, in den betonnten Prielen hinter Fanø herum bis nach Manø oder Kammerslusen zu fahren.

Mit einem Kielschiff kann man nicht so viel unternehmen, und ohne Ortskenntnisse sollte man nicht versuchen, andere Stellen als die Ho Bugt und das Knudedyb aufzusuchen, die hier beide beschrieben sind.

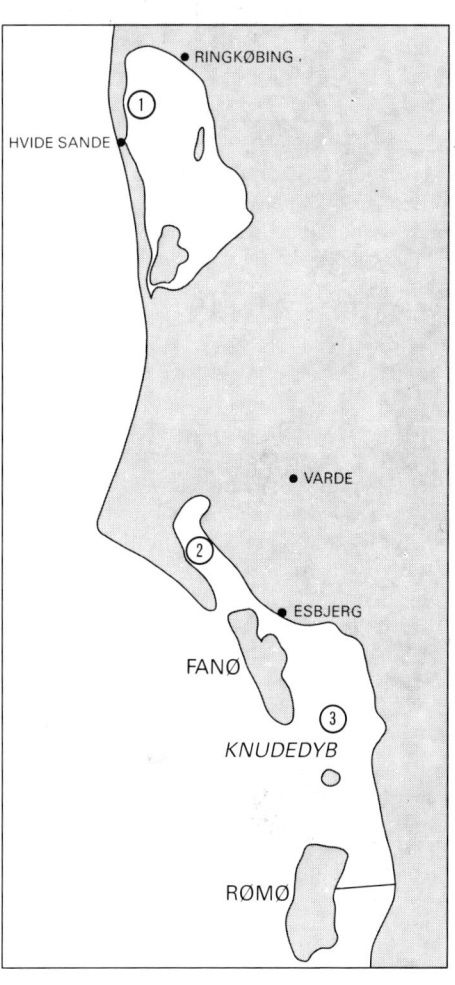

1 Ringkøbing: S. 150
2 Ho Bugt: S. 151
3 Knudedyb: S. 152

Möchte man trotzdem „Abenteuer" erleben, sollte man das immer nur bei steigendem Wasser versuchen, denn in diesem Fall kommt man schnell wieder frei, wenn man auf Grund läuft. Eine Grundberührung bei fallendem Wasser bedeutet oft, daß man hier zehn bis zwölf Stunden auf das nächste Hochwasser warten muß.

Ringkøbing-Fjord

Karten:
D 82
DK 99

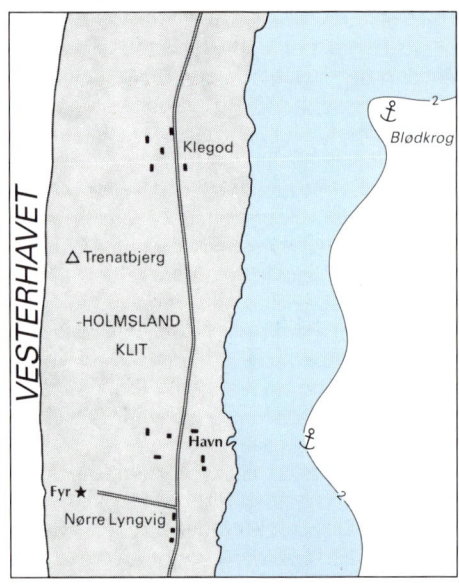

Mit 15 befahrbaren Seemeilen von Norden nach Süden und drei bis vier Seemeilen Breite von Ost nach West ist der Ringkøbing-Fjord ein ziemlich großes Gewässer. In Ringkøbing befindet sich ein aktiver Segelclub mit über 200 Mitgliedern, deren bevorzugtes Ziel die Westseite des Fjordes bei Holmsland Klit ist.

Im Norden, in der kleinen Bucht Blødkrog, hat der Club eine Ankerboje. Hinter ihr breiten sich große Strandwiesen aus, und nördlich davon erstreckt sich flaches Wasser bis Holmsland mit dem Dorf Kloster. Nach Süden hin öffnet sich der Fjord mit einer flachen Küste. Die roten Hausdächer lassen keinen Zweifel darüber, wo Ringkøbing liegt, und vor der Stadt sieht man die Gammelsogn-Kirche, die ungewöhnlich nahe am Fjord steht.

Ein Tag in Blødkrog mit frischer Nordseeluft ist sehr angenehm, und hier liegt man mit perfektem Seelee, allerdings nicht bei Wind aus Südost.

Knapp zwei Seemeilen südlich von Blødkrog liegt Nørre Lyngvig mit seinem kleinen charmanten Hafen. Viele Jahre war der Hafen versandet, doch 1987 wurde er ausgebaggert und kann nun auch von Kielbooten angelaufen werden. Eine rot-weiße Tonne weist den Weg durchs Fahrwasser, doch wenn die Tiefenverhältnisse es nicht zulassen, gibt es auch einen wunderbaren Ankerplatz in der kleinen Bucht, wo die Tonne liegt.

Ein großes Sommerhausgebiet erstreckt sich bis hinunter zum Hafen, doch auf der anderen Seite des Weges um den Leuchtturm herum liegt ein Naturschutzgebiet. Dieses wurde gerettet, bevor die Sommerhäuser ganz Holmsland Klit erobern konnten. Am Fuße des Leuchtturms ist ein kleines Museum, welches von der Tier- und Pflanzenwelt auf Holmsland Klit erzählt, und vom Leuchtturm aus hat man eine hervorragende Aussicht sowohl über den Fjord als auch die Nordsee.

Die Einfahrt in den Ringkøbing-Fjord erfolgt durch eine Schleuse in Hvide Sande. Ohne Ortskenntnis sollte man bei hartem Wetter den Ringkøbing-Fjord nie anlaufen, denn die Wellen brechen sich am Havrev vor der Einfahrt, und auch der Strom kann hier sehr kräftig sein. Die Wassertiefen am Rev variieren, doch normalerweise sind es hier immer drei bis vier Meter oder mehr, und man geht am sichersten, wenn man den Hafen mit einem Kurs um 80° anläuft. Im Vorhafen ist reichlich Platz zum Manövrieren, auch unter Segeln.

Ho Bugt

Diese Bucht ist das nördlichste Ende von Vadehavet, wo der Tidenhub nicht mehr als einen Meter beträgt und die Tiefen in der Seekarte beim sogenannten mittleren Springniedrigwasser angegeben sind. Bei Hochwasser verschiebt sich die 2-Meter-Linie deswegen wesentlich mehr an Land. Ankert man bei Hochwasser jedoch ohne zusätzliche 1,5 Meter Wasser unterm Kiel, hat man bei Niedrigwasser wahrscheinlich Grundberührung.

Hobo Dyb zwischen Skallingen und der kleinen Insel Langli führt zwischen 2,0 und 3,0 Meter Wassertiefe, doch Probleme kann man mit der Sandbarre bekommen, die draußen bei Grådyb liegt. Die Tiefenverhältnisse wechseln von Jahr zu Jahr, so daß es besser ist, sich erst genauere Auskünfte in Esbjerg zu holen. Der Versuch, es auf eigene Faust zu probieren, kann nur bei ganz ruhigem Wetter empfohlen werden.

Innen in Hobo Dyb liegt das Boot wie in einem Naturhafen. Skallingen ist das Resultat einer kräftigen Sandwanderung in den letzten 200 bis 300 Jahren, die erst anhielt, als die Dünen sich Grådyb näherten. In der Bucht entwickelte sich eine Marschlandschaft, die heute drei bis vier Kilometer breit ist und ständig wächst. Langli war früher von ein paar Fischerfamilien bewohnt, und es ist nicht schwer, sich ihr anspruchsloses Dasein hier draußen vorzustellen.

Langli kann auch von der anderen Seite besucht werden, wo die Betonnung im Hjerting Løb eine problemlose Durchfahrt ermöglicht. Vor der Insel verläßt man das Fahrwasser an einer der grünen Tonnen und ankert auf einer Tiefe, die in Anbetracht der Tidenverhältnisse angemessen ist.

Hjerting, gegenüber von Langli, ist die einzige Bebauung in dieser Gegend. Bevor Esbjerg Ende des letzten Jahrhunderts angelegt wurde, wurde hier Fischhandel betrieben. Heute ist Hjerting nur eine Vorstadt.

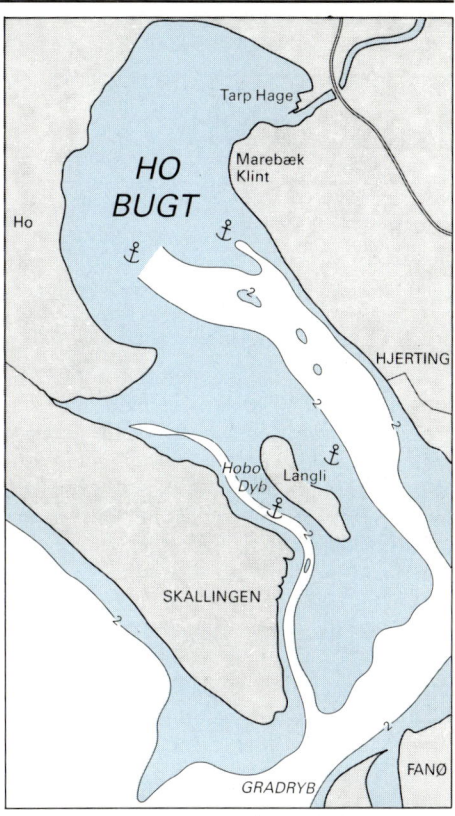

Der jährliche Schafsmarkt in Ho ist eine festliche Begebenheit, die auch Segler aus Esbjerg anzieht. Bei Hochwasser kann man weit innen in der Bucht vor dem Dorf ankern, doch Kielboote müssen sich zurückziehen, wenn das Wasser zu fallen beginnt.

Marebæk Klint auf der Ostseite der Ho Bugt steht unter Naturschutz, genauso wie ein Teil des hügeligen Terrains dahinter. Bei der richtigen Windrichtung kann man dicht unter der Steilküste ankern, und auf dem Strandweg einen schönen Spaziergang entlang der Küste bis Hjerting machen. Die Steilküste bietet eine weite Aussicht über die Ho Bugt mit Fanø auf der anderen Seite.

Mit einem Tiefgang von ca. 1,3 Metern kann der Bach Varde Å bis hinauf nach Esbjerg, das sind ca. sieben Seemeilen, befahren werden. Dieser Bach ist der einzige der Bachläufe in Vadehavet, der nicht mit Schleusen reguliert wurde, und so reichen Ebbe und Flut bis in die Stadt. Das gleiche gilt auch für Sturmfluten wie zum Beispiel im November 1981, als der Bootsplatz so hoch unter Wasser stand, daß die wintergelagerten Motorboote davontrieben.

Knudedyb

Karten:
D 83
DK 94

Der dänische Teil von Vadehavet hat vier große tiefe Priele. Von Norden gerechnet sind dies Grådyb (nach Esbjerg hinein), Knudedyb, Juvre Dyb und Lister Dyb, an dem entlang die dänisch-deutsche Grenze zwischen Rømø und List verläuft.

Knudedyb schlängelt sich mit Tiefen zwischen 10 und 15 Metern südlich um Fanø herum und kann auch von größeren Schiffen befahren werden, doch es kommen nicht sehr viele hierher, weil es keine Stadt und keinen Hafen gibt, den man anlaufen könnte. Der Priel verzweigt sich einige Male, und einer der Arme führt zur Schleuse Kammerslusen bei dem Bach Ribe Å, doch nur Boote unter 1,5 Meter Tiefgang können bei Hochwasser hier hineinfahren. Dann geht es jedoch durch die Schleuse den Bach entlang bis nach Ribe, wenn man die niedrige Hochspannungsleitung ein bißchen westlich der Stadt passieren kann.

Mit einem Kielschiff sollte man aber das Knudedyb nicht verlassen, doch kann man hinter der großen Sandbank Keldsand nach allen Seiten gut geschützt ankern. In der Mitte des Stromes sind acht bis zehn Meter Wassertiefe, und man sucht sich am besten Richtung Keldsand die richtige Wassertiefe. Natürlich wird das Boot in Richtung des Stromes schwoien, so daß es ratsam ist, Anker nach zwei Seiten auszubringen.

Zweimal am Tag gibt das Wasser den Keldsand frei, und es ist ein wunderbares Erlebnis, hier eine Wattwanderung zu machen. Im Westen liegt Fanø mit Sønderho teilweise zwischen den Dünen versteckt, und im Norden kann man den Koloß des Kraftwerks Vestkraft erkennen. Richtung Süden liegt Manø, das am Horizont jedoch nur schwach zu erkennen ist – zwischen den beiden Elementen, die den Seglern so gut bekannt sind: Himmel und Wasser.

Der Platz hinter dem Keldsand ist so sicher, daß man hier ausgezeichnet übernachten kann. Doch sollte man sich in acht nehmen vor Starkwind oder Sturm aus West,

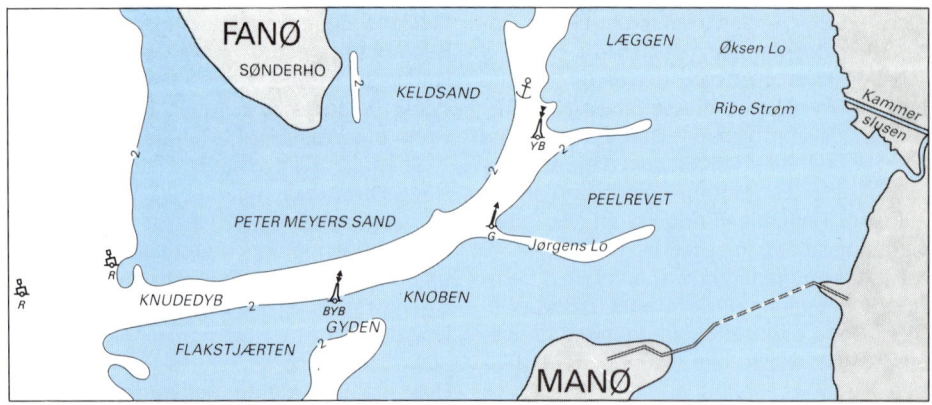

denn dann liegt man quer zum Strom und belastet den Anker. Fährt man bei ablaufendem Wasser aus dem Knudedyb hinaus, baut sich gegen den Wind eine mächtige See auf, und gegen den Strom zu kreuzen ist fast unmöglich, denn hier laufen manchmal vier bis fünf Knoten. Der beste Zeitpunkt zum Auslaufen ist bei Hochwasser, wenn der Strom nicht läuft und man die größte Wassertiefe hat. Auch das Juvre Dyb nach Manø hinein ist befahrbar, doch die Tiefenverhältnisse sind hier aufgrund von Versandungen sehr unsicher. Motorboote aus Esbjerg sind oft auf der Insel, sie benutzen aber Manø Gyde, das das Knudedyb mit dem Juvre Dyb verbindet. Hier ist es jedoch nicht tief genug für Kielschiffe.

Selbst große Kielboote können durch das Knudedyb südlich von Fanø bis Vadehavet gelangen und hinter dem weitausgestreckten Keldsand ankern. Hier kann man viele Kilometer wattwandern und seine Fußspuren in den Himmel setzen, der sich im feuchten Schlick spiegelt.

Bornholm

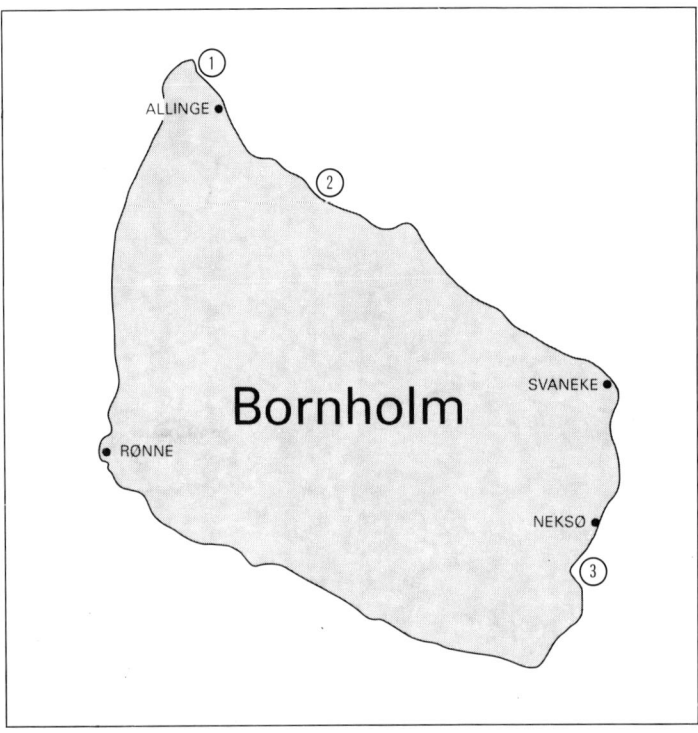

Diese Insel hat keine geschützten Ankerplätze, doch bei ablandigem Wind kann man selbstverständlich an der ganzen Küste entlang ankern. Am besten an der Ostküste, und das nicht nur, weil hier meist Westwind ist, sondern weil die geologischen Verhältnisse hier auch am günstigsten sind.

Im Westen verläuft entlang der Küste ein Granitfelsen und bildet von Hammeren bis Hasle eine lange, fast lotrechte Klippenwand. Die Ostküste liegt jedoch quer zum Verlauf der Felsen, und so wechseln steile Partien mit tiefen Schluchten und Einschnitten.

Eine Urlaubsreise von Hafen zu Hafen ergibt nur kurze tägliche Strecken, so daß man Zeit hat, zu ankern und vom Ankerplatz einen Landgang zu wagen. Doch sollte man sich nicht zu weit vom Boot entfernen, denn die See kann sich hier schnell aufbauen, wenn der Wind dreht. Außerdem ist es problematisch, einige Häfen bei Ostwind anzulaufen, denn dann steht in der Hafeneinfahrt eine unangenehme See. Deshalb wird empfohlen, zügig einen Hafen anzulaufen, wenn der Wind auf Ost umspringt.

In ruhigen Wetterperioden kann man beobachten, daß am Nachmittag eine Winddrehung stattfindet, wenn sich die Luft über dem Land aufgewärmt hat und eine Seebrise aufkommt. Im Gegensatz zum eigentlichen Ostwind verursacht diese Brise keine großen Wellen.

Aasand Bugt

In Lee hinter der bewaldeten Landspitze Hammeren liegt diese kleine sandige Bucht, in die der Bach vom Hammersø hineinläuft. Dies ist ein populärer Badeplatz, doch eignet er sich auch als Ankerplatz, denn selbst bei hartem Westwind ist es sehr ruhig – hier kann man liegen und die großen Seen an Hammerodde nur $\frac{1}{2}$ Seemeile nördlich vorbeirollen sehen.

Wenn man die Überfahrt nach Bornholm über Nacht gemacht hat und in den frühen Morgenstunden noch etwas schlafen möchte, ist die Aasand-Bucht ein guter Platz zum Ankern – vorausgesetzt, der Wind weht stetig aus West. Läuft man Allinge an und findet hier einen Platz am äußersten Boot, kann man ganz sicher sein, daß man recht zeitig geweckt wird und den ganzen Vormittag mit dem Verholen zubringt, bis alle anderen ausgelaufen sind.

Der Ankergrund besteht aus Sand, doch ganz innen liegen einige große Klippenblöcke und Steine. Man sollte sich deshalb

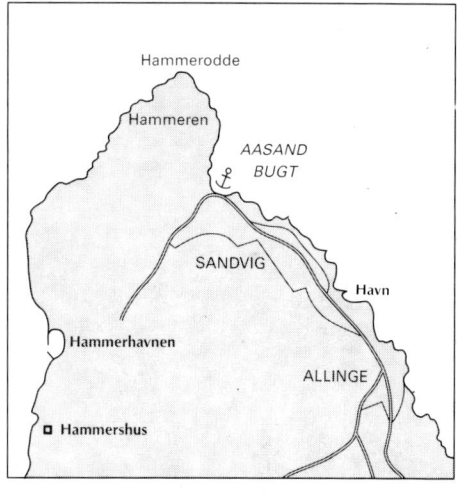

dem Land auf nicht mehr als drei Meter Wassertiefe nähern und Ausschau nach Steinen halten.

Zwischen Tejn und Gudhjem

Dies ist Bornholms hübscheste Küstenpartie, wo die Klippen so steil abfallen, daß ein Kielschiff sie mit 20 bis 30 Meter Abstand passieren kann. An einigen Stellen kann man sich sogar mit dem Steven direkt an die Klippen legen, doch das ist nicht ohne Risiko. Schwell von großen Schiffen kann plötzlich Unruhe bringen, hinzu kommt eine mögliche Seebrise am Nachmittag. Wenn man das Boot verläßt, um einen der schönen Spaziergänge an Land zu machen, sollte man so weit draußen ankern, daß das Boot frei schwoien kann.

Gleich nach den Helligdomsklipperne (Heiligtumsklippen) – wenn man von Norden kommt – liegt Rødstadskæret, das auf der

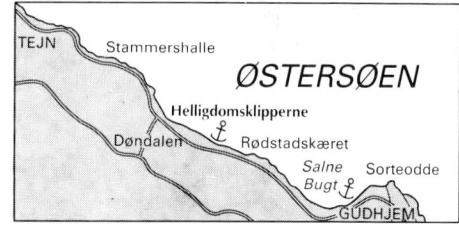

Seekarte mit 1,2 Meter Wassertiefe angegeben ist (55°13'55'' nördlicher Breite, 10°54'60'' östlicher Länge). Da es keine andere Klippe oder Untiefe an diesem Teil der Küste gibt, wird diese leicht übersehen. Zur Orientierung für Segler, die zwischen Gudhjem und Helligdomsklipperne segeln, sei

Die Helligdomsklipperne zwischen Tejn und Gudhjem sehen von See her prächtig aus – und das Bild macht deutlich, warum man hier nicht bei auflandigem Wind ankern sollte. Über den Klippen liegt der Bornholmerplads, wo viele Veranstaltungen stattfinden.

gesagt, daß die Klippe in der Regel mit kleinen privaten Bojen bezeichnet ist, die man jedoch leicht mit Fischerbojen verwechseln kann.

Die Helligdomsklipperne haben ihren Namen nach einem Bassin, das sich bei auflandigem Wind mit Meerwasser füllt. Die Bornholmer benutzen es als Wallfahrtsort.

Die sechs Kilometer lange Strecke von Døndalen nach Gudhjem ist sehr hübsch und abwechslungsreich, sowohl zu Fuß als auch mit dem Boot. Westlich von Gudhjem schmiegt sich die Salne Bugt in die Küste

und bildet so Bornholms geschütztesten Ankerplatz – was nicht heißt, daß er sicher bei allen Windrichtungen ist. Der Wind sollte aus dem südlichen Quadranten kommen.

Mehr und mehr Segler legen sich hier in der Hochsaison hin, um den überfüllten Häfen zu entgehen. Die Salne Bugt ist sehr hübsch, besonders dann, wenn man einen Sonnenaufgang erlebt, der die Klippen in Rot und Purpur taucht. Schlecht ist es hier nur bei frischem Nordwest- oder Nordostwind, der die Besatzung schnell aus der Koje treibt.

Balke-Strand

Balke-Strand ist ein bekannter Badeplatz in der Bucht gleichen Namens gut 1,5 Seemeilen südlich von Neksø. Bei dem leicht und gleichmäßig ansteigenden Grund kann man bis weit in die Bucht hineinfahren. In der Mitte der Bucht erstreckt sich die Untiefe Salthammer Rev, doch die flachste Stelle ist immer noch vier Meter tief, und auch bei dem dortigen Stein findet man noch 3,4 Meter Wassertiefe.

Im Innersten der Bucht haben Fischer einen kleinen Jollenhafen mit ca. 0,7 Meter Wassertiefe, wo man mit dem Beiboot anlanden kann. An beiden Seiten besteht ein großes Sommerhausgebiet, Kiefern und Fichten bieten ausgezeichneten Schutz. Bei allen Winden aus westlichen Richtungen ist es in der Bucht ruhig, doch frischt der Wind aus Südwest auf, beginnt die See um die Spitze von Snogebæk zu laufen.

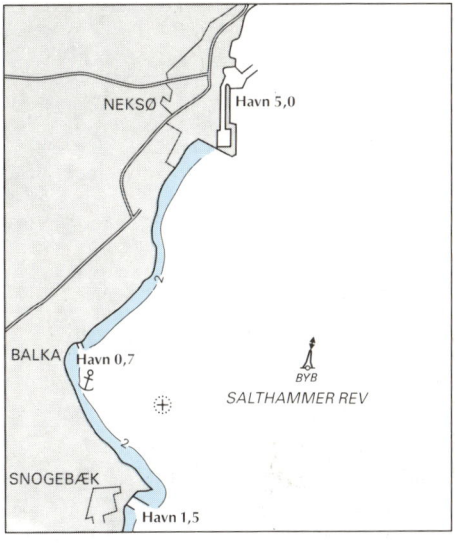

Balke-Strand, etwas südlich von Neksø, ist einer von Bornholms besten Badestränden. Den kleinen Hafen kann man mit dem Beiboot anlaufen.

Register

Impressum

CIP-Titelaufnahme der Deutschen Bibliothek

Ebert, Jan:
Ankerplätze in Dänemark / Jan Ebert [Aus d. Dän.
von Ulrike Jensen]. – Hamburg: Ed. Maritim, 1989
Einheitssacht.: Ankerpladser i Danmark < dt. >
ISBN 3–89225–170–3

© für die deutsche Ausgabe 1989
DK Edition Maritim GmbH
Stubbenhuk 10, D – 2000 Hamburg 11

Titel der dänischen Originalausgabe:
Ankerpladser i Danmark
© Forlaget Komma A/S, Kopenhagen 1988

Umschlag: Jan Buchholz und Reni Hinsch, Hamburg

Übersetzung: Ulrike Jensen, Hamburg

Pläne: Jesper Pedersen

Illustrationen: Ole Espersen

Fotos:
Torkild Balslev: Seite 23, 49, 53, 89, 97, 101, 116,
141, 156
Kjeld Brandt: Seite 22, 60, 70, 129, 132
Jan Ebert: Seite 38, 148, 153
Per Hjort: Seite 2, 18, 26, 39, 64, 79, 93, 136
Ole Kofoed-Olsen: Seite 30, 43, 57, 67, 75, 92, 112,
117, 121, 125, 157
Anders Høegh Post: Seite 85

Satz und Druck: Heinrich Grandt, Hamburg

Printed in Germany 1989

Hafenführer
Dänemark

Die dänischen Ost- und Nordseehäfen
Schwedische Westküstenhäfen
Deutsche Ostseehäfen

Edition Maritim

1989-1990

Hafenführer Dänemark
496 S., 420 zweifarbige Hafenpläne, Format 15 x 21 cm, DM 49,80; überall im Buchhandel erhältlich